CB141915

Como se preparar para o

EXAME DE ORDEM

5 Penal

Grupo Editorial Nacional

O GEN | Grupo Editorial Nacional reúne as editoras Guanabara Koogan, Santos, Roca, AC Farmacêutica, Forense, Método, LTC, E.P.U. e Forense Universitária, que publicam nas áreas científica, técnica e profissional.

Essas empresas, respeitadas no mercado editorial, construíram catálogos inigualáveis, com obras que têm sido decisivas na formação acadêmica e no aperfeiçoamento de várias gerações de profissionais e de estudantes de Administração, Direito, Enfermagem, Engenharia, Fisioterapia, Medicina, Odontologia, Educação Física e muitas outras ciências, tendo se tornado sinônimo de seriedade e respeito.

Nossa missão é prover o melhor conteúdo científico e distribuí-lo de maneira flexível e conveniente, a preços justos, gerando benefícios e servindo a autores, docentes, livreiros, funcionários, colaboradores e acionistas.

Nosso comportamento ético incondicional e nossa responsabilidade social e ambiental são reforçados pela natureza educacional de nossa atividade, sem comprometer o crescimento contínuo e a rentabilidade do grupo.

SÉRIE RESUMO
1.ª FASE
OAB

Vauledir Ribeiro Santos
Rodrigo Julio Capobianco

Como se preparar para o EXAME DE ORDEM

5 Penal

11.ª edição

gen | EDITORA MÉTODO

SÃO PAULO

Impresso no Brasil – *Printed in Brazil*

EDITORA MÉTODO LTDA.
Uma editora integrante do GEN | Grupo Editorial Nacional
Rua Dona Brígida, 701, Vila Mariana – 04111-081 – São Paulo – SP
Tel.: (11) 5080-0770 / (21) 3543-0770 – Fax: (11) 5080-0714
metodo@grupogen.com.br | www.editorametodo.com.br

- Capa: Danilo Oliveira

- CIP – Brasil. Catalogação-na-fonte.
  Sindicato Nacional dos Editores de Livros, RJ.

Como se preparar para o exame de Ordem, 1.ª fase : penal / Vauledir Ribeiro Santos, Rodrigo Julio Capobianco ; coordenação Vauledir Ribeiro Santos. – 11.ª ed. - Rio de Janeiro : Forense ; São Paulo : MÉTODO, 2014.

(Vol. 5)

Inclui Bibliografia

ISBN 978-85-309-5263-1

1. Ordem dos Advogados do Brasil - Exames. 2. Direito penal - Brasil - Problemas, questões, exercícios. I. Capobianco, Rodrigo Julio. II. Santos, Vauledir Ribeiro. III. Título. IV. Série.

08-5363 CDU: 343.2(81)

NOTA À SÉRIE

É com enorme satisfação que apresentamos aos candidatos ao Exame da OAB a *Série Resumo: como se preparar para o Exame de Ordem – 1.ª fase*, composta por quinze volumes, a saber: Constitucional, Comercial, Administrativo, Tributário, Penal, Processo Penal, Civil, Processo Civil, Trabalho, Ética Profissional, Ambiental, Internacional, Consumidor, Leis Penais Especiais e Direitos Humanos.

Esta série é mais um grande passo na conquista de nosso sonho de oferecer aos candidatos ao Exame de Ordem um material sério para uma preparação completa e segura.

Sonho esse que teve início com a primeira edição de *Como se preparar para o Exame de Ordem – 1.ª e 2.ª fases*, prontamente acolhido pelo público, hoje com mais de 100.000 exemplares vendidos, trabalho que se firmou como o guia completo de como se preparar para as provas. Mais adiante, lançamos a série *Como se preparar para a 2.ª fase do Exame de Ordem*, composta, atualmente, por seis livros – *opção PENAL, CIVIL, TRABALHO, TRIBUTÁRIO, CONSTITUCIONAL e TÉCNICAS DE REDAÇÃO APLICADAS À PEÇA PROFISSIONAL* –, obras que também foram muito bem recebidas por aqueles que se preparam para a prova prática nas respectivas áreas.

A série tem como objetivo apresentar ao candidato o conteúdo exigível, estritamente necessário, para aprovação na 1.ª fase do Exame de Ordem, numa linguagem clara e objetiva.

Para tanto, foi elaborada por professores especialmente selecionados para este mister, e estudiosos do tema Exame de Ordem, que acompanham constantemente as tendências e as peculiaridades dessa prova.

Os livros trazem, ao final de cada capítulo, questões pertinentes ao tema exposto, selecionadas de exames oficiais, para que o candidato possa avaliar o grau de compreensão e o estágio de sua preparação.

Vauledir Ribeiro Santos
(vauledir@grupogen.com.br)

Nota da Editora: o Acordo Ortográfico foi aplicado integralmente nesta obra.

SUMÁRIO

PARTE GERAL

PARTE ESPECIAL

Parte Geral

1

TEORIA GERAL DO DIREITO PENAL

1.1 CONCEITO

Direito Penal é o conjunto de normas jurídicas que regula o poder de punir do Estado por meio da tipificação de crimes e da cominação de penas.

Trata-se, na verdade, do ramo do Direito Público destinado a tutelar os bens jurídicos mais indispensáveis ao harmonioso convívio social, por meio da intervenção do Estado nas relações sociais e da manifestação do poder punitivo deste. O Direito Penal não se destina a tutelar e proteger todos os bens jurídicos, mas apenas aqueles mais relevantes à manutenção do convívio social, tais como: vida, integridade física, integridade sexual, patrimônio, honra, probidade, moralidade administrativa, entre outros. Cabe salientar que a tarefa de estabelecer quais são os bens jurídicos que devem ser erigidos a bens jurídico-penais é do legislador, com base no direcionamento constitucional.

Não se pode esquecer da função de controle social exercida por este ramo do ordenamento. Todavia, esta assume caráter secundário, uma vez que há outros meios mais eficazes para realizar este controle, tais como políticas públicas, educação, família, entre outros.

1.2 FONTES DO DIREITO PENAL

Fonte é a maneira pela qual a norma jurídica é criada e exteriorizada. Pode ser de duas espécies: *material* (de produção ou substancial) ou *formal* (ou de cognição).

A *fonte material* refere-se ao órgão encarregado de elaborar a norma penal, sendo no Brasil, de acordo com o art. 22, I, da CF, o Poder Legislativo da União.

> "Art. 22. Compete privativamente à União legislar sobre:
>
> I – direito civil, comercial, penal, processual, eleitoral, agrário, marítimo, aeronáutico, espacial e do trabalho; (...)".

A *fonte formal* refere-se à maneira pela qual se exterioriza o direito penal. Divide-se em *fonte formal imediata*, que é a lei; e *fonte formal mediata*, que compreende os costumes, os princípios gerais do direito e o ato administrativo.

Costume é o conjunto de normas de comportamento que as pessoas obedecem de maneira uniforme e constante (requisito objetivo), pela convicção de sua obrigatoriedade (requisito subjetivo). O costume, no Brasil, não pode criar ou revogar crimes e penas em virtude do princípio da reserva legal, que estabelece não existir crime sem lei anterior que o defina, nem pena sem prévia cominação legal. Dessa forma, a contravenção penal do jogo do bicho, apesar de praticada por muitas pessoas como se fosse algo lícito, não pode ser entendida como revogada.

Princípios gerais do direito são as premissas éticas, sociais e jurídicas que inspiram a elaboração das normas jurídicas. A grande fonte emanadora destes princípios encontra-se no art. 5.º da CF, que elencou ideias básicas orientadoras de todos os ramos do direito brasileiro, tais como: preservação da vida e da dignidade da pessoa, isonomia jurídica entre os cidadãos, igualdade entre homens e mulheres, defesa da diversidade de gênero, sexual e cultural, liberdade de expressão e manifestação religiosa, combate ao racismo e ao preconceito, entre outros.

O ato administrativo é fonte formal mediata na hipótese de manifestação de uma *norma penal em branco*, ou seja, de uma norma que tipifique um crime, mas necessite de outra norma jurídica para completar seu sentido, entendimento ou aplicabilidade. Um bom exemplo disto é a Lei 11.343/2006, denominada Lei de Drogas, que tipifica várias condutas delituosas, como consumo e tráfico de drogas, mas não estabelece o rol das substâncias consideradas drogas ilícitas no Brasil. Para podermos entender e aplicar esta lei, é necessário consultar a portaria 344 do Ministério da Saúde, que elenca quais substâncias são drogas ilícitas.

Só para não esquecer:

FONTES DO DIREITO PENAL	
MATERIAL	FORMAL

⇩

FONTE MATERIAL	
Refere-se a quem elabora a lei penal	De acordo com a Constituição Federal é o Congresso Nacional

⇩

FONTE FORMAL	
Formal imediata, que corresponde a letra da lei penal	Formal mediata, que corresponde aos costumes, aos princípios geria ao direito e ao ato administrativo

DICA IMPORTANTE:

Não se deve confundir Direito Penal com Criminologia.

Criminologia, como o próprio termo sugere, é a ciência que estuda o crime, o criminoso e as manifestações sociais da ocorrência do ilícito penal. Esta ciência não está restrita ou limitada à esfera penal, tampouco à norma jurídica, pois busca compreender o crime de forma mais ampla e aberta, pela percepção do fato delituoso em toda a sua plenitude sociológica, bem como de seus pormenores subjetivos.

Tomemos o seguinte exemplo: João empregou de violência contra Pedro e lhe subtraiu um telefone celular. Ao Direito Penal cabe estabelecer que esta conduta é ilícito previsto no art. 157 do Código Penal (roubo), cuja pena é de reclusão de quatro a dez anos e multa, que não admite a modalidade culposa por falta de expressa previsão no texto legal, entre outros requisitos. Já à criminologia caberia, além da análise essencialmente penalista, estabelecer o contexto social de onde origina o agente delituoso, o impacto que sua conduta provocou na vítima, na sociedade e nele mesmo, as medidas que poderiam ser adotadas para que outras pessoas nas mesmas condições não viessem a ser novas vítimas.

1.3 PRINCÍPIOS ELEMENTARES DO DIREITO PENAL

1.3.1 Princípio da intervenção mínima

O Direito Penal não é o ramo do direito destinado a intervir na vida das pessoas diariamente. Como sua missão é preservar os bens jurídicos estabelecidos pelo legislador como mais relevantes ao harmonioso convívio social, sua manifestação deve sempre ser de natureza excepcional ou mínima, ou seja, só deve ser aplicado em última instância para proteger os bens sociojurídicos mais importantes. Assim sendo, sua intervenção deve ser sempre excepcional, pois, sendo possível tutelar as condutas por outros ramos do direito, deve-se fazê-lo, devendo ser aplicadas as regras penais somente quando as demais normas do ordenamento jurídico forem ineficientes para reger o caso concreto.

Este princípio baseia-se na ideia de ser o Direito Penal *ultima ratio*, ou seja, "a última linha de defesa" da coletividade na proteção dos seus bens jurídicos mais elementares, não se prestando a tutelar toda e qualquer relação social. Deve o legislador observar quais relações sociais podem ser tuteladas, sem prejuízo da coletividade, por outros ramos do ordenamento e abstrair nesses casos a tutela pelo direito penal.

Podemos citar como exemplo o caso do adultério, antes crime e hoje retirado do código penal. Entendeu o legislador que não era mais necessário tipificar esta conduta como ilícito penal, pois existem formas de se reger tal situação previstas no ordenamento civil. Entendimento semelhante já possui nossos tribunais acerca do caso de bigamia que, embora ainda seja crime tipificado no ordenamento penal, encontra pouca aplicabilidade prática no dia a dia do direito, pois a manifestação da bigamia já é tutelada no âmbito civil, seja com a nulidade do segundo casamento, seja com a manifestação de direito indenizatório a título de perdas e danos por parte de que seja lesado pelo pretenso bígamo.

DICA:

Em decorrência do princípio da intervenção mínima, o direito penal assume ***caráter fragmentário***, ou seja, nem todas as condutas ou bens jurídicos são protegidos ou tutelados pelo ordenamento penal, mas apenas um pequeno fragmento destes, considerados mais elementares e indispensáveis ao harmonioso convívio social. Ex.: a locação de imóveis é uma conduta tutelada pelo ***ordenamento jurídico***, mas não pelo ***ordenamento jurídico penal***, sendo objeto de regulamentação e proteção no âmbito civil.

1.3.2 Princípio da lesividade ou alteridade

O Direito Penal só agirá nas ações humanas que lesem ou possam vir a lesar os interesses sociais ou coletivos, tutelados pelo ordenamento penal, sendo necessário que a conduta extrapole o limite pessoal e seja prevista na lei penal. Este princípio busca a tolerância social, separando direito e moral.

Um bom exemplo seria a questão da troca de afeto público entre pessoas do mesmo sexo, considerado por alguns uma ofensa à moral social. Neste caso não existe razão para a manifestação do Direito Penal, pois a conduta não ofende a lei, mas só a moral de alguns indivíduos.

DICAS IMPORTANTES:

1 – Para que o Princípio da Lesividade esteja satisfeito, não basta que a conduta em análise extrapole o âmbito pessoal e atinja o âmbito social, sendo indispensável, também, que esta esteja tipificada como ilícito no ordenamento penal;

2 – Sempre que se manifestar um conflito entre moralidade e legalidade, esta última deve prevalecer.

1.3.3 Princípio da insignificância

Algumas situações, mesmo sendo tipificadas, não devem ser levadas à apreciação do Direito Penal, pois não possuem relevância significativa que se enquadre no caráter de exceção que deve configurar a aplicação do Direito Penal. Este princípio é considerado por muitos como uma forma de garantir a manutenção da excepcionalidade, prerrogativa indissociável da aplicação da norma penal.

Muitas pessoas, ao analisarem casos concretos envolvendo o Princípio da Insignificância, também denominado de Princípio da Bagatela, são levadas a erro por acreditarem que esta insignificância refere-se ao valor venal do bem jurídico ofendido, ou seja, seu valor econômico. Na verdade, o princípio refere-se à insignificância da situação e do dano provocado ao contexto social, ou seja, a forma com que a ação ou omissão podem afetar a ordem social.

Tomemos como exemplo a situação onde um agente subtrai um pacote de pão. Temos, em tese, o crime de furto, tipificado no art. 155 do CP. Todavia, o operador do direito deve arguir se tal conduta, dentro do contexto em que foi praticada, é suficientemente lesiva para ensejar a manifestação do Direito Penal. Ou seja, deve-se questionar se vale a pena aplicar o Direito Penal a esta conduta ou se estamos diante de uma bagatela, uma insignificância, insuficiente para motivar a manifestação de um ramo do ordenamento que por sua índole deve ter atuação excepcional e fragmentária.

Para aplicação prática do princípio da insignificância, devem ser arguidos, no caso concreto, alguns critérios:

I – a mínima ofensividade da conduta do agente.

II – nenhuma periculosidade social da ação.

III – reduzidíssimo grau de reprovabilidade do comportamento.

IV – inexpressividade da lesão jurídica provocada.

O STJ aplicou pela primeira vez o princípio da insignificância em crime ambiental no julgamento do HC 112.563, absolvendo um pescador condenado por pescar durante o período de defeso, após ser flagrado com 12 camarões.

DICA:

Não se pode arguir insignificância em crimes praticados com violência ou grave ameaça a pessoa.

1.4 PRINCÍPIOS CONSTITUCIONAIS DO DIREITO PENAL

1.4.1 Princípio da legalidade

1.4.1.1 Princípio da legalidade em sentido amplo

"Ninguém será obrigado a fazer ou deixar de fazer algo, senão em virtude da Lei".

Trata-se, na verdade, de um princípio genérico que norteia o ordenamento penal brasileiro, tendo aplicabilidade em todos os ramos do direito. Este princípio estabelece que apenas a norma jurídica tem poder para determinar condutas, tolher ações ou responsabilizar omissões. Em natureza específica de direito penal temos a Legalidade em Sentido Estrito, baseada no dispositivo constitucional que afirma não existir crime sem lei que o defina.

1.4.1.2 Princípio da legalidade em sentido estrito e da anterioridade da lei penal

> "Não há crime sem lei anterior que o defina, nem pena sem a prévia cominação legal".

Os concursos também denominam este instituto de Princípio da Reserva Legal. Corresponde à aplicação do princípio da legalidade, de forma mais específica, no âmbito do direito penal, sendo baseado no entendimento que *nullum crimen, nulla poena sine lege*, ou seja, só existirá crime se a conduta estiver tipificada em lei.

Este princípio representa uma forma de afastar, em tese, o arbítrio de quem vai aplicar o Direito Penal. Crime não é o que o operador do direito entende ser, mas sim o que taxativamente a lei estabelece. Estabelecer crimes é função exclusiva de lei, emanada do legislador originário das normas penais – o Congresso Nacional. O art. 62 da CF proíbe que medidas provisórias tratem de matéria penal, sejam estas medidas favoráveis ou desfavoráveis ao réu.

Frente ao princípio da reserva legal, crime será a conduta delituosa prevista exclusivamente em lei, da mesma forma que a cominação da pena. Não existe tipificação por ato discricionário no direito penal brasileiro. Também não é admissível a configuração de crime mediante analogia ou baseado em costumes.

Cuidado com um detalhe: muitos afirmam que não se pode utilizar analogia ou interpretação extensiva no direito penal. Isto não é verdade. O que não podemos ter é analogia ou interpretação extensiva para tipificar crimes ou gerar prejuízo ao réu, mas nada impede a utilização destes institutos como forma de estabelecer benefícios ao acusado.

De uma forma bem simples: para ser crime tem que estar tipificado em lei. Esta tipificação tem que ser precisa e inequívoca. Se o fato praticado pelo agente apenas parece ou assemelha-se com o que está escrito na lei, não é crime.

Para satisfazer o princípio da reserva legal, não basta que a norma exista. Ela precisa também estar em vigor, ser exigível. Normas que tenham sido publicadas, mas que não tenham entrado ainda em vigor, não podem ser utilizadas para configuração de crime. Como assim? Você pode estar pensando. Calma, não criemos pânico.

Vejamos o seguinte exemplo: hoje foi publicada no Diário Oficial da União uma lei tipificando um determinado crime. Todavia, o texto desta lei estabelece que ela só entrará em vigor dentro de 90 dias. Durante esse período, entre a publicação e a vigência da lei, denominado de *vacation legis*, não se pode falar que alguém praticou o crime tipificado, nem tampouco que possa ser responsabilizado por sua conduta, visto que a lei deve estar em vigor antes da prática da ação ou omissão considerada delituosa. Normas penais em *vacation legis* não satisfazem o princípio da reserva legal.

Existe um ponto curioso sobre o princípio da legalidade em sentido estrito e da anterioridade da lei penal, baseado na ideia acima. Trata-se da questão da aplicação imediata de normas penais em *vacation legis* que de alguma forma possam beneficiar o réu, como, por exemplo, nos casos em que uma lei nova reduza a pena de um determinado crime. O entendimento doutrinário dominante hoje é que esta hipótese é perfeitamente possível, ou seja, ainda que não tenha entrado formalmente em vigor, a norma que beneficie o réu deve ser aplicada de imediato.

Tomemos a seguinte situação hipotética: uma lei foi publicada hoje, reduzindo a pena de um determinado crime, que era de reclusão de 10 a 20 anos, para detenção de 3 a 5 anos. Todavia, o texto da lei afirma que ela só entrará em vigor dentro de 180 dias. A questão básica consiste em saber se deve ser feita a adequação imediata da pena do réu, ainda que a norma esteja em *vacation legis*, ou se deve ser aguardado o momento que esta lei entre em vigor. Com base na razoabilidade e na ponderação, que sempre devem acompanhar a aplicação do Direito Penal, entende-se que deve a incidência da lei nova ser imediata.

Como o legislador já reconheceu e expressou através do texto legal se a punição para o crime anteriormente imposta era desmedida, tanto que promoveu sua redução, não existe razão para aguardar a entrada em vigor da lei. De um jeito bem simples: se o remédio é inadequado ao paciente, interrompa-se sua aplicação e passe a dar, o mais rápido possível, o remédio mais adequado.

DICAS IMPORTANTES:

Consequências da reserva legal:

1 – Não se admite o emprego da analogia no tocante às normas penais quando possa prejudicar o réu. Ao contrário, nada impede o emprego da analogia que traga benefícios ao acusado;

2 – Não se admite a incriminação vaga e indeterminada para fins de configuração de crimes;

3 – Não se admite a aplicação de crimes ou penas de meros costumes sem a previsão anterior e escrita tanto de um como de outro;

4 – Embora a norma constitucional utilize-se apenas da expressão crime, devemos ampliar o entendimento deste dispositivo também para as contravenções penais.

1.4.2 Princípio da retroatividade da lei penal mais benéfica

"A Lei penal não retroagirá, salvo para beneficiar o réu".

O instituto da retroatividade consiste em analisar um fato passado à luz do direito presente. A lógica norteadora do ordenamento penal estabelece que os fatos sejam apreciados com base na lei em vigor no momento em que eles aconteceram, ou seja, a lei aplicável é a lei do tempo do crime. Assim sendo, na regra geral, as normas penais não retroagem, salvo se trouxerem algum tipo de benefício para o réu.

A lei penal que de algum modo beneficiar o réu retroagirá, tendo transitado ou não a sentença condenatória, como ocorre, por exemplo, quando a lei posterior deixa de considerar como crime, fato que anteriormente era tipificado.

Esta questão da retroatividade ou não da lei penal também é matéria expressa no Código Penal:

> "Art. 2.º do CP: Ninguém pode ser punido por fato que lei posterior deixa de considerar crime, cessando em virtude dela a execução e os efeitos penais da sentença condenatória.
>
> Parágrafo único. A lei posterior, que de qualquer modo favorecer o agente, aplica-se aos fatos anteriores, ainda que decididos por sentença condenatória transitada em julgado".

Para que seja encontrada a lei mais benigna, basta fazer a comparação entre os dispositivos que interessam ao caso. A lei mais benigna pode ser aquela: que comina pena de menor duração; que comina pena de detenção em vez de reclusão; que contenha circunstâncias atenuantes; que dá ao fato definição de contravenção e não de crime, entre outras.

A retroatividade em benefício do acusado não poderá ser aplicada nos casos de crimes cometidos e tutelados durante a vigência de leis temporárias ou excepcionais. Estas normas são consideradas ultra-ativas, pois continuam produzindo efeitos aos crimes cometidos na época ensejadora da lei, mesmo que esta não esteja mais em vigor.

> "Art. 3.º do CP: A lei excepcional ou temporária, embora decorrido período de sua duração ou cessadas as circunstâncias que a determinaram, aplica-se ao fato praticado durante sua vigência".

A norma jurídica penal é criada para reger situações citadinas e cotidianas do convívio social. Assim sendo, o legislador originário, ao criar a lei, pauta-se pelo que lhe é comum, conhecido, previsível, tentando adequar a norma a esta realidade. Todavia, podem manifestar-se situações que não poderiam ser previstas pelo legislador.

Por causa disso, existem leis denominadas temporárias ou excepcionais, destinadas a uma vigência limitada ou necessária enquanto durarem as condições determinantes da criação da lei. Uma lei que fixa a tabela de preços de artigos de consumo é lei temporária; a lei que fixa a declaração do estado de sítio ou de emergência é lei excepcional. A lei temporária vigora até extinguir-se o seu prazo de duração previsto; a lei excepcional vigora enquanto persistirem as circunstâncias que a motivaram.

A lei excepcional é promulgada para regular fatos ocorridos dentro de uma situação irregular e perde sua vigência, cessada a excepcionalidade que a motivou. A lei temporária tem sua vigência previamente fixada pelo legislador. Decorrido o prazo predeterminado, a lei deixa de existir sem necessidade da edição de outra norma para que sua revogação aconteça. Em decorrência disto são denominadas de leis de eficácia transitória. São denominadas também de leis autorrevogáveis, pois não necessitam da entrada em vigor de uma nova norma jurídica que as revogue.

DICAS IMPORTANTES:

1 – Crimes praticados durante a vigência de lei temporária ou excepcional não podem ser beneficiados pela retroatividade de lei mais benéfica. Estes serão julgados pelo texto da lei em vigor quando eles foram cometidos;

2 – As normas penais começam a vigorar no Brasil 45 dias depois de publicadas, salvo disposição em contrário; se nesse prazo ocorrer publicação de novo texto destinado à correção, o prazo começa novamente a correr a partir da nova publicação. As correções da lei em vigor são consideradas lei nova;

3 – Permanece em vigor a lei até que outra a modifique ou revogue, salvo em caso de lei temporária ou excepcional (leis autorrevogáveis); a revogação da lei anterior pode ser por ab-rogação – quando a lei nova revoga a lei anterior completamente – ou derrogação – quando a lei nova revoga a lei anterior parcialmente.

1.4.3 Princípio da personalização da pena

> "Nenhuma pena passará da pessoa do condenado, podendo a obrigação de reparar o dano e a decretação do perdimento de bens ser, nos termos da lei, estendidas aos sucessores e contra eles executadas, até o limite do valor do patrimônio transferido".

Só o condenado pode sofrer a pena criminal, independentemente da sua natureza. Ninguém pode sofrer qualquer tolhimento de direitos ou de sua liberdade por fato que não praticou, por dano que não causou ou por acontecimento que não concorreu.

Quanto à questão do perdimento de bens extensivo aos sucessores, é válido ressaltar que este instituto, embora disciplinado no Código Penal, refere-se muito mais ao âmbito civil, no que diz respeito ao direito das sucessões. Estabelecida a sucessão, os herdeiros habilitados fazem jus aos ônus e bônus, ou seja, as obrigações e os direitos decorrentes da herança, até o limite do patrimônio transferido. Primeiro, pagam-se as dívidas do autor da herança, independentemente da natureza destas e, somente depois de satisfeitas todas as obrigações, apura-se o saldo a partilhar.

A obrigação de indenizar o prejuízo causado pelo condenado na esfera penal é sanção de natureza civil, podendo ser a sentença penal transitada, utilizada como instrumento probatório para fundamentar ações civis reparatórias, caso esta reparação já não tenha sido estabelecida na sentença penal. Assim, o dever de indenizar inclui-se entre as dívidas do morto, devendo ser satisfeito antes de qualquer partilha de bens entre os sucessores, limitando-se, no entanto, ao valor do patrimônio transferido.

1.4.4 Princípio da individualização da pena

> "Art. 5.º, XLVI, da CF: A lei regulará a individualização da pena e adotará, entre outras, as seguintes:
>
> a) privação ou restrição da liberdade;
>
> b) perda de bens;
>
> c) multa;
>
> d) prestação social alternativa;
>
> e) suspensão ou interdição de direitos".

A individualização da pena ocorrerá em três etapas: cominação, aplicação e execução.

Cominação é a fase legislativa do processo da individualização da pena, em que o legislador estabelece quais comportamentos humanos devem ser considerados como crimes e estabelece a pena que lhe pareça mais adequada, determinando a qualidade e a quantidade desta. Existe a pretensão teórica de que a cominação seja suficiente para coibir a prática do ato delituoso, pois os indivíduos seriam desestimulados a cometer crimes em decorrência da possibilidade de serem punidos.

Aplicação é a fase na qual o juiz irá aplicar a pena estabelecida em lei ao indivíduo que cometeu um ato criminoso. Nesta etapa será aplicada a pena dentro das mensurações de qualidade e quantidade previstas na letra da lei, a partir da análise das características do infrator da norma e do fato por ele praticado. O art. 59 do Código Penal estabelece várias circunstâncias que devem ser analisadas no momento de aplicação da sanção: a culpabilidade, os antecedentes, a conduta social, a personalidade do infrator da norma penal, os motivos, as circunstâncias e consequências do fato e o comportamento da vítima.

Execução é a fase em que, tendo transitado em julgado a sentença penal, o Estado colocará em prática a pena estabelecida na fase de aplicação, respeitando-se as particularidades de cada condenado. É válido ressaltar que a Constituição Federal proíbe expressamente o estabelecimento de cinco tipos de pena: de morte, salvo em caso de guerra declarada; de caráter perpétuo; de trabalhos forçados; de banimento; e cruéis.

1.4.5 Princípio do devido processo legal

> "Ninguém será privado da liberdade ou de seus bens sem o devido processo legal".

Todas as prerrogativas processuais que cabem ao acusado devem ser arguidas ao longo do curso processual, não sendo possível o tolhimento de bens ou do direito à liberdade senão como consequência do andamento do processo legal.

1.4.6 Princípio da presunção de inocência

> "Ninguém será considerado culpado até o trânsito em julgado de sentença penal condenatória".

Este princípio também é denominado Princípio da não culpabilidade. Estabelece que a única forma de abstrair do acusado a premissa legal de que ele é inocente seria por meio de uma sentença condenatória que tenha tido trânsito em julgado.

Entende-se por trânsito em julgado de sentença a decisão judicial de caráter definitivo, a qual não cabe possibilidade de recurso, agravo ou qualquer outro meio de questionamento da sua validade ou eficácia.

Este princípio assume uma importância muito grande no dia a dia do Direito Penal, pois se baseia na premissa jurídica de que a inocência do acusado não poderá ser mitigada por nenhum outro instituto penal ou processual, que não a sentença condenatória transitada em julgado. Assim sendo, institutos como a prisão em flagrante, a confissão do réu, provas irrefutáveis de autoria, entre outros, são incapazes de retirar antecipadamente a presunção de inocência do acusado, devendo ser, na regra geral, assegurados a este todos os direitos básicos de um inocente.

Como exemplo de consequência prática da presunção de inocência temos o fato de que a regra geral constitui-se em o acusado responder ao processo em liberdade. Como o direito à liberdade configura-se elementar aos inocentes e a norma constitucional presume a inocência antes de a sentença condenatória transitar em julgado, não se devem manter os acusados presos na fase de inquérito ou processo. A decretação das prisões de natureza cautelar, como a prisão preventiva ou a prisão temporária, só deverá acontecer em casos excepcionais e nas condições de natureza específicas previstas em lei. A própria prisão em flagrante delito deve ser comunicada ao juiz para que este aprecie a legalidade desta e a necessidade de sua manutenção, evitando com isto ofender desnecessariamente o direito à liberdade do indivíduo e, consequentemente, a presunção de inocência.

Só para não esquecer:

PRINCIPAIS PRINCÍPIOS DO DIREITO PENAL

Excepcionalidade	Lesividade	Insignificância
Legalidade	Reserva legal	Retroatividade da lei mais benéfica
Personalização e individualização da pena	Devido processo legal	Presunção de inocência

1.5 LEI PENAL E NORMA PENAL

Lei penal é a regra escrita que descreve determinadas condutas como criminosas. Norma penal, diversamente, é a regra não escrita que está implícita na lei (é o comando que emana da lei penal). Podemos dizer que enquanto a lei cria o delito, a norma cria o ilícito.

A lei penal é composta por dois elementos: o *preceito primário* (ou "comando principal"), que é a descrição e a definição da conduta, dirigida a todas as pessoas (*erga omnes*); e o *preceito secundário*, que é a sanção penal, dirigida aos juízes encarregados de concretizar o poder de punir do Estado.

Cabe dizer que o preceito secundário sempre será completo, sob pena de haver infração ao princípio da legalidade. Quanto ao preceito primário, poderá estar incompleto, desde que haja um mínimo de determinação na descrição da conduta ilícita. Dessa forma, será incompleto (*lei penal incompleta*) quando necessitar de complementação por outra lei ou ato administrativo, caso em que haverá uma *lei penal em branco*.

As principais características da lei penal são:

a) *imperatividade* (a prática da conduta nela descrita acarreta a pena);
b) *generalidade* (destina-se a todos, inclusive aos inimputáveis, que se sujeitam às medidas de segurança);
c) *impessoalidade* (não se refere a pessoas determinadas);
d) *exclusividade* (somente a lei pode definir crimes e cominar sanções);
e) *anterioridade* (a lei penal aplica-se a fatos futuros, salvo quando aplicada em benefício do réu).

1.6 INTERPRETAÇÃO DA LEI PENAL

Interpretar a lei penal significa extrair o seu exato alcance e real significado. O objeto da interpretação é a busca da vontade da lei e não da vontade do legislador.

Em relação ao *sujeito* que a realiza, a interpretação pode ser:

a) *autêntica* (ou legislativa), quando feita pelo próprio legislador;
b) *doutrinária* (ou científica), quando feita pelos estudiosos do Direito;
c) *judicial* (ou jurisprudencial), quando feita pelos juízes e tribunais de forma reiterada.

Em relação aos *meios* empregados, a interpretação pode ser:

a) *gramatical* (ou literal), quando se leva em conta o sentido literal das palavras contidas na lei;
b) *lógica* (ou teleológica), quando se busca a vontade da lei de acordo com o valor e a finalidade do dispositivo.

Em relação aos resultados obtidos com a interpretação, esta pode ser:

a) *declarativa*, quando há exata correspondência entre a lei e sua vontade;
b) *restritiva*, quando a interpretação tiver que restringir o alcance da lei adaptando-a à sua real vontade (a lei "diz" mais do que deveria);
c) *extensiva*, quando se amplia o texto da lei para adaptá-lo à sua real vontade (a lei "diz" menos do que deveria).

A analogia não se confunde com a interpretação analógica. A *analogia* é uma forma de autointegração da lei consistente na aplicação a uma hipótese não regulada por lei de uma disposição relativa a um caso semelhante. A *interpretação analógica* é empregada quando o legislador utiliza uma cláusula genérica após ter descrito uma fórmula específica.

A analogia em relação às *leis penais incriminadoras* é vedada em virtude do princípio da legalidade que estabelece não ser possível criar crimes ou impor penas pelo emprego da analogia. Em relação às *leis penais não incriminadoras*, a analogia só poderá ser empregada para beneficiar o réu diante das lacunas legais involuntárias (analogia *in bonan partem*). A interpretação analógica, por outro lado, não encontra restrição quanto ao seu emprego.

DICAS IMPORTANTES:

1 – O emprego de analogia que possa vir a prejudicar o acusado não deve ser aceito;

2 – Nada impede o emprego de analogia que não acarrete prejuízo ao acusado ou que lhe traga benefício direto.

1.7 APLICAÇÃO DA LEI PENAL

1.7.1 Lei penal no tempo

Em regra, a lei penal rege todos os fatos ocorridos no seu tempo (*tempus regit actum*). Excepcionalmente, o art. 5.º, XL, da CF admite a retroatividade da lei benéfica, bem como a sua ultratividade em relação às leis de excepcionais e temporárias.

Se uma conduta tiver sido praticada durante a vigência de uma determinada lei e esta for posteriormente modificada por outra (lei nova), poderá surgir um *conflito de leis penais no tempo*. Para que exista esse conflito, exige-se ainda que as consequências jurídicas da prática dessa infração penal ainda não tenham se esgotado (exemplo: uma conduta criminosa praticada sob a vigência de uma lei cuja consumação tenha ocorrido sob a vigência de lei posterior).

A nova lei penal, dependendo do seu conteúdo, possui as seguintes espécies:

a) *abolitio criminis*: é a lei nova que revoga um tipo penal. Está prevista no art. 2.º do CP, pelo qual "ninguém pode ser punido por fato que lei posterior deixa de considerar crime, cessando em virtude dela a execução e os efeitos penais da sentença condenatória". Nessa situação a lei nova deve retroagir para beneficiar o réu, alcançando até mesmo os fatos definitivamente julgados. Entretanto, os efeitos civis da sentença condenatória permanecerão (exemplo: obrigação de reparar o dano);

b) *novatio legis in mellius*: é a lei nova que, mantendo a incriminação do fato, beneficia a situação do réu mesmo que já tenha sido proferida uma sentença condenatória transitada em julgado (exemplo: imposição de pena menos rigorosa, novas hipóteses de extinção da punibilidade etc.). Nessa situação a lei nova também deve retroagir para beneficiar o réu (mesmo que haja coisa julgada), conforme determina o art. 5.º, XL, da CF e o parágrafo único do art. 2.º do CP;

c) *novatio legis in pejus*: é a lei nova que, mantendo a incriminação do fato, agrava a situação do réu (exemplo: aumento da quantidade da pena, imposição de regime de cumprimento de pena mais rigoroso etc.). Nessa situação, a lei não poderá retroagir para prejudicá-lo (princípio da irretroatividade da lei penal mais severa);

d) *novatio legis incriminadora*: é a lei nova que cria um novo tipo penal (ou seja, incrimina uma conduta anteriormente considerada irrelevante). Nessa situação a lei não poderá retroagir para alcançar os fatos praticados antes do início da sua vigência, sendo, da mesma maneira que a *novatio legis in pejus*, irretroativa.

Portanto, é possível sintetizar as aludidas consequências da seguinte forma:

1) a lei penal mais severa é irretroativa;
2) a lei penal mais benéfica é retroativa.

É importante destacar que as *leis processuais* não se submetem a esse regime da retroatividade da lei mais benéfica. De acordo com o art. 2.º do CPP, a lei processual terá incidência imediata sobre todos os processos em andamento, pouco importando se o crime foi cometido antes ou após a sua entrada em vigor ou se a inovação agrava ou piora a situação do réu (*tempus regit actum*).

A ultratividade, ou seja, a aplicação de uma lei após o término de sua vigência, pode ser aplicada em benefício do réu também. Ex.: se uma pessoa comete um crime qualquer durante a vigência de uma lei "a" que estipula pena de 1 a 3 anos de reclusão para tal ilícito penal, e o julgamento dessa pessoa se der quando já estiver vigendo uma lei "b" que aumentou a pena de tal crime para 2 a 6 anos de reclusão, o Juiz ao condenar essa pessoa deverá levar em conta a pena da lei "a", por ser mais benéfica.

1.7.2 Lei excepcional e temporária

De acordo com o art. 3.º do CP, "a lei excepcional ou temporária, embora decorrido o período de sua duração ou cessadas as circunstâncias que a determinaram, aplica-se ao fato praticado durante sua vigência".

Lei excepcional é a que possui vigência durante determinada situação emergencial (exemplo: guerra, calamidades públicas, revoluções etc.). *Lei temporária* é a que possui vigência previamente fixada pelo legislador. Por regularem fatos ocorridos durante sua vigência, mesmo após a sua revogação (pela cessação da situação emergencial ou pelo decurso do tempo), a lei excepcional e a lei temporária possuem ultratividade. Assim, mesmo diante da superveniência de lei, ainda que mais benéfica, a lei temporária e a lei excepcional devem ser aplicadas.

Em relação à *lei penal em branco* e aos atos que a complementam, algumas situações merecem ser consideradas:

1) se o complemento exigido for lei, a sua revogação retroagirá em benefício do agente (o fato torna-se atípico);

2) se o complemento for um ato normativo infralegal editado em situação de *anormalidade* (exemplo: tabelamento de preços em crise econômica), a sua revogação não poderá retroagir para beneficiar o agente (o fato continua sendo típico em relação aos que infringiram a lei durante aquela situação de anormalidade);

3) se o complemento for um ato normativo infralegal editado em situação de *normalidade*, a sua revogação retroagirá para beneficiar o agente (exemplo: portaria do Ministério da Saúde que arrola quais são as substâncias que devem ser consideradas como entorpecentes, para fins de repressão ao tráfico – a exclusão de uma determinada substância desse rol torna o fato atípico, nessa parte).

1.7.3 Conflito aparente de leis penais

O conflito aparente de leis surge quando duas leis penais em vigor são aparentemente aplicáveis ao mesmo fato. Pressupõe, assim: a) unidade de infração penal; b) incidência de duas ou mais leis; c) aparente aplicação de todas as leis para a mesma hipótese; e d) efetiva aplicação de apenas uma delas.

O conflito é solucionado por meio da aplicação dos seguintes princípios:

1) *princípio da especialidade*: segundo esse princípio, a lei especial prevalece sobre a geral. *Lei especial* é aquela que contém todos os elementos da lei geral e mais um ou alguns outros chamados de *especializantes* (pouco importa que sejam prejudiciais ou benéficos ao agente). De acordo com essa regra, os tipos derivados prevalecem sobre os tipos fundamentais (exemplo: o furto qualificado exclui o simples). Os *tipos derivados* são aqueles previstos nos parágrafos dos tipos penais como crime qualificado ou crime privilegiado; os *tipos fundamentais* são os crimes na forma simples, previstos no *caput* do artigo;

2) *princípio da subsidiariedade*: segundo esse princípio, a lei primária prevalece sobre a subsidiária. *Lei subsidiária* é aquela que descreve um grau menor de violação de um mesmo bem que integra a descrição típica de um outro delito mais grave, como uma das fases de execução deste. A subsidiariedade pode ser expressa (exemplo: art. 132 do CP – "... se o fato não constitui crime mais grave...") ou

tácita (exemplo: o furto é um crime subsidiário em relação ao roubo, que, além da subtração de coisa alheia móvel, pressupõe o emprego de violência ou grave ameaça);

3) *princípio da consunção*: segundo esse princípio um crime mais grave absorve um outro menos grave quando este integrar a descrição típica daquele. A consunção verifica-se nas seguintes situações:

a) *crime progressivo*: ocorre quando o agente, pretendendo desde o início produzir o resultado mais grave, pratica sucessivas violações ao bem jurídico (exemplo: não há homicídio sem a precedente lesão corporal). Nessa situação o resultado mais grave (morte) absorve o anterior (lesões corporais);
b) *crime complexo*: ocorre quando houver a fusão de dois ou mais crimes autônomos para formar um único crime (exemplo: roubo = furto + emprego de violência ou grave ameaça). Nessa situação o fato complexo (roubo) absorve os fatos autônomos que o integram (furto e violência);
c) *progressão criminosa*: ocorre quando o agente pretende e consegue produzir um resultado menos grave e depois resolve produzir outro mais grave (exemplo: primeiro o agente quis e conseguiu produzir uma lesão corporal; em seguida decide matar a vítima). Nessa situação o resultado final (e mais grave) absorve o menos grave.

1.7.4 Tempo do crime

De acordo com o art. 4.º do CP, "considera-se praticado o crime no momento da ação ou omissão, ainda que outro seja o momento do resultado".

Devemos ressaltar que a doutrina elenca três possibilidades para determinar o tempo do crime:

1 – *Teoria da atividade*: estabelece que o tempo do crime é o momento em que se manifesta a ação ou omissão considerada delituosa;
2 – *Teoria do resultado*: estabelece que o tempo do crime é o momento da manifestação da consumação ou do dano ao bem jurídico tutelado pelo Direito Penal;

3 – *Teoria da ubiquidade*: estabelece que o tempo do crime será ou o momento da conduta ou o momento do resultado.

DICAS IMPORTANTES:

1 – A teoria adotada explicitamente pelo Código Penal para estabelecer o tempo do crime é a *Teoria da Atividade*;

2 – É importante observar que em matéria de prescrição o Código Penal adotou a *Teoria do Resultado*, pois o prazo prescricional começa a correr a partir da consumação do crime.

Podemos elucidar a importância da adoção da teoria da atividade no âmbito penal, para se aferir a responsabilidade penal do agente no que toca aos crimes em que os atos executórios e a consumação ocorram em momentos diferidos. Imaginemos que alguém, na véspera de seu aniversário de 18 anos, decida matar outra pessoa, sendo que, para tanto, desfere dois projéteis de arma de fogo contra a vítima. Suponha-se ainda que a vítima viesse a óbito apenas um mês depois, quando o autor do ilícito já era responsável penalmente. Nesse caso, devemos considerar que o agente não responde pela lei penal (era inimputável à época dos disparos), levando-se em conta a teoria da atividade.

1.7.5 Lei penal no espaço

1.7.5.1 Territorialidade

1.7.5.1.1 Conceito de território

Ensina o direito romano que território é a universalidade das terras dentro dos limites de cada Estado. Segundo Maria Helena Diniz, "território é o âmbito de validade espacial do ordenamento jurídico de um país".

Entende-se por território o espaço físico onde são exigíveis as normas que compõem o ordenamento jurídico de um Estado. Assim, aplica-se a lei brasileira no território brasileiro. Este território pode ser entendido como sendo de caráter geográfico, correspondendo às terras emersas brasileiras: área continental, ilhas oceânicas, fluviais ou lacustres, mar territorial e espaço aéreo. Também são considerados território brasileiro:

I – navios e aeronaves de caráter público – pertencentes ao ente administrativo ou particulares a serviço do estado brasileiro – onde quer que se encontrem, ressalvando-se que as aeronaves devem estar em voo;

II – navios ou aeronaves brasileiras, mercantes ou particulares, quando estiverem em águas internacionais ou em espaço aéreo internacional, respectivamente;

III – embaixadas, consulados ou representações diplomáticas;

IV – estação de pesquisa brasileira no continente Antártico.

O art. 5.º do CP determina a aplicação da lei penal brasileira ao crime cometido no território nacional, sem prejuízo de convenções, tratados e regras de direito internacional:

> "Art. 5.º Aplica-se a lei brasileira, sem prejuízo de convenções, tratados e regras de direito internacional, ao crime cometido no território nacional.
>
> § 1.º Para os efeitos penais, consideram-se como extensão do território nacional as embarcações e aeronaves brasileiras, de natureza pública ou a serviço do governo brasileiro onde quer que se encontrem, bem como as aeronaves e as embarcações brasileiras, mercantes ou de propriedade privada, que se achem, respectivamente, no espaço aéreo correspondente ou em alto-mar.
>
> § 2.º É também aplicável a lei brasileira aos crimes praticados a bordo de aeronaves ou embarcações estrangeiras de propriedade privada, achando-se aquelas em pouso no território nacional ou em voo no espaço aéreo correspondente, e estas em porto ou mar territorial do Brasil".

DICAS IMPORTANTES:

1 – Entende-se por Mar Territorial a faixa de 12 milhas náuticas que se estende em direção ao oceano, contada da faixa de baixa-mar (maré baixa) do litoral. Este entendimento está disciplinado na Lei 8.617/1993.

2 – Basta que um só fragmento da conduta delituosa ocorra em território nacional para que seja aplicável a lei brasileira, pouco importando que o restante da conduta e do evento danoso se efetive no exterior, conforme o art. 6.º do CP. A teoria adotada pelo Código Penal Brasileiro, nesse sentido, é a da ubiquidade.

Ao permitir em determinados casos a aplicação da lei penal estrangeira (quando houver tratados e convenções internacionais), o Código Penal adotou o *princípio da territorialidade temperada*. Excepcionalmente, a lei penal não será aplicada em relação a fatos cometidos no Brasil em virtude das imunidades diplomáticas, parlamentares e profissionais.

De acordo com o § 1.º do aludido artigo, para os efeitos penais, consideram-se como extensão do território nacional as embarcações e aeronaves brasileiras, de natureza pública ou a serviço do governo brasileiro onde quer que se encontrem, bem como as aeronaves e as embarcações brasileiras, mercantes ou de propriedade privada, que se achem, respectivamente, no espaço aéreo correspondente ou em alto-mar.

O § 2.º determina ainda a aplicação da lei brasileira aos crimes praticados a bordo de aeronaves ou embarcações estrangeiras de propriedade privada, achando-se aquelas em pouso no território nacional ou em voo no espaço aéreo correspondente, e estas em porto ou mar territorial do Brasil.

1.7.5.2 Lugar do crime

De acordo com o art. 6.º do CP, "considera-se praticado o crime no lugar em que ocorreu a ação ou omissão, no todo ou em parte, bem como onde se produziu ou deveria produzir-se o resultado".

Devemos ressaltar que a doutrina elenca três possibilidades de determinar o lugar do crime:

1 – *Teoria da atividade*: estabelece que o lugar do crime é o local onde se manifesta a ação ou omissão considerada delituosa;

2 – *Teoria do resultado*: estabelece que o lugar do crime é o local da manifestação da consumação ou do dano ao bem jurídico tutelado pelo Direito Penal;

3 – *Teoria da ubiquidade*: estabelece que o lugar do crime será ou o local da conduta ou o local do resultado.

O Código Penal adotou a *teoria da ubiquidade* (ou mista), pela qual se considera praticado o crime tanto no lugar da conduta como no lugar em que se produziu o resultado.

Entretanto, para a determinação da competência jurisdicional, a Lei dos Juizados Especiais Criminais (art. 63 da Lei 9.099/1995) e o Estatuto da Criança e do Adolescente (art. 147, § 1.º, da Lei 8.069/1990 – para a apuração de atos infracionais) adotaram a teoria da atividade. Para facilitar a persecução criminal nos crimes de competência do Tribunal do Júri, a jurisprudência tem fixado a competência pela teoria da atividade. O Código de Processo Penal, entretanto, adotou como critério de fixação da competência a teoria do resultado.

1.7.5.3 Extraterritorialidade

A extraterritorialidade representa a exceção, ocorrendo nos casos em que se aplica a lei brasileira sobre crimes que o Brasil obrigou-se por tratado ou convenção a reprimir ou, ainda, quando o crime for praticado por estrangeiros contra brasileiros ou por brasileiros no estrangeiro. A extraterritorialidade pode ser de dois tipos: *incondicionada*, quando manifestarem-se algumas das situações previstas no art. 7.º do CP, devendo a lei penal brasileira ser aplicada independentemente de qualquer condição, ou *condicionada*, quando ocorrerem crimes que o Estado brasileiro por tratado ou convenção obrigou-se a reprimir.

A extraterritorialidade da lei penal pode ser:

1) *incondicionada* – nessas situações o agente é punido segundo a lei brasileira, ainda que absolvido ou condenado no estrangeiro, pela prática dos seguintes crimes: contra a vida ou a liberdade do Presidente da República; contra o patrimônio ou a fé pública da União, do Distrito Federal, de Estado, de Território, de Município, de empresa pública, sociedade de economia mista, autarquia ou fundação instituída pelo Poder Público; contra a administração pública, por quem está a seu serviço; de genocídio, quando o agente for brasileiro ou domiciliado no Brasil;
2) *condicionada* – nessas situações a aplicação da lei brasileira depende do preenchimento de algumas condições e somente em relação aos crimes em que o Brasil, por tratado ou convenção, se obrigou a reprimir; aos crimes praticados por brasileiro e aos crimes praticados em aeronaves ou embarcações brasileiras, mercantes ou de propriedade privada, quando em território estrangeiro e aí não sejam julgados.

As condições para a aplicação da lei brasileira são as seguintes (art. 7.º, § 2.º, do CP):

a) entrar o agente em território nacional;

b) ser o fato punível também no país em que foi praticado;
c) estar o crime incluído entre aqueles pelos quais a lei brasileira autoriza a extradição;
d) não ter sido o agente absolvido no estrangeiro ou não ter aí cumprido a pena;
e) não ter sido o agente perdoado no estrangeiro ou, por outro motivo, não estar extinta a punibilidade, segundo a lei mais favorável.

De acordo com o § 3.º do aludido dispositivo, a lei brasileira aplica-se também ao crime cometido por estrangeiro contra brasileiro fora do Brasil se, reunidas as condições previstas no parágrafo anterior:

a) não foi pedida ou foi negada a extradição;
b) houve requisição do Ministro da Justiça.

1.7.5.3.1 Questão do *ne bis in idem*

O instituto do *ne bis in idem* proíbe que uma mesma pessoa seja punida duas vezes pelo mesmo fato. Nos casos de extraterritorialidade, as normas penais brasileiras serão aplicadas independentemente de o infrator ter sido absolvido ou condenado no estrangeiro, ou, ainda, de ele já ter cumprido pena no estrangeiro pelo crime que será tutelado pelo ordenamento brasileiro. Nestes casos, para evitar o *bis in idem*, a pena cumprida no estrangeiro será diminuída da aplicada no Brasil, caso a brasileira seja maior. Sendo a pena estrangeira maior ou igual à brasileira, esta será comutada.

1.7.5.4 Eficácia de sentença estrangeira

Como regra geral, a sentença condenatória estrangeira não pode ser executada no Brasil. Entretanto, para que possa produzir determinados efeitos, poderá ser executada dependendo, para tanto, de homologação do STJ (art. 105, I, *i*, da CF – antes da EC 45/2004 a competência pertencia ao STF).

Assim, o art. 9.º determina que a sentença estrangeira, quando a aplicação da lei brasileira produzir na espécie as mesmas consequências, poderá ser homologada no Brasil para:

I – obrigar o condenado à reparação do dano, a restituições e a outros efeitos civis;

II – sujeitá-lo a medida de segurança.

A homologação depende:

a) para os efeitos previstos no inciso I, de pedido da parte interessada;

b) para os outros efeitos, da existência de tratado de extradição com o país de cuja autoridade judiciária emanou a sentença, ou, na falta de tratado, de requisição do Ministro da Justiça.

Em relação aos outros efeitos penais (reincidência, proibição do *sursis* etc.), não é necessária a homologação, bastando a prova legal da existência da condenação estrangeira.

1.8 QUESTÕES

1. (OAB Nacional 2010_I) Assinale a opção correta acerca da pena cumprida no estrangeiro e da eficácia da sentença estrangeira.

a) É possível a homologação, pelo STJ, de sentença penal condenatória proferida pela justiça de outro país, para obrigar o condenado residente no Brasil à reparação do dano causado pelo crime que cometeu.

b) A competência para a homologação de sentença estrangeira é do STF, restringindo-se a referida homologação a casos que envolvam cumprimento de pena privativa de liberdade no Brasil.

c) Apenas nas hipóteses de infração penal de menor potencial ofensivo, admite-se que a pena cumprida no estrangeiro atenue a pena imposta, no Brasil, pelo mesmo crime.

d) A pena cumprida no estrangeiro não atenua nem compensa a pena imposta, no Brasil, pelo mesmo crime, dado o caráter independente das justiças nacional e estrangeira.

2. (OAB/NACIONAL 2009_1) Acerca do significado dos princípios limitadores do poder punitivo estatal, assinale a opção correta.

a) Segundo o princípio da culpabilidade, o direito penal deve limitar-se a punir as ações mais graves praticadas contra os bens jurídicos mais importantes, ocupando-se somente de uma parte dos bens protegidos pela ordem jurídica.

b) De acordo com o princípio da fragmentariedade, o poder punitivo estatal não pode aplicar sanções que atinjam a dignidade da pessoa humana ou que lesionem a constituição físico-psíquica dos condenados por sentença transitada em julgado.

c) Segundo o princípio da ofensividade, no direito penal somente se consideram típicas as condutas que tenham certa relevância social, pois as consideradas socialmente adequadas não podem constituir delitos e, por isso, não se revestem de tipicidade.

d) O princípio da intervenção mínima, que estabelece a atuação do direito penal como *ultima ratio*, orienta e limita o poder incriminador do Estado, preconizando que a criminalização de uma conduta só se legitima se constituir meio necessário para a proteção de determinado bem jurídico.

3. (OAB/SP 136.º) Assinale a opção correta com base nos princípios de direito penal na CF.

a) O princípio básico que orienta a construção do direito penal é o da intranscendência da pena, resumido na fórmula *nullum crimen, nulla poena, sine lege*.

b) Segundo a CF, é proibida a retroação de leis penais, ainda que estas sejam mais favoráveis ao acusado.

c) Nenhuma pena passará da pessoa do condenado, podendo a obrigação de reparar o dano e a decretação de perdimento de bens ser, nos termos da lei, estendidas até os sucessores e contra eles executadas, mesmo que ultrapassem o limite do valor do patrimônio transferido.

d) O princípio da humanidade veda as penas de morte, salvo em caso de guerra declarada, bem como as de caráter perpétuo, de trabalhos forçados, de banimento e as cruéis.

4. (OAB/SP 136.º) Ainda de acordo com o que dispõe o CP, assinale a opção correta.

a) Ninguém pode ser punido por fato que lei posterior deixa de considerar crime, cessando em virtude dela a execução e os efeitos penais e civis da sentença condenatória.

b) Considera-se praticado o crime no lugar em que ocorreu a ação ou omissão, no todo ou em parte, bem como onde se produziu o resultado, sendo irrelevante o local onde deveria produzir-se o resultado.

c) A lei excepcional ou temporária, embora tenha decorrido o período de sua duração ou cessadas as circunstâncias que a determinaram, aplica-se ao fato praticado durante a sua vigência.

d) Considera-se praticado o crime no momento da produção do resultado.

5. (XI Exame de Ordem Unificado – FGV) A Lei 9.099/1995 modificou a espécie de ação penal para os crimes de lesão corporal leve e culposa. De acordo com o art. 88 da referida lei, tais delitos passaram a ser de ação penal pública condicionada à representação. Tratando-se de questão relativa à Lei Processual Penal no Tempo, assinale a alternativa que corretamente expõe a regra a ser aplicada para processos em curso que não haviam transitado em julgado quando da alteração legislativa.

a) Aplica-se a regra do Direito Penal de retroagir a lei, por ser norma mais benigna.

b) Aplica-se a regra do Direito Processual de imediatidade, em que a lei é aplicada no momento em que entra em vigor, sem que se questione se mais gravosa ou não.

c) Aplica-se a regra do Direito Penal de irretroatividade da lei, por ser norma mais gravosa.

d) Aplica-se a regra do Direito Processual de imediatidade, em que a lei é aplicada no momento em que entra em vigor, devendo-se questionar se a *novatio legis* é mais gravosa ou não.

6. (XI Exame de Ordem Unificado – FGV) O art. 33 da Lei 11.343/2006 (Lei Antidrogas) diz: "Importar, exportar, remeter, preparar, produzir, fabricar, adquirir, vender, expor à venda, oferecer, ter em depósito, transportar, trazer consigo, guardar, prescrever, ministrar, entregar a consumo ou fornecer drogas, ainda que gratuitamente, sem autorização ou em desacordo com determinação legal ou regulamentar. Pena – reclusão de 5 (cinco) a 15 (quinze) anos e pagamento de 500 (quinhentos) a 1.500 (mil e quinhentos) dias-multa." Analisando o dispositivo acima, pode-se perceber que nele não estão inseridas as espécies de drogas não autorizadas ou que se encontram em desacordo com determinação legal ou regulamentar. Dessa forma, é correto afirmar que se trata de uma norma penal

a) em branco homogênea.

b) em branco heterogênea.

c) incompleta (ou secundariamente remetida).
d) em branco inversa (ou ao avesso).

7. (XI Exame de Ordem Unificado – FGV) No ano de 2005, Pierre, jovem francês residente na Bulgária, atentou contra a vida do então presidente do Brasil que, na ocasião, visitava o referido país. Devidamente processado, segundo as leis locais, Pierre foi absolvido. Considerando apenas os dados descritos, assinale a afirmativa correta.

a) Não é aplicável a lei penal brasileira, pois como Pierre foi absolvido no estrangeiro, não ficou satisfeita uma das exigências previstas à hipótese de extraterritorialidade condicionada.
b) É aplicável a lei penal brasileira, pois o caso narrado traz hipótese de extraterritorialidade incondicionada, exigindo-se, apenas, que o fato não tenha sido alcançado por nenhuma causa extintiva de punibilidade no estrangeiro.
c) É aplicável a lei penal brasileira, pois o caso narrado traz hipótese de extraterritorialidade incondicionada, sendo irrelevante o fato de ter sido o agente absolvido no estrangeiro.
d) Não é aplicável a lei penal brasileira, pois como o agente é estrangeiro e a conduta foi praticada em território também estrangeiro, as exigências relativas à extraterritorialidade condicionada não foram satisfeitas.

8. (OAB/MG – Abril-2008) Tendo em vista o Direito Penal brasileiro, assinale a alternativa INCORRETA:

a) A interpretação literal é a primeira fase da exegese.
b) Interpretação teleológica é a que busca interpretar a disposição dentro do sistema normativo em que ela se insere.
c) Interpretação autêntica é a realizada mediante disposição legislativa contextual ou posterior à lei interpretada.
d) A interpretação lógica pode considerar, em sua análise, elementos históricos.

9. (OAB/Nacional CESPE 2007.II) Assinale a opção correta acerca do direito penal.

a) O crime de extorsão é considerado crime de mera conduta e se consuma independentemente de o agente auferir a vantagem indevida almejada.
b) O crime de cárcere privado constitui espécie de delito instantâneo.
c) O princípio da consunção pressupõe a existência de um nexo de dependência das condutas ilícitas, para que se verifique a possibilidade de absorção da menos grave pela mais danosa.
d) Nos delitos instantâneos de efeitos permanentes, a atividade criminosa se prolonga no tempo, tendo o agente a possibilidade de cessar ou não a sua conduta e seus efeitos.

10. (OAB/MG – Agosto-2008) O artigo 171 do Código Penal brasileiro assim define o crime de estelionato: "Obter, para si ou para outrem, vantagem ilícita, em prejuízo alheio, induzindo ou mantendo alguém em erro, mediante artifício, ardil, ou qualquer outro meio fraudulento: Pena..." A parte final do dispositivo, qual seja, "... ou qualquer outro meio fraudulento", indica a possibilidade de:

a) interpretação declarativa.
b) interpretação restritiva.
c) interpretação extensiva.
d) aplicação analógica da norma.

GABARITO: As respostas destes testes encontram-se no final do livro.

2

TEORIA GERAL DO CRIME

2.1 CONCEITOS DE CRIME

Inicialmente, podemos dizer que crime é toda conduta humana, positiva ou negativa, que reproduz e se adéqua a um modelo definido em lei, de natureza antijurídica e penalmente reprovável.

Conduta humana porque, na regra geral, quem comete crimes são pessoas físicas. Animais, seres inanimados, vegetais não podem nunca cometer crimes, podendo, no entanto, figurar como objeto ou meio para a prática delituosa. Tomemos como exemplo o cão bravio que está solto e ataca uma criança, provocando-lhe lesões corporais ou até mesmo a morte. Não seria possível imputar a este animal uma conduta considerada criminosa, pois lhe falta racionalidade. O crime seria imputado a quem, na medida da responsabilidade objetiva, permitiu ou não adotou as cautelas necessárias para que o cão não atacasse a criança.

É importante ressaltar que, em casos excepcionais, a Constituição Federal prevê a possibilidade do cometimento de crime por pessoas jurídicas, como acontece nos casos de crimes ambientais ou de crimes contra a economia popular ou a ordem econômica e financeira nacional. Nestes casos, a responsabilização da pessoa jurídica não condicionará ou impedirá a punição das pessoas físicas titulares ou responsáveis por estas pessoas jurídicas. Nestes casos, poderia, por exemplo, ser estabelecida uma sanção patrimonial contra a pessoa jurídica e uma pena de detenção ou prisão para as pessoas físicas titulares da pessoa jurídica.

Já existe também entendimento jurisprudencial acerca da nova Lei de Falências, aceitando ser admissível a responsabilização da pessoa jurídica em crimes contra a massa falida ou seus contratantes.

DICA IMPORTANTE:

Casos em que a Pessoa Jurídica pode ser responsabilizada criminalmente nos termos literais da CF:

1 – Crimes contra a ordem econômica e financeira;

2 – Crimes contra a economia popular;

3 – Crimes contra o meio ambiente.

> "Art. 173, § 5.º, da CF: A lei, sem prejuízo da responsabilidade individual dos dirigentes da pessoa jurídica, estabelecerá a responsabilidade desta, sujeitando-a às punições compatíveis com sua natureza, nos atos praticados contra a ordem econômica e financeira e contra a economia popular".

> "Art. 225, § 3.º, da CF: As condutas e atividades consideradas lesivas ao meio ambiente sujeitarão os infratores, pessoas físicas ou jurídicas, a sanções penais e administrativas, independentemente da obrigação de reparar os danos causados".

Só para fixar:

Pessoa Jurídica pode cometer crimes

⇩

Sem prejuízo da responsabilização penal das pessoas físicas

⇩

Crimes ambientais, contra a economia popular e a ordem econômica e financeira

DICA MUITO IMPORTANTE:

Deve-se ter cuidado com o enunciado da pergunta, quando esta questionar sobre a possibilidade da responsabilização criminal da pessoa jurídica. Caso a questão faça referência às hipóteses expressas ou literais da CF em que uma pessoa jurídica pode ser responsabilizada no âmbito penal, deve-se considerar os crimes ambientais, os crimes contra a economia popular e a ordem econômica e financeira. Todavia, a jurisprudência entende ser o art. 173, § 5.º, da CF uma norma de eficácia limitada, pois a responsabilização da pessoa jurídica em casos de crimes contra a economia popular e a ordem econômica e financeira não possui regulamentação específica nas Leis 1.521/1951 (crimes contra a economia popular), 8.137/1990 (crimes contra o sistema financeiro) e 8.176/1991 (crimes contra a ordem econômica).

A única regulamentação de natureza específica sobre a imputação penal da pessoa jurídica encontra-se na Lei 9.605/1998 (Lei dos crimes Ambientais), mais especificamente no seu art. 3.º.

No caso específico dos crimes ambientais, a responsabilização criminal da pessoa jurídica segue a teoria da dupla imputação, que estabelece não ser possível responsabilizar a pessoa jurídica sem que exista a responsabilização concomitante das pessoas físicas, responsáveis diretas pelos atos da pessoa jurídica. Traduzindo: só será possível responsabilizar penalmente pessoa jurídica se também existir responsabilização das pessoas físicas. O contrário, todavia não é verdadeiro, pois a responsabilização das pessoas físicas em crimes ambientais independe da imputação criminal das pessoas jurídicas.

Pare tudo! "Como é?" Você pode se perguntar... Calma, sem pânico. Imaginemos a seguinte situação hipotética: uma determinada empresa praticou crime ambiental, mediante determinação direta dada por seu diretor administrativo e executada pelo chefe do serviço. Neste caso, a empresa (pessoa jurídica) pode ser responsabilizada penalmente, desde que também exista a responsabilização do diretor e do chefe do serviço (pessoas físicas). Porém, pode acontecer da empresa não ser responsabilizada penalmente e ainda assim o diretor e o chefe do serviço serem imputados como manda a lei penal. Esta é a teoria da dupla imputação penal em crimes ambientais.

Tal entendimento deriva do fato de que o art. 4.º da Lei dos Crimes Ambientais estabelece que a pessoa jurídica poderá ser desconsiderada sempre que sua personalidade representar obstáculo à reparação efetiva do dano produzido ao meio ambiente.

No Brasil, a infração penal comporta duas espécies: *crime* (ou delito) e *contravenção penal*. A diferença entre essas duas espécies não é qualitativa, ontológica ou de essências, pois ambas são espécies do mesmo gênero, mas sim quantitativa, ou seja, de pena, conforme preceitua o art. 1.º da Lei de Introdução ao Código Penal (Decreto-lei 3.914/1941).

"Art. 1.º Considera-se crime a infração penal a que a lei comina pena de reclusão ou de detenção, quer isoladamente, quer alternativamente ou cumulativamente com a pena de multa; contravenção, a infração penal a que a lei comina, isoladamente, pena de prisão simples ou de multa, ou ambas, alternativa ou cumulativamente".

O crime pode ser conceituado sob três aspectos:

- *conceito formal*: crime é a violação da lei penal;
- *conceito material*: crime é todo fato humano que lesa ou expõe a perigo bens jurídicos penalmente protegidos;
- *conceito analítico*: o nosso Código Penal adotou, embora não de forma expressa, a concepção finalista, de Hans Welsel. Há dois conceitos formados a partir dessa concepção: a) teoria tripartida (conforme o pensamento original de Welsel), segundo a qual o crime pode ser definido como fato típico, antijurídico e culpável; b) teoria bipartida (fruto de adaptações de doutrinadores pátrios), segundo a qual crime é um fato típico e antijurídico, sendo a culpabilidade pressuposto de aplicação da pena.

De acordo com a Teoria Tripartite, crime é uma conduta humana baseada em uma ação ou omissão, típica, antijurídica e culpável.

A Teoria Bipartite desconsidera a culpabilidade como elemento de manifestação do crime, reconhecendo apenas como elemento que permitirá a manifestação da pena ao agente delituoso.

Em relação ao crime, podemos identificar três elementos que lhe são essenciais:

a) *Tipicidade*: é a perfeita e inequívoca adequação de uma conduta humana ao tipo descrito em lei;

b) *Antijuridicidade*: é a contradição do fato, eventualmente adequado ao modelo legal, com a ordem jurídica;

c) *Culpabilidade*: é a reprovabilidade de conduta quando comparada ao senso médio comum. É válido ressaltar que os doutrinadores que seguem a Teoria Bipartite não consideram este instituto como elementar ao crime, mas como uma mera indicação da possibilidade ou não de manifestação da sanção penal cominada em lei. Nesta teoria, a ausência de culpabilidade não seria suficiente para excluir o ilícito penal, mas, sim, a imputabilidade penal.

2.2 OBJETO DO CRIME

É tudo aquilo sobre o que incide a conduta delituosa. O objeto pode ser jurídico ou material.

Objeto jurídico é o bem-interesse protegido pela norma penal (exemplo: a vida, a honra, o patrimônio etc.). Não existe crime sem objeto jurídico.

Objeto material é a pessoa ou coisa sobre a qual recai a conduta criminosa (exemplo: no furto o objeto material é a "coisa alheia móvel" que foi subtraída do seu dono). Nem todo crime possui objeto material como ocorre nos crimes de mera conduta e nos crimes formais – este último pode ou não ter objeto material.

2.3 SUJEITOS DO CRIME

É o ser humano (uma vez que o delito em regra representa ação humana) a quem pode ser atribuída a prática de ação ou omissão considerada defeituosa. *Sujeito ativo* é, pois, aquele que pratica o fato descrito pela norma penal incriminadora.

Sujeito passivo do crime é o titular do bem jurídico lesado ou exposto a perigo de lesão pela conduta criminosa. Pode ser a pessoa humana, a pessoa jurídica, o Estado, a coletividade etc. Não podem ser sujeito passivo os animais (no delito de maus-tratos aos animais – art. 32 da Lei 9.605/1998, o sujeito passivo é a coletividade) e o ser humano morto (na calúnia contra os mortos o sujeito passivo é a família do falecido).

De acordo com Damásio de Jesus, sujeito passivo do crime é o titular do interesse cuja ofensa constitui a essência do crime. O sujeito passivo pode ser de duas modalidades:

a) *Constante ou formal*: sendo o crime a violação da norma penal, o Estado é o sujeito passivo ou formal, por ser o titular da lei incriminadora;
b) *Eventual ou material*: é o sujeito que efetivamente sofre a lesão do bem do qual é titular.

DICA:

Sujeitos do Crime

SUJEITO ATIVO	
Pratica a conduta tipificada na norma jurídica	

⇩

SUJEITO PASSIVO CONSTANTE OU FORMAL	
O Estado	Defensor do harmonioso convívio social

⇩

SUJEITO PASSIVO MATERIAL	
A vítima	Titular dos interesses tutelados

2.4 CLASSIFICAÇÃO DOS CRIMES

O crime pode ser classificado de inúmeras formas diferentes, dependendo da premissa ou dos critérios adotados. Algumas classificações são mais recorrentes na doutrina e principalmente nos concursos. As mais importantes são:

1. Crime Comum → é o crime que pode ser praticado por qualquer pessoa (homicídio).

2. Crime Próprio → é aquele cujo tipo penal exige uma qualidade ou condição especial dos sujeitos ativos ou passivos (infanticídio, peculato).

3. Crime de Mão Própria → é aquele cuja execução é intransferível, indelegável, devendo ser levado a efeito pelo próprio agente. São infrações personalíssimas, que não admitem coautoria, apenas participação (reingresso de estrangeiro expulso, falso testemunho ou falsa perícia).

4. Crime Material → é o crime que necessita de resultado naturalístico para se consumar, ou seja, a consumação coincide com a ocorrência do evento. Ex: homicídio, pois a consumação ocorrerá com a manifestação do resultado naturalístico – a morte da vítima.

5. Crime Formal → a consumação independe da manifestação de resultado naturalístico, coincidindo com a prática da ação ou a mani-

festação da omissão. Ex: corrupção passiva, em que a simples ação de solicitar vantagem indevida por parte de funcionário público já consuma o delito, independentemente de esta ser efetivamente conseguida.

6. Crimes Hediondos → são os listados na Lei 8.072/1990, denominados de crimes hediondos próprios e também a tortura, o terrorismo e o tráfico de drogas, previstos na Constituição Federal e na própria Lei 8.072/1990, sendo denominados de crimes hediondos equiparados.

> "Art. 1.º São considerados hediondos os seguintes crimes, todos tipificados no Decreto-Lei 2.848, de 7 de dezembro de 1940 – Código Penal, consumados ou tentados:
>
> I – homicídio (art. 121), quando praticado em atividade típica de grupo de extermínio, ainda que cometido por um só agente, e homicídio qualificado (art. 121, § 2.º, I, II, III, IV e V);
>
> II – latrocínio (art. 157, § 3.º, *in fine*);
>
> III – extorsão qualificada pela morte (art. 158, § 2.º);
>
> IV – extorsão mediante sequestro e na forma qualificada (art. 159, *caput*, e §§ 1.º, 2.º e 3.º);
>
> V – estupro (art. 213, *caput* e §§ 1.º e 2.º);
>
> VI – estupro de vulnerável (art. 217-A, *caput* e §§ 1.º, 2.º, 3.º e 4.º);
>
> VII – epidemia com resultado morte (art. 267, § 1.º).
>
> VII-A – (*vetado*)
>
> VII-B – falsificação, corrupção, adulteração ou alteração de produto destinado a fins terapêuticos ou medicinais (art. 273, *caput* e § 1.º, § 1.º-A e § 1.º-B, com a redação dada pela Lei 9.677, de 2 de julho de 1998).
>
> Parágrafo único. Considera-se também hediondo o crime de genocídio previsto nos arts. 1.º, 2.º e 3.º da Lei 2.889, de 1.º de outubro de 1956, tentado ou consumado.
>
> Art. 2.º Os crimes hediondos, a prática da tortura, o tráfico ilícito de entorpecentes e drogas afins e o terrorismo são insuscetíveis de:
>
> I – anistia, graça e indulto;
>
> II – fiança.
>
> § 1.º A pena por crime previsto neste artigo será cumprida inicialmente em regime fechado.
>
> § 2.º A progressão de regime, no caso dos condenados aos crimes previstos neste artigo, dar-se-á após o cumprimento de 2/5 (dois quintos) da pena, se o apenado for primário, e de 3/5 (três quintos), se reincidente.

§ 3.º Em caso de sentença condenatória, o juiz decidirá fundamentadamente se o réu poderá apelar em liberdade.

§ 4.º A prisão temporária, sobre a qual dispõe a Lei 7.960, de 21 de dezembro de 1989, nos crimes previstos neste artigo, terá o prazo de 30 (trinta) dias, prorrogável por igual período em caso de extrema e comprovada necessidade."

DICA:

Ainda não existe entendimento jurisprudencial sobre a Lei 11.923/2009, que tipifica a conduta de sequestro-relâmpago, acrescentando um tipo penal ao art. 158 do Código Penal, não sendo possível afirmar ser este crime hediondo ou não, visto não existir previsão expressa na Lei 8.072/1990 para esta nova modalidade delituosa.

Código Penal: "Art. 158. Constranger alguém, mediante violência ou grave ameaça, e com o intuito de obter para si ou para outrem indevida vantagem econômica, a fazer, tolerar que se faça ou deixar fazer alguma coisa:

Pena – reclusão, de quatro a dez anos, e multa.

(...)

§ 3.º Se o crime é cometido mediante a restrição da liberdade da vítima, e essa condição é necessária para a obtenção da vantagem econômica, a pena é de reclusão, de 6 (seis) a 12 (doze) anos, além da multa; se resulta lesão corporal grave ou morte, aplicam-se as penas previstas no art. 159, §§ 2.º e 3.º, respectivamente." (*Incluído pela Lei 11.923/2009*)

7. Crime Preterdoloso → quando o agente atua com dolo na conduta e culpa em relação ao resultado, devendo existir dolo no antecedente e culpa no consequente (lesão corporal seguida de morte).

8. Crime de Dano → apresenta um dano efetivo como resultado da conduta. Caso não ocorra a efetiva lesão ao bem tutelado, não existirá consumação (dano, furto, homicídio).

9. Crime de Perigo → prevê um comportamento que traz perigo de dano ao bem tutelado. Este perigo ou risco ao qual se expõe o bem é suficiente para a consumação da prática delituosa. Pode ser subdividido em dois tipos:

a) perigo concreto → é preciso provar que o bem jurídico foi efetivamente exposto a risco (perigo de contágio de doença venérea, dirigir sem CNH, gerando perigo de dano);

b) perigo abstrato → também denominado de perigo presumido, em que basta para a consumação do crime a prática da conduta tipificada, não sendo necessária a prova de que o bem jurídico foi efetivamente exposto a risco (omissão de notificação de doença, porte de arma de fogo, abandono de incapaz).

10. Crime Instantâneo → é aquele que se consuma no momento da conduta praticada pelo agente (lesão corporal).

11. Crime Instantâneo de Efeitos Permanentes → o resultado decorrente da conduta praticada pelo o agente é irreversível (homicídio).

12. Crime Permanente → é aquele em que a consumação se prolonga no tempo, renovando-se enquanto durar a prática do delito (sequestro, cárcere privado).

13. Crime a Prazo → é aquele cuja configuração exige o decurso de certo lapso temporal (apropriação de coisa achada – nesta hipótese, o crime só ocorrerá depois de transcorrido o prazo de 15 dias; apropriação indébita previdenciária – nesta hipótese, o crime só se manifesta, findo o prazo de recolhimento da contribuição à Autarquia Previdenciária).

14. Crime Habitual → exige habitualidade, comportamento reiterado, repetição da conduta (exercício ilegal da medicina, manutenção de casa de prostituição).

15. Crime de Ação Múltipla → também denominado de crime de conteúdo variado – é aquele em que a lei descreve duas ou mais condutas, manifestando-se o crime com a realização de qualquer uma delas (auxílio, induzimento ou instigação ao suicídio).

16. Crime Monossubjetivo → a conduta pode ser praticada por uma única pessoa (furto, roubo, homicídio).

17. Crime Plurissubjetivo → também denominado de crime de concurso necessário – é aquele em que a conduta só pode ser praticada por duas ou mais pessoas (rixa, formação de quadrilha).

18. Crime Falho → corresponde à tentativa perfeita, quando o agente pratica todos os atos executórios, mas o crime não se consuma por circunstâncias alheias a sua vontade.

19. Crime Exaurido → ocorre quando há um esgotamento completo das consequências posteriores à consumação delituosa (no crime de sequestro, a consumação se dá com o arrebatamento da vítima, sendo o pagamento de resgate mero exaurimento).

20. Crime Vago → é aquele em que o sujeito passivo não possui personalidade jurídica, como a família, o público ou a sociedade (ato obsceno).

21. Crime Unissubsistente → realiza-se com um só ato, não se admitindo, na regra geral, tentativa, salvo em situações muito específicas (injúria).

22. Crime Plurissubsistente → pode ser fracionado dentro da lógica do *iter criminis*, no qual o agente cogita, prepara e executa o crime em momentos distintos e visualizáveis (furto, roubo, lesão corporal), admitindo a tentativa.

23. Crime Transeunte → é aquele cuja prática, na regra geral, não deixa vestígios (injúria, calúnia e difamação).

24. Crime não Transeunte → é aquele que permite a produção de provas periciais, pelo fato de deixarem vestígios (lesão corporal, estupro).

25. Crime Multitudinário → é o cometido por uma multidão delinquente, normalmente em uma situação de tumulto (linchamento).

26. Crime de Bagatela → deve-se verificar sua ocorrência no caso concreto, incidindo o princípio da insignificância ou da bagatela de acordo com o crime praticado.

27. Crime Político → está previsto na Lei 7.170/1983 – Lei de Segurança Nacional.

> "Art. 1.º. Esta Lei prevê os crimes que lesam ou expõem a perigo de lesão:
>
> I – a integridade territorial e a soberania nacional;
>
> II – o regime representativo e democrático, a Federação e o Estado de Direito;
>
> III – a pessoa dos chefes dos Poderes da União."

28. Crime de Ímpeto → ocorre quando o agente pratica a conduta de forma impensada, explosiva, emocionada, sem ter antecipadamente refletido sobre seu comportamento delituoso.

2.5 FATO TÍPICO

Fato típico é todo comportamento humano que se amolda perfeitamente ao tipo penal. O crime é instituto uno que se compõe do fato típico e da ilicitude ou antijuridicidade, ou seja, qualidade do que é contrário ao direito. A culpabilidade, por sua vez, faz a ligação entre o crime e a pena a ser imposta. No entanto, tanto o ilícito quanto a culpabilidade subordinam-se ao fato típico.

Na regra geral, o fato típico possui os seguintes elementos:

a) conduta (ação ou omissão);
b) resultado;
c) relação de causalidade;
d) tipicidade;
e) elemento subjetivo (dolo ou culpa).

2.5.1 Conduta

Conduta é toda ação ou omissão humana, consciente e voluntária, dolosa ou culposa, voltada a uma finalidade, típica ou não, mas que produz ou tenta produzir um resultado previsto na lei penal como crime.

Buscando um conceito adequado de conduta, a doutrina formulou algumas teorias:

- *teoria causalista* (ou naturalística): segundo essa teoria, conduta é qualquer comportamento humano que produz modificação no mundo exterior, independentemente da verificação de dolo ou culpa do agente (estes pertencem ao campo da culpabilidade). Assim, para se concluir pela existência de crime, basta a mera relação de "causa e efeito" entre a conduta do agente e o resultado produzido. Não foi adotada porque, além de não considerar a intenção do agente como elemento propulsionador da conduta humana, não explicava suficientemente a existência dos crimes omissivos, de mera conduta e tentados;
- *teoria finalista*: segundo essa teoria, a conduta é todo comportamento humano, voluntário e consciente, dirigido a um fim. O mérito dessa teoria foi o de ter constatado a existência do elemento subjetivo do injusto, ou seja, a finalidade existente em toda conduta humana de comportar-se de modo contrário ao sentimento social de justiça. Dessa forma, se não existir vontade de realizar uma conduta reprovável, não há como enquadrar o fato num tipo legal. O dolo e a culpa, portanto, fazem parte da

conduta (e não da culpabilidade, como defendiam os defensores da teoria causalista). Assim, para se concluir pela existência de crime é preciso que se busque, ao lado do evento produzido, a finalidade perseguida pelo agente;

– *teoria social*: segundo essa teoria, a conduta é toda ação socialmente relevante, dominada ou dominável pela vontade humana. Essa teoria é uma ponte entre as anteriores. Não foi adotada em virtude da dificuldade em conceituar-se o que seja relevância social da conduta, tornando-se um critério vago e impreciso que, além de influir nos limites da antijuridicidade, torna também indeterminada a tipicidade, permitindo o arbítrio.

A prática do crime não se manifestará somente pela ação do sujeito ativo, mas também por sua conduta omissiva, que ocorre quando a norma jurídica impõe uma determinada conduta ao indivíduo e este não age, nada faz. É necessário diferenciar a conduta comissiva da omissiva. Na primeira, o sujeito ativo adota exatamente a conduta que a norma penal proíbe. Ex.: o art. 121 do CP estabelece que quem matar alguém será apenado com reclusão de 6 a 20 anos. O objetivo da lei é proibir que um homem mate outro. Caso isto ocorra, o sujeito ativo adotou uma conduta diametralmente oposta àquela exigida pela lei. Neste caso teremos a conduta comissiva, ou simplesmente uma "ação".

Na conduta omissiva o sujeito ativo não age, ou age de modo diverso do que era pretendido pela lei, sem adotar, contudo, uma postura que seja exatamente o oposto da pretendida pelo texto da norma jurídica. Ex.: o art. 269 do CP estabelece ser crime o fato de um médico deixar de denunciar à autoridade pública doença cuja notificação é compulsória. Neste caso, o medico deve agir, fazendo a notificação. Caso não o faça, cometeu um crime, por não ter agido como a norma penal pretendia. Neste caso teremos uma omissão.

Em relação aos crimes omissivos, o Código Penal brasileiro adotou a *teoria normativa*. Segundo essa teoria, a omissão só terá relevância causal se existir uma norma impondo, na hipótese concreta, o dever jurídico de agir. Assim, a omissão é a inatividade, a abstenção de um fazer determinado pela lei penal.

Nesse diapasão, os crimes omissivos podem ser *próprios* e *impróprios*.

Os *crimes omissivos próprios* são aqueles em que não existe o dever jurídico de agir. Neles a conduta negativa é descrita no preceito primário da lei penal, sendo a simples omissão causa suficiente para a consumação, independentemente de qualquer resultado ulterior (exemplo: art. 135 do CP – omissão de socorro).

Os *crimes omissivos impróprios* são aqueles em que existe o dever jurídico de agir. Nesses crimes o agente não responde só pela omissão como simples conduta, mas pelo resultado produzido, salvo se esse resultado não lhe puder ser atribuído por dolo ou culpa (exemplo: art. 1.634 do CC/2002 – a mãe que deixa de amamentar o filho responde por homicídio, podendo ser doloso ou culposo, em virtude da sua obrigação legal de criar, proteger e cuidar dos filhos).

Existem ainda os crimes *comissivos por omissão*, em que a omissão por parte do agente delituoso é previamente orientada para garantir um resultado danoso pretendido. A omissão funciona como um mero instrumento para se obter o resultado delituoso (exemplo: um médico que não aplica anestésico em um paciente antes de realizar um procedimento notadamente doloroso, objetivando que este sofra, por ser sabedor que o paciente é criminoso conhecido na comunidade).

2.5.2 Resultado

Existem duas espécies de resultado: o normativo e o naturalístico.

O *resultado normativo* é toda lesão ou perigo de lesão ao bem jurídico protegido pela norma penal. Todos os crimes possuem necessariamente resultado normativo, inclusive os formais e os de mera conduta. Não há, portanto, crime sem resultado.

O *resultado naturalístico* é toda modificação no mundo exterior provocada pelo comportamento humano voluntário. Essa modificação pode ser de ordem física (nos objetos inanimados), fisiológica (no corpo humano) ou psicológica (na psique humana). Nem todos os crimes possuem resultado naturalístico. De acordo com essa teoria, os crimes classificam-se em: materiais, formais e de mera conduta.

Crime material é aquele que só se consuma com a produção do resultado naturalístico (exemplo: homicídio – só se consuma com a morte da vítima).

Crime formal é aquele cuja consumação não depende da produção de um resultado naturalístico, embora ele possa ocorrer (exemplo: art. 147 do CP – ameaça: a sua consumação ocorre no momento em que o mal é prometido, independentemente da sua concretização ou não).

Crime de mera conduta é aquele em que o resultado naturalístico não é apenas irrelevante, não é previsto na lei, contentando-se esta apenas com a ação ou omissão do agente (exemplo: art. 150 do CP – violação de domicílio: não causa nenhuma modificação no mundo concreto).

2.5.3 Relação de causalidade

Relação de causalidade é a conexão estabelecida entre a conduta do agente e o resultado naturalístico produzido. Em outras palavras, é a relação de causa e efeito existente entre a conduta e o resultado.

Sobre o conceito de causa, o Código Penal adotou a teoria da *conditio sine qua non* (ou teoria da equivalência dos antecedentes). Segundo essa teoria, considera-se *causa* todo fato que concorre para a produção do resultado.

Para se determinar o que é causa aplica-se o *procedimento hipotético de eliminação* (de Thyrén) que consiste na análise individual de cada fato que compõe a cadeia de eventos do crime. Assim, excluindo-se mentalmente um dos fatos e constatando-se que sem ele o resultado não teria ocorrido, então este fato deve ser considerado como "causa do evento". Para evitar o regresso ao infinito (*regressus ad infinitum* – ou seja, a responsabilização de pessoas que influíram no plano fático com total ausência de vontade, como, por exemplo, o operário que trabalha numa fábrica de armas de fogo), utiliza-se o filtro da *causalidade psíquica* (ou subjetiva) que exige a presença do dolo ou da culpa para a responsabilização dos agentes (no exemplo citado, o operário poderia ser responsabilizado se, desde o momento em que fabricava a arma, pretendia desviá-la para um conhecido que pretendia matar uma pessoa – a conduta dolosa do operário foi uma das causas do evento).

No plano físico da causalidade, o Código Penal abre uma exceção à teoria da *conditio sine qua non*, para adotar, no termos do art. 13, § 1.º, a *teoria da causalidade adequada.* Dessa forma, "a superveniência de causa relativamente independente exclui a imputação quando, **por si só**, produziu o resultado; os fatos anteriores, entretanto, imputam-se a quem os praticou". As causas absolutamente independentes (preexistentes, concomitantes e supervenientes) rompem totalmente o nexo causal e o agente só responde pelos atos até então praticados. Nas causas relativamente independentes preexistentes e concomitantes o agente responderá pelo resultado, a menos que não tenha concorrido para este com dolo ou culpa. Nas causas relativamente independentes supervenientes o agente não responde pelo resultado, mas tão somente pela tentativa (por força do art. 13, § 1.º).

Nos *crimes omissivos impróprios*, a omissão só tem relevância causal quando estiver presente o *dever jurídico de agir* que, de acordo com o art. 13, § 2.º, do CP, incumbe a quem:

a) tenha por lei obrigação de cuidado, proteção ou vigilância (exemplo: os pais em relação ao dever de criar e proteger os filhos);
b) de outra forma, assumiu a responsabilidade de impedir o resultado (exemplo: a babá que assume o compromisso de cuidar da criança);
c) com seu comportamento anterior, criou o risco da ocorrência do resultado (exemplo: a pessoa que jogou na piscina uma outra que não sabia nadar tinha o dever de salvá-la). Nessas situações o omitente responderá pelo resultado, a não ser que este não lhe possa ser atribuído em virtude da ausência de dolo ou de culpa.

A doutrina tem mencionado que após a comprovação material e física entre a conduta e o resultado, deve ser verificada, ainda, como complemento à teoria da equivalência dos antecedentes, a causalidade normativa da conduta, também conhecida por *teoria da imputação objetiva*. Segundo essa teoria, o agente só poderá ser responsabilizado penalmente por um fato na hipótese em que a sua conduta, que criar ou aumentar um risco proibido relevante, produzir um resultado jurídico previsto no âmbito de proteção da norma. Recebe esse nome porque procura descobrir se o fato pode ser imputado ao agente independentemente do seu dolo.

2.5.4 Tipicidade e antijuridicidade

Tipicidade (ou adequação típica) é a perfeita adequação entre o fato concreto (a conduta praticada pelo agente no mundo real) e o tipo legal. Tipo legal, por sua vez, é a descrição abstrata do crime feita detalhadamente pela lei penal e correspondente a um fato criminoso. É, em outras palavras, o conjunto dos elementos descritivos do crime contidos na lei penal.

O tipo penal possui os seguintes elementos:

I – *objetivos*: são aqueles que se referem ao aspecto material do fato – exemplo: objeto do crime, lugar, tempo, entre outros;

II – *normativos*: são aqueles que exigem uma valoração jurídica, social, cultural, política, religiosa, entre outros – exemplo: "dignidade", "decoro";

III – *subjetivos*: são aqueles que se referem ao intuito do agente quando pratica o fato – exemplo: "... com o fim de...".

O tipo penal possui as seguintes funções: *função de garantia* (pois aperfeiçoa e sustenta o princípio da legalidade) e *função de fundamentar a antijuridicidade do fato* (o Código Penal adotou a *teoria do caráter indiciário da ilicitude* pela qual um fato típico presume-se antijurídico até prova em contrário, ou seja, a não ser que esteja presente alguma causa de exclusão da ilicitude).

A adequação típica (ou tipicidade) pode ser de duas espécies:

1) *de subordinação imediata*: é aquela em que a adequação do fato ao tipo legal se opera de forma direta, integral e perfeita (exemplo: uma pessoa disparou arma de fogo contra outra causando-lhe a morte – há perfeita correspondência ao tipo legal previsto no art. 121 do CP);
2) *de subordinação mediata* (ou tipicidade indireta): é aquela em que a adequação depende de uma outra norma que promova a extensão do tipo até alcançar a conduta, como ocorre nos casos de tentativa (art. 14, II) e no concurso de agentes (art. 29, *caput*, do CP). A impossibilidade de adequação do fato à norma leva à atipicidade do fato (ou seja, não haverá crime).

Não é suficiente que a conduta reproduza o modelo legal, ou seja, que o fato seja típico. É necessário, ainda, que a conduta seja antijurídica, isto é, ilícita, para que se dê o crime. A antijuridicidade é, pois, a característica daquilo que é contrário ao direito.

Como assim? Na verdade toda norma jurídica possui uma "intenção", ou seja, destina-se a produzir um efeito prático no âmbito social. Normalmente, no Direito Penal, esta "intenção" é que o agente adote a postura oposta à que está prevista na letra da lei. Por exemplo: o art. 121, *caput*, do CP estabelece que "matar alguém" é crime punido com pena de reclusão de 6 a 20 anos. O objetivo da lei é que o agente não mate. Assim sendo, quando a conduta do agente adéqua-se à "intenção" da lei, dizemos que a conduta goza de *juridicidade ou licitude*. Caso a conduta do agente seja oposta ou conflitante com a "intenção" da norma, a conduta será *antijurídica ou ilícita*.

A antijuridicidade pode ser *formal* ou *material*. Será *formal* quando existe simples contradição entre o fato praticado pelo agente e a norma que proíbe a conduta. Será *material* quando a conduta do agente fere o interesse protegido pela norma.

Talvez você possa pensar que basta o agente desempenhar a conduta descrita na norma para que exista a manifestação da ilicitude. Nem sempre. A ilicitude da conduta pode ser afastada por determinadas causas. Tais causas são denominadas excludentes de antijuridicidade, justificativas ou descriminantes. Representam situações que, em se verificando, justificam a conduta praticada. Por exemplo: as excludentes de ilicitude listadas no art. 23 do CP.

> "Art. 23 do CP: Não há crime quando o agente pratica o fato:
>
> I – em estado de necessidade;
>
> II – em legítima defesa;
>
> III – em estrito cumprimento de dever legal ou no exercício regular de direito".

Assim sendo, é perfeitamente possível que a conduta seja típica sem ser considerada ilícita, como na hipótese do agente que mata outrem agindo em legítima defesa. Matar é conduta descrita em lei como crime. Logo, quem mata pratica fato típico. Porém, nesta hipótese analisada, não teremos crime, por ausência de ilicitude, inexistindo contradição entre a conduta do agente e a "intenção" da norma, já que esta considera aceitável que se mate no estrito limite da legítima defesa.

DICA:

Questão do caso fortuito e de força maior.

Caso fortuito é o evento imprevisível ou inevitável, manifestado por força estranha ao homem. Ex.: um raio que atingiu um avião e provocou a queda deste. Força maior é um evento externo ao agente, tornando inevitável a conduta adotada. Ex.: coação física irresistível.

Manifestando-se o caso fortuito ou de força maior, não existirá o instituto do crime.

2.6 CRIME DOLOSO

É aquele praticado pelo agente que objetiva o resultado ou que, no mínimo, assume o risco de produzi-lo, isto é, tem consciência da conduta que pratica. Dolo é vontade livre e consciente de praticar a ação ou omissão, de executar o fato definido como crime pela letra da lei. Subdivide-se em: dolo direto, dolo indireto, dolo genérico e dolo específico.

Dolo direto ocorre quando o agente pretende, busca o resultado, de modo que o evento corresponde a sua vontade. Ex.: um sujeito A saí de casa com o intuito de matar um sujeito B. Ao encontrá-lo, deflagra disparos de arma de fogo que levam a óbito a vítima. O objetivo inicial de ferir o bem jurídico (a vida) foi alcançado.

Dolo indireto ocorre quando a vontade do agente não se orienta de forma segura em relação ao evento. Esta espécie de dolo subdivide-se em dois tipos: *dolo alternativo*, quando o agente executa a ação pretendendo um dos objetivos que esta possa vir a causar; *dolo eventual*, onde o agente prevê o resultado e mesmo não o querendo diretamente, assume o risco de produzi-lo. Um exemplo de dolo eventual seria um agente entrar atirando em um recinto fechado, cheio de pessoas. Embora não exista a intenção de ferir ou matar especificamente nenhum dos presentes, o agente assumiu o risco de acabar ferindo ou até matando alguns deles.

Dolo genérico ocorre quando o agente pretende apenas o fato descrito na norma penal, ou seja, sua intenção é de ferir especificamente a letra da lei.

Dolo específico ocorre quando o agente pretende algo além da conduta criminosa, como, por exemplo, o crime de extorsão, em que não basta ao agente constranger a vítima – deseja ele, ainda, obter vantagens econômicas indevida com a conduta praticada. É crime de vontade excedente.

DICA MUITO IMPORTANTE:

Sendo bem prático, podemos afirmar que a maioria dos concursos questiona sobre duas espécies elementares de dolo: direto e eventual.

Temos dolo direto quando o sujeito ativo do delito possui clareza e segurança sobre três elementos básicos: a intenção, a conduta e o resultado. Ou seja, antecipadamente o agente sabe o que quer fazer, como quer agir e qual bem jurídico ele pretende atingir.

Já no dolo eventual, falta ao sujeito ativo do delito esta clareza, esta certeza quanto a um, alguns ou todos esses elementos. Mas existe uma demonstração inequívoca de que ele não está nem um pouco preocupado com as consequências ou efeitos da sua conduta. Fica claro, pela análise da conduta do agente, que ele assume o risco de gerar o dano, de produzir o resultado delituoso, que ele não se importa com o que possa advir como consequência da conduta desempenhada.

2.7 CRIME CULPOSO

2.7.1 Conceito e elementos

Para existir crime, deve necessariamente ocorrer uma conduta voluntária do agente, seja esta positiva – fazer, agir – ou negativa – não fazer, não agir. Inexistindo a voluntariedade, inexiste o crime. Logo, o crime culposo irá se manifestar por uma atitude voluntária do indivíduo, mas esta atitude deve almejar um fim perfeitamente lícito. O resultado da conduta é que se torna diverso do pretendido, ou seja, o agente age, voluntariamente, para atingir fim lícito, mas acaba obtendo uma consequência considerada ilícita pela norma penal. A intenção do agente não foi ferir a letra da lei, mas se esta consequência se manifesta, responderá este por crime culposo.

> "Art. 18, II, do CP: diz-se do crime culposo quando o agente deu causa ao resultado por imprudência, negligência ou imperícia".

Crime culposo é o que se verifica pela conduta voluntária, sem a devida atenção ou cuidado, que gera como resultado o que a lei descreve como crime. Assim, os elementos do crime culposo são: o ato voluntário e a negligência, imprudência ou imperícia de que resulta fato definido como crime.

O crime culposo apresenta os seguintes elementos:

- conduta inicial voluntária;
- violação do dever de cuidado (por imprudência, negligência ou imperícia);
- resultado involuntário;
- nexo de causalidade;
- previsibilidade objetiva do resultado;
- ausência de previsão;
- tipicidade.

O tipo culposo também é conhecido por *tipo aberto*, porque o seu preceito primário (conduta) não está completamente descrito, exigindo-

-se, para a sua complementação, a realização de um *juízo valorativo*, que decorre da comparação da conduta do caso concreto com a que seria ideal nessas circunstâncias. Por isso, um crime só pode ser punido como culposo quando houver expressa previsão legal (art. 18, parágrafo único, do CP).

O *dever objetivo de cuidado* é aquele imposto a todas as pessoas de sempre agir com o emprego das cautelas necessárias para que de seu atuar não resulte dano a bens jurídicos alheios. A punibilidade nesses crimes visa justamente a tornar o homem mais atento, obrigando-o a superar deficiências peculiares ou a agir com a diligência imposta em razão dessas mesmas deficiências.

A *previsibilidade objetiva* é a possibilidade de qualquer pessoa comum, dotada de prudência mediana, de antever a produção de um resultado involuntário lesivo (se o resultado for voluntário não haverá culpa, mas sim dolo). Não sendo possível a previsão do evento, a ocorrência deste decorre de caso fortuito, que exclui a própria culpa e, consequentemente, a tipicidade. Vale anotar que a *previsibilidade subjetiva* é a capacidade de previsão de cada indivíduo e, quando ausente, exclui apenas a culpabilidade.

A culpa pode ser distinguida de acordo com as suas modalidades e espécies.

As modalidades de culpa são:

- *imprudência*: é a prática de um ato perigoso, sem as cautelas necessárias. Trata-se de um comportamento positivo, ou seja, **o agente faz o que não deveria fazer**. Exemplo: o agente imprime velocidade excessiva ao veículo em local inadequado;
- *negligência*: é a prática de um ato sem a observância, por preguiça psíquica, dos cuidados exigidos pela situação em que o agente se encontra. Trata-se de um comportamento negativo, ou seja, **o agente não faz o que deveria fazer**. Exemplo: estacionar um veículo próximo a uma ladeira sem acionar o freio de mão;
- *imperícia* (ou culpa profissional, ou imprudência qualificada): é a incapacidade técnica, teórica ou prática durante o exercício de arte, ofício ou profissão (exemplo: médico que esquece instrumentos cirúrgicos dentro do paciente). A imperícia não deve ser confundida com o erro profissional, pois este se refere à falha do ramo da Ciência e, caso seja reconhecido, exclui a culpa (exemplo: um exame laboratorial que não detectou uma

doença ainda desconhecida não pode acarretar a responsabilidade penal do médico). Na imperícia, portanto, a falha é do agente e o seu reconhecimento configura o crime culposo.

DICA IMPORTANTE:

Não esqueça:

1 – Negligência: modalidade de culpa em que o agente deixa de praticar ato que deveria ter praticado;

2 – Imprudência: o agente pratica ato que não deveria ter praticado;

3 – Imperícia: o agente pratica ato para o qual não possuía aptidão suficiente.

As espécies de culpa são:

– *culpa consciente* (ou culpa *ex lascivia*): ocorre quando o agente prevê o resultado, mas espera, sinceramente, que este não ocorra. Difere do dolo eventual porque neste o agente prevê o resultado e não se importa que ele venha a ocorrer. Na culpa consciente o agente, embora prevendo o resultado, não o aceita como possível (exemplo: caçador que, avistando um companheiro próximo do animal que deseja abater, confia em sua condição de perito atirador para não atingi-lo quando disparar, causando, ao final, lesões ou morte da vítima ao desfechar o tiro);

– *culpa inconsciente* (ou culpa *ex ignorantia*): ocorre quando o agente não prevê o resultado de sua conduta, apesar de ser este previsível (exemplo: indivíduo que atinge involuntariamente a pessoa que passava pela rua, porque atirou um objeto na janela por acreditar que ninguém passaria naquele horário).

É válido ressaltar que, de acordo com o parágrafo único do art. 18 do CP, a responsabilização por crime culposo carece de expressa menção em lei acerca da possibilidade de manifestação no tipo penal. Assim sendo, a responsabilização por crimes presume a modalidade dolosa da conduta, só sendo aceitável a responsabilização da conduta culposa quando existir expressa menção desta modalidade no tipo penal. Exemplo: existe o crime de homicídio culposo, pois o § 3.º do art. 121 do Código Penal prevê a possibilidade de ocorrência desta modalidade;

todavia não existe o crime de infanticídio culposo por falta de expressa menção na letra da lei da possibilidade de ocorrência desta modalidade, só sendo admissível, portanto, a ocorrência de infanticídio doloso.

> "Art. 18, parágrafo único, do CP: Salvo os casos expressos em lei, ninguém pode ser punido por fato previsto como crime, senão quando o pratica dolosamente".

DICAS IMPORTANTES:

1 – A culpa *inconsciente*, mais comum na prática, ocorre quando o resultado é previsível, mas não é previsto pelo agente. Ex.: dirigir em via pública em velocidade excessiva, vindo a provocar um acidente. Neste caso, o agente deveria ter previsto o risco que sua ação acarretava e reduzido a velocidade, mas não o fez e manteve a velocidade excessiva. Como não havia intenção inicial de produzir o resultado penalmente relevante, o agente responderá pelo acidente culposamente;

2 – A culpa *consciente* ocorre quando o resultado é previsto pelo agente, mas este espera que ele não ocorra. Ex.: o caçador avista a caça e prevê a possibilidade de, se atirar, acertar o companheiro. Mesmo assim atira, esperando que o resultado previsto não ocorra;

3 – Embora parecidos, é sutil a diferença entre dolo eventual e culpa consciente. No dolo eventual não existe a intenção de lesar especificamente um bem jurídico tutelado pelo direito penal, mas existe a intenção de lesar algum bem jurídico tutelado pelo ordenamento penal. Neste caso, fica claro para o agente que ele não deve agir, pois existe um risco deveras acentuado, quando não uma certeza, de que algum bem jurídico será lesado pela conduta adotada.

Na culpa consciente, não existe a intenção de ferir nenhum bem jurídico protegido pelo direito penal. A conduta do agente objetivava atingir um fim lícito, embora seja claro para este agente o risco que sua conduta trás. Não existia a intenção delituosa configurando a culpa, mas a possibilidade de dano que foi assumida pelo agente, configurando a consciência da ação. Daí o termo culpa consciente.

Em suma, no dolo eventual, o agente prevê o resultado, não o deseja, mas aceita se ele ocorrer. Na culpa consciente, o agente prevê o resultado, não o deseja e não o aceita antecipadamente.

O *crime preterdoloso* é aquele em que o agente realiza uma conduta dolosa (delito-base), mas acaba produzindo um resultado mais grave do que o pretendido em razão da intensificação culposa (resultado agravador culposo).

Os principais requisitos de manifestação do crime preterdoloso são:

- crime doloso e culposo ao mesmo tempo;
- ação dolosa precede a ação culposa;
- ação dolosa é de menor monta que a ação culposa;
- não existia intenção de que a ação dolosa resultasse na ação imputada como culposa.

2.8 ERRO DE TIPO

2.8.1 Conceito

Pelo fato de o dolo abranger, de acordo com a teoria finalista da ação, a consciência e a vontade de realizar os elementos constantes do tipo legal, o desconhecimento do autor incidente sobre um ou alguns desses elementos poderá determinar a sua exclusão (do dolo).

Erro de tipo, portanto, é o erro sobre elemento constitutivo do tipo legal (art. 20, *caput*, do CP).

É importante destacar que a expressão "elementos constitutivos do tipo legal" abrange os elementos objetivos, subjetivos, normativos e outras causas ou circunstâncias que qualificam o crime ou aumentam a pena.

Atualmente, existem no Código Penal as seguintes modalidades de erro:

- erro de tipo (art. 20);
- erro de proibição (art. 21 – será tratado no capítulo da culpabilidade);
- erro nas discriminantes putativas fáticas (art. 20, § 1.º).

O erro de tipo pode ser de duas espécies: *essencial* e *acidental*.

2.8.2 Erro de tipo essencial

O *erro de tipo essencial* é aquele que recai sobre as elementares e circunstâncias do crime. Tal erro é tão grave que impede que o agente compreenda o caráter criminoso do fato ou que conheça alguma circunstância a ele relacionada. Significa dizer que a conduta do agente que, por ignorância ou má interpretação da realidade, não sabe que está realizando um tipo objetivo, não pode ser tida como dolosa (exemplo: *A*, por engano, pega um objeto pertencente a *B* pensando ser seu – pelo fato de não estar ciente do equívoco, *A* não poderá ser responsabilizado pelo crime de furto, pois não houve dolo de subtrair coisa alheia móvel).

O erro de tipo sobre as elementares, dependendo da gravidade, produz efeitos diversos: a) se *vencível* (ou *inescusável*, ou *indesculpável*, ou seja, se o fato podia ter sido evitado mediante o emprego de alguma diligência por parte do agente), o dolo será excluído, mas será permitida a punição por crime culposo, se houver previsão legal deste; b) se *invencível* (ou *escusável*, ou *desculpável*, ou seja, se o fato não podia ter sido evitado mesmo que o agente empregasse alguma diligência), o dolo e a culpa serão excluídos levando à atipicidade do fato e à consequente exclusão do crime.

O erro de tipo essencial sobre as circunstâncias do tipo (qualificadoras, causas de aumento e circunstâncias agravantes), por outro lado, determina somente a exclusão da circunstância desconhecida (exemplo: *A* pretende furtar um objeto de grande valor; posteriormente, descobre que esse objeto possui valor irrisório – nesse caso, *A* não poderá beneficiar-se da circunstância prevista no § 2.º do art. 155 do CP).

2.8.3 Erro de tipo acidental

O *erro de tipo acidental* é aquele que recai sobre dados acessórios ou secundários do crime. Pode recair, portanto, sobre o objeto material do crime, sobre o seu modo de execução ou sobre o nexo causal. Pelo fato de o agente estar perfeitamente ciente de que está praticando um crime, em todas essas hipóteses responde normalmente pelo fato criminoso, como se tivesse conseguido produzir o resultado pretendido.

O erro sobre o objeto material do crime pode ocorrer sobre a pessoa (*error in persona*) ou coisa (*error in objeto*) sobre a qual recai a conduta criminosa. O *erro sobre a pessoa* ocorre quando o agente olha um desconhecido e o confunde com a pessoa que quer atingir (exemplo: *A* quer matar *B*, mas confunde-o com *C*, que vem a entrar em óbito – nesse caso, *A* responde como se tivesse matado *B*, inclusive com a incidência de eventuais agravantes relacionadas a *B*). Para fins de sanção penal, o Código Penal determina que devem ser consideradas as condições ou qualidades da pessoa que o agente queria atingir, e não as da pessoa efetivamente atingida (art. 20, § 3.º). Assim, a eventual agravante de caráter pessoal que seria aplicada em virtude da condição de *B*, como, por exemplo, a prevista no art. 61, II, *e*, do CP (condição de ascendente, descendente, irmão ou cônjuge), continuaria a ser aplicada.

O erro sobre a coisa (*error in objeto*), em virtude da sua irrelevância, também não impede a caracterização do crime (exemplo: o agente em vez de furtar açúcar, furta sal – responde por furto em virtude da irrelevância da natureza da coisa). É importante observar que a coisa não poderá estar descrita como elementar do tipo, caso em que haverá erro de tipo essencial.

O *erro sobre o modo de execução do crime* pode ocorrer de duas formas:

I) erro na execução (*aberratio ictus*): ocorre quando, por acidente ou erro no uso dos meios de execução (ou "desvio no golpe"), o agente atinge alguém que não aquele que pretendia ofender, respondendo como se tivesse atingido a pessoa contra quem ele queria praticar o crime (exemplo 1: *A* quer atirar em *B*, mas, errando a pontaria, acerta *C*, que estava ao seu lado – responde por homicídio doloso, levando-se em conta as qualidades da pessoa que deveria ter sido a vítima; exemplo 2: *A* quer matar *B* e acaba atingindo também, de forma culposa, *C* – nesse caso aplica-se a regra do concurso formal, respondendo o agente por homicídio doloso com a pena aumentada de 1/6 até a metade);

II) resultado diverso do pretendido (*aberratio criminis*): ocorre quando o agente pretende atingir determinado bem jurídico, mas, por erro na execução, atinge bem diverso (exemplo 1: *A* pretende quebrar uma janela alheia com uma pedrada e acaba atingindo um transeunte – nesse caso o agente só responde pelo resultado produzido e, mesmo assim, se houver previsão de crime culposo; exemplo 2: *A* acerta a janela e o transeunte – aplica-se a regra do concurso formal, com a pena do crime mais grave aumentada de 1/6 até a metade).

O erro sobre o nexo causal (*aberratio causae*) verifica-se quando o resultado desejado pelo agente é produzido, mas de maneira diversa da inicialmente planejada (exemplo: *A* pretende matar *B* efetuando disparos contra este que, sendo levemente atingido, vem a desmaiar; pretendendo livrar-se do suposto cadáver, *A* joga *B* de cima de um precipício, momento em que este vem a morrer em decorrência das fraturas decorrentes da queda – nesse caso, a conduta de *A* não interrompeu o nexo causal, vindo este a responder pelo homicídio doloso).

A *descriminante putativa* é a causa excludente da ilicitude erroneamente imaginada pelo agente. As consequências previstas para as *descriminantes putativas por erro de tipo* e para as *descriminantes putativas por erro de proibição* são as mesmas previstas para o erro de tipo e para o erro de proibição (este instituto será visto no capítulo da culpabilidade).

DICA PRÁTICA:

De forma mais simples, a diferença entre o erro de tipo e o erro sobre a ilicitude do fato é:

Erro de tipo → o agente adota uma determinada conduta por acreditar que ela não corresponde a um crime previsto na lei penal. Esse erro, na regra geral, elimina o dolo, mas permite a responsabilização a título culposo, caso a conduta seja punível a este título.

Erro sobre a ilicitude do fato ou simplesmente erro de proibição → o agente adota uma conduta que sabe estar descrita na lei como tipo penal, mas acredita estar diante de uma circunstância que o autorizaria ou justificaria a prática de tal conduta, eliminando a possibilidade de manifestação do crime. Esse erro, quando inevitável, isenta o agente de pena. Quando evitável, reduz a pena de 1/6 a 1/3.

2.9 CRIMES TENTADOS E CONSUMADOS

2.9.1 O *iter criminis*

Representa o conjunto de fases pelas quais pode passar o delito. Embora existam inúmeras divisões doutrinárias acerca do *iter criminis*, duas destacam-se, sendo todas variações sobre o mesmo tema. Segundo Damásio de Jesus, o *iter criminis* pode acontecer em quatro fases:

- **Cogitação (fase interna do crime):** o agente tem a ideia de cometer o delito;

- **Atos preparatórios:** o agente prepara o crime;
- **Execução:** o agente coloca em prática o planejado;
- **Consumação:** o agente atinge o resultado pretendido.

Todavia, a divisão que mais se adéqua ao modelo adotado atualmente nas provas de OAB seria:

a) ***atos preparatórios*** – Correspondem à fase de criação das condições abstratas e concretas para a prática do ato delituoso, ou seja, a busca pelas condições psíquicas e materiais para a ocorrência do delito. Estes Atos Preparatórios subdividem-se em duas espécies:

1.ª atos preparatórios abstratos ou de cogitação – Representam a fase meramente subjetiva do delito, em que o sujeito ativo desenvolve o *animus*, ou seja, a vontade de cometer o delito. Planeja, premedita e consolida a ideia do crime. Por tratar-se de uma fase meramente abstrata, estes atos preparatórios são impuníveis.

2.ª atos preparatórios concretos ou materiais – Representam a fase prática dos atos preparatórios, na qual o sujeito ativo busca a personificação de todas as condições e instrumentos que lhe sejam necessários para realizar a prática do ato delituoso. Na regra geral, estes atos preparatórios também são impuníveis, salvo situações em que, isolados e desvinculados do contexto geral do crime, possam ser tipificados como delito penal.

b) ***atos executórios*** – É a manifestação da ação ou omissão propriamente dita. A partir desta etapa o crime já é considerado praticado, pois, segundo o ordenamento penal, considera-se praticado o crime no momento da ação ou da omissão, ainda que seja outro o momento do resultado ou que este sequer venha a acontecer. A execução pode ser de dois tipos: *completa* e *incompleta*. Teremos a *execução completa* quando todos os atos executórios forem realizados. Por sua vez, a *execução incompleta* é aquela em que nem todos os atos executórios chegaram a ser práticos. O fato de a execução ser completa ou incompleta será irrelevante penalmente para a configuração do crime, pois basta que um único ato executório tenha sido realizado para que possa ser aplicada a punição ao sujeito ativo do delito.

2.9.2 Consumação

Corresponde à manifestação do resultado tipificado em lei, ocorrendo a lesão ao bem jurídico tutelado pelo ordenamento penal.

Para melhor fixação, observemos o exemplo abaixo:

Luiz com a intenção de matar João (*atos preparatórios abstratos ou cogitação*), compra uma arma e o espera à saída do serviço (*atos preparatórios concretos*); atira contra ele (*execução*), produzindo-lhe a morte (*consumação*).

DICA:

Não existe punição por atos meramente preparatórios no direito penal brasileiro, salvo se estes, por si só, já configurarem um tipo penal.

2.9.3 Crime tentado

Segundo disciplina o Código Penal, diz-se crime tentado aquele que não se consuma por circunstâncias alheias à vontade do agente agressor. De forma mais doutrinária, pode-se dizer que o crime tentado é aquele que não conseguiu efetivamente provocar o dano ao bem jurídico protegido ou tutelado pela norma penal, em decorrência de circunstâncias diversas e alheias à vontade do sujeito ativo. Por exemplo: Pedro, objetivando matar seu desafeto, realiza cinco disparos de arma de fogo contra João, que é socorrido por terceiros e conduzido ao hospital, onde tem sua vida preservada por intervenção médica. Neste caso ocorreu a execução do delito, mas por circunstâncias alheias à vontade do agente agressor – o socorro prestado à vítima por terceiros e o atendimento médico realizado – não ocorreu o dano pretendido, ou seja, a morte da vítima, não existindo consumação. Assim sendo, o crime é, por sua natureza, tentado.

A tentativa pode ser de dois tipos:

a) ***tentativa perfeita ou crime falho*** – Ocorre quando todos os atos executórios foram realizados, mas o crime não se consumou por circunstâncias alheias à vontade do agente agressor;
b) ***tentativa imperfeita*** – Ocorre quando a execução não foi realizada de forma completa, ou seja, o sujeito ativo do crime, por circunstâncias alheias à sua vontade, não conseguiu levar a execução até o fim, deixando de realizar algum ou alguns dos atos pretendidos.

Existe ainda uma classificação da tentativa, que se divide em:

a) ***tentativa branca ou incruenta*** – Ocorre quando o agente desempenha total ou parcialmente a conduta, mas não consegue atingir o bem jurídico;

b) ***tentativa vermelha ou cruenta*** – Ocorre quando o agente desempenha total ou parcialmente a conduta, conseguindo atingir o bem jurídico.

Vejamos o seguinte exemplo: João, objetivando matar Pedro, deflagra contra este cinco tiros, esgotando, de acordo com o seu entendimento, todos os atos de execução previamente pretendidos, mas não consegue atingir com nenhum dos disparos a vítima. Nesse caso, teremos uma tentativa perfeita branca ou incruenta, pois o agente desempenhou todos os atos executórios previamente pretendidos, mas não conseguiu atingir o bem jurídico.

No caso de crime tentado, a responsabilização configurada pela aplicação da pena cominada ao delito segue a regra estabelecida no texto legal, segundo a qual, salvo disposição em contrário, o crime tentado terá a mesma pena do crime consumado, sendo esta reduzida de um terço a dois terços. Logo, pode-se perceber que, em regra geral, as penas previstas no ordenamento penal pressupõem o crime consumado. Ocorrendo tentativa, independentemente de ser perfeita ou imperfeita, a pena será estabelecida tendo como referência o crime consumado, reduzindo-se esta de um terço a dois terços.

O crime tentado deverá ser analisado tendo em vista o crime consumado, ou seja, se havia dolo por parte do agente na produção do resultado, o qual só não se efetivou por motivos alheios à vontade do agente, portanto, não existe tentativa em crime culposo. Nas contravenções penais a tentativa não é punível (art. 4.º do Decreto-lei 3.688/1941).

DICA:

Ao se estabelecer o instituto da tentativa ou da consumação, mediante análise do caso concreto, deve-se arguir duas acepções da conduta do agente: a ação ou omissão considerada delituosa, ou seja, típica e a intenção ou vontade do agente. Convém lembrar que *tão importante quanto o que o sujeito ativo fez é o que ele queria fazer*. Assim sendo, em um caso concreto em que Maria atirou em Carla, atingindo-lhe o braço e provocando dano, a diferenciação entre lesão corporal consumada e homicídio tentado só será possível conhecendo-se a intenção do agente agressor. Caso Maria desejasse matar Carla, teríamos uma tentativa de homicídio; objetivando feri-la, teremos lesão corporal consumada.

Alguns crimes não admitem a forma tentada: os *culposos*, os *preterdolosos* (de acordo com a Súmula 610 do STF, "há crime de latrocínio, quando o homicídio se consuma, ainda que não realize o agente a subtração de bens da vítima"), as *contravenções penais* (art. 4.º do Decreto-lei 3.688/1941 – Lei das Contravenções Penais), os *omissivos próprios* (pois não se exige o resultado naturalístico decorrente da omissão), os *unissubsistentes* (são aqueles cometidos com um só ato de execução; exemplo: injúria verbal), os *habituais* (são os delitos que exigem reiteração da conduta), os *crimes de empreendimento* (ou delitos de atentado – são aqueles em que a própria lei descreve a tentativa como elementar do tipo penal; exemplo: art. 352 do CP: "evadir-se ou tentar evadir-se..."), os *de perigo abstrato* e *aqueles em que a lei só pune se ocorrer o resultado naturalístico* (exemplo: art. 122 do CP).

2.10 DESISTÊNCIA VOLUNTÁRIA E ARREPENDIMENTO EFICAZ

De acordo com o art. 15 do CP, o agente que, voluntariamente, desiste de prosseguir na execução ou impede que o resultado se produza, só responde pelos atos praticados.

Na desistência voluntária o agente interrompe voluntariamente a execução do crime, desistindo do crime antes mesmo da consumação. Não é possível nos crimes unissubsistentes (aqueles em que há um só ato executório). É admitida somente na hipótese de tentativa imperfeita.

No arrependimento eficaz (ou *resipiscência*) o agente, após praticar todos os atos de execução, impede voluntariamente a consumação do crime (exemplo: o agente efetua disparos numa pessoa e, antes que esta venha a falecer em virtude dos ferimentos, providencia para que seja prontamente socorrida, salvando-lhe a vida). É admitido somente na tentativa perfeita. É imprescindível que a produção do resultado seja impedida por ato voluntário do agente. Caso o resultado seja produzido por circunstâncias alheias à vontade do agente, haverá tentativa.

Este instituto, bem como o do *arrependimento eficaz*, baseia-se na lógica segundo a qual a norma penal tenta fornecer ao sujeito ativo do delito, até o último momento, motivos para não produzir lesão ao bem jurídico tutelado e protegido, dando ao agente agressor o benefício de tornar atípica sua conduta, caso ele desista voluntariamente de prosseguir na realização dos atos de execução, evitando com isto que a consumação ocorra, preservando o bem jurídico tutelado. De forma mais clara, quem age em desistência voluntária, não responderá pelo crime tentado, desde que não tenha existido dano à vítima, só respondendo pelos atos já praticados.

A desistência e o arrependimento tornam atípicos apenas os atos de execução que iriam configurar a tentativa (exemplo: no homicídio a desistência ou o arrependimento não responsabilizaria o agente por homicídio tentado), subsistindo, no entanto, a responsabilidade pelos atos até então praticados (no exemplo anterior, o agente responderia somente pelas lesões corporais). Na hipótese de concurso de agentes, os efeitos comunicam-se aos coautores e partícipes, eliminando, por consequência, a sua responsabilidade penal (art. 30 do CP).

Para a ocorrência de desistência voluntária ou arrependimento eficaz, basta que o agente aja voluntariamente, não se exigindo que o ato seja espontâneo, ou seja, desde que o agente pare voluntariamente de agir e socorra a vítima, o instituto deve ser aplicado (exemplo: agente atira em desafeto em sala fechada. Atendendo aos apelos de sua mãe que grita de fora da sala para ele parar de atirar, sob o argumento de que pode estragar a vida da vítima e a sua própria. Nesse caso o agente não teve atitude espontânea – origem da ideia –, mas agiu voluntariamente – não foi coagido).

Quanto à natureza jurídica da desistência voluntária e do arrependimento eficaz, a doutrina se concentrou em duas correntes: 1.ª causa de exclusão da punibilidade; 2.ª causa de exclusão da tipicidade. A segunda é a mais aceita.

2.10.1 Arrependimento posterior

De acordo com o art. 16 do CP, "nos crimes cometidos sem violência ou grave ameaça à pessoa, reparado o dano ou restituída a coisa, até o **recebimento** da denúncia ou da queixa, por ato voluntário do agente, a pena será reduzida de um a dois terços".

O arrependimento posterior possui os seguintes requisitos:

1 – crime cometido sem violência ou grave ameaça à pessoa: a causa de diminuição é afastada quando a violência for dolosa. A violência culposa contra a pessoa e a violência dolosa contra a coisa permitem a incidência do art. 16 do CP;

2 – reparação integral do dano ou restituição da coisa;

3 – conduta voluntária: não se exige espontaneidade do agente quanto à reparação (outras pessoas podem sugerir ao agente a reparação);

4 – reparação até o recebimento da denúncia ou da queixa: se a reparação é feita posteriormente, incidirá somente a atenuante genérica prevista no art. 65, III, do CP. Entretanto, alguns crimes, como o peculato (art. 312 do CP), guardam consequências diversas.

Também nos crimes de sonegação fiscal a reparação do dano, feita por meio do pagamento do tributo devido, até o recebimento da denúncia ou queixa, extingue a punibilidade do agente. Na hipótese de emissão de cheques sem provisão de fundos, a reparação do dano também extingue a punibilidade do agente (Súmula 554 do STF). Nos Juizados Especiais Criminais, a reparação do dano nas infrações de menor potencial ofensivo apuradas mediante ação penal privada e ação penal pública condicionada à representação do ofendido importa renúncia ao direito de queixa ou representação (art. 74, parágrafo único, da Lei 9.099/1995).

A redução da pena, de 1/3 a 2/3, será feita de acordo com a presteza e a eficiência da reparação do dano (exemplo: quanto mais rápida a reparação, maior será a redução).

Pelo fato de o arrependimento posterior ser uma circunstância objetiva (relaciona-se com as consequências do crime), a diminuição da pena deve ser estendida aos coautores e partícipes condenados pelo mesmo fato (art. 30 do CP).

2.10.2 Crime impossível

Crime impossível é aquele cuja consumação é impossível ocorrer em virtude da ineficácia absoluta do meio empregado ou da absoluta impropriedade do objeto material atacado. Também é conhecido por tentativa inidônea, quase crime, tentativa inadequada ou tentativa impossível.

Meio é o instrumento que o agente utiliza para a prática do crime. O meio é absolutamente ineficaz quando não for apto a produzir determinado efeito ou evento (exemplo: ministrar açúcar a alguém, pensando se tratar de veneno; utilizar arma sem munição). Se a ineficácia for relativa, haverá, então, tentativa (exemplo: ministrar uma certa quantidade de açúcar a um diabético, sendo o agente conhecedor desta condição).

Objeto é a pessoa ou coisa sobre a qual recai a conduta criminosa. Haverá impropriedade absoluta do objeto quando este não existir ou, nas circunstâncias em que se encontrar, tornar impossível a produção de algum resultado lesivo (exemplo: atirar em cadáver). Haverá impropriedade relativa quando a inexistência da coisa ou pessoa sobre a qual se exerce os atos executórios for eventual (exemplo: um ladrão atira em direção ao motorista de um carro blindado).

Na tentativa, a consumação que, em princípio, poderia ocorrer, só não se verifica por circunstâncias alheias à vontade do agente. No crime impossível, a consumação, desde o início, jamais poderia ocorrer.

No crime impossível, não haverá responsabilidade penal do agente pelo fato de não haver sequer tipicidade e risco de afetação ao bem jurídico (também foi adotada a teoria objetiva).

De acordo com a Súmula 145 do STF, "não há crime, quando a preparação do flagrante pela polícia torna impossível a sua consumação". É a hipótese do chamado *flagrante preparado* ou *provocado*, também conhecido como *crime de ensaio* ou *delito putativo por obra do agente provocador* que, por analogia, equipara-se à figura do crime impossível (art. 17 do CP).

2.11 QUESTÕES

1. (OAB/NACIONAL 2009.I) Acerca dos institutos da desistência voluntária, do arrependimento eficaz e do arrependimento posterior, assinale a opção correta.

a) O agente que, voluntariamente, desiste de prosseguir na execução ou impede que o resultado se produza responderá pelo crime consumado com causa de redução de pena de um a dois terços.

b) A desistência voluntária e o arrependimento eficaz, espécies de tentativa abandonada ou qualificada, passam por três fases: o início da execução, a não consumação e a interferência da vontade do próprio agente.

c) Crimes de mera conduta e formais comportam arrependimento eficaz, uma vez que, encerrada a execução, o resultado naturalístico pode ser evitado.

d) A natureza jurídica do arrependimento posterior é a de causa geradora de atipicidade absoluta da conduta, que provoca a adequação típica indireta, de forma que o autor não responde pela tentativa, mas pelos atos até então praticados.

2. (OAB/NACIONAL 2008_1) Acerca do dolo e da culpa, assinale a opção correta.

a) Quando o agente deixa de prever o resultado que lhe era previsível, fica caracterizada a culpa imprópria e o agente responderá por delito preterdoloso.

b) Quando o agente, embora prevendo o resultado, não deixa de praticar a conduta porque acredita, sinceramente, que esse resultado não venha a ocorrer, caracteriza-se a culpa inconsciente.

c) Quando o agente comete erro sobre elemento constitutivo do tipo legal de crime, exclui-se o dolo, embora seja permitida a punição por crime culposo, se previsto em lei.

d) Quando o agente, embora não querendo diretamente praticar a infração penal, não se abstém de agir e, com isso, assume o risco de produzir o resultado que por ele já havia sido previsto e aceito,há culpa consciente.

3. (IX Exame de Ordem Unificado – FGV) José subtrai o carro de um jovem que lhe era totalmente desconhecido, chamado João. Tal subtração deu-se mediante o emprego de grave ameaça exercida pela utilização de arma de fogo. João, entretanto, rapaz jovem e de boa saúde, sem qualquer histórico de doença cardiovascular, assusta-se de tal forma com a arma, que vem a óbito em virtude de ataque cardíaco. Com base no cenário acima, assinale a afirmativa correta.

a) José responde por latrocínio.
b) José não responde pela morte de João.
c) José responde em concurso material pelos crimes de roubo e de homicídio culposo.
d) José praticou crime preterdoloso.

4. (OAB/MG-Abril – 2008) O princípio da adequação social constitui hipótese de exclusão

a) Da ação
b) Da tipicidade
c) Da ilicitude
d) Da culpabilidade

5. (X Exame de Ordem Unificado – FGV) Jane, dirigindo seu veículo dentro do limite de velocidade para a via, ao efetuar manobra em uma rotatória, acaba abalroando o carro de Lorena, que, desrespeitando as regras de trânsito, ingressou na rotatória enquanto Jane fazia a manobra. Em virtude do abalroamento, Lorena sofreu lesões corporais. Nesse sentido, com base na teoria da imputação objetiva, assinale a afirmativa correta.

a) Jane não praticou crime, pois agiu no exercício regular de direito.
b) Jane não responderá pelas lesões corporais sofridas por Lorena com base no princípio da intervenção mínima.
c) Jane não pode ser responsabilizada pelo resultado com base no princípio da confiança.
d) Jane praticou delito previsto no Código de Trânsito Brasileiro, mas poderá fazer jus a benefícios penais.

6. (OAB/MG-Abril – 2008) Com relação aos crimes culposos, assinale a alternativa INCORRETA:

a) Em se tratando de crimes culposos, muitas vezes o dever objetivo de cuidado está estipulado em normas legais ou administrativas, relacionadas com a regulamentação de algumas profissões ou atividades geradoras de riscos.
b) A previsibilidade subjetiva é um conceito relacionado com a previsibilidade do "homo medius".
c) Nos crimes culposos o tipo é aberto.
d) Na análise da tipicidade da conduta culposa, é preciso considerar, além de outros elementos, a conexão entre o desvalor da ação e o desvalor do resultado, ou seja, analisar se o resultado produzido está dentro do âmbito de proteção da norma de cuidado violada.

7. (OAB/CESPE 2006.III) O princípio da insignificância considera necessária, na aferição do relevo material da tipicidade penal, a presença de certos vetores, entre os quais não se inclui

a) a mínima ofensividade da conduta do agente.
b) nenhuma periculosidade social da ação.
c) reduzidíssimo grau de reprovabilidade do comportamento.
d) expressividade da lesão jurídica provocada.

8. (OAB/CESPE 2006.III) Considere-se que, depois de esgotar todos os meios disponíveis para chegar à consumação da infração penal, o agente arrependa-se e atue em sentido contrário, evitando a produção do resultado inicialmente por ele pretendido. Nessa hipótese, configura-se

a) arrependimento eficaz.
b) desistência voluntária.
c) crime impossível.
d) arrependimento posterior.

9. (OAB/NACIONAL 2008.III) De acordo com o Código Penal, salvo exceção, quando, por acidente ou erro na execução do crime, sobrevém resultado diverso do pretendido, o agente responde por culpa caso o fato seja previsto como crime culposo.

Entretanto, se ocorrer, também, o resultado pretendido, o agente

a) não responderá por ele, sob pena de responsabilidade penal objetiva.
b) responderá por ele, segundo a regra do concurso formal.
c) responderá por ele, segundo a regra do concurso material.
d) não responderá por ele, sob pena de *bis in idem*.

10. (OAB/NACIONAL 2008.III) Constitui crime omissivo próprio:

a) o abandono intelectual.
b) a mediação para servir a lascívia de outrem.
c) a falsidade de atestado médico.
d) o atentado ao pudor mediante fraude.

11. (OAB/CESPE 2006.2) Se, durante os atos de execução do crime, mas sem esgotar todo o processo executivo do delito, o agente desiste, voluntariamente, de nele prosseguir, ocorre

a) arrependimento eficaz.
b) desistência voluntária.
c) arrependimento posterior.
d) tentativa perfeita.

12. (OAB/SP 136.º) Segundo o Código Penal (CP) brasileiro, quando, por acidente ou erro no uso dos meios de execução, o agente, em vez de atingir a pessoa que pretendia ofender, atinge pessoa diversa, ele deve responder como se tivesse praticado o crime contra aquela. No caso de ser, também, atingida a pessoa que o agente pretendia ofender, aplica-se a regra do:

a) concurso material.
b) concurso formal.
c) crime continuado.
d) crime habitual.

13. (OAB/MG-Abril-2008) Constatou-se que, em um processo criminal havido em razão de um indivíduo trazer consigo drogas para consumo pessoal, juntou-se aos autos, antes da audiência de instrução e julgamento, o laudo toxicológico definitivo, que comprovou, de forma cabal, que o material apreendido quando da lavratura do termo circunstanciado, e que houvera sido objeto do laudo de constatação, na realidade não poderia ter sido considerado como "droga", no sentido em que o termo é empregado na Lei 11.343/2006, pois não continha nenhuma das subs-

tâncias referidas na Portaria do órgão do Ministério da saúde que complementa os tipos penais contidos na Lei de drogas. Em virtude disso, pode-se afirmar que o caso descrito é de exclusão da:

a) Ação.
b) Tipicidade.
c) Ilicitude.
d) Culpabilidade.

14. (OAB/MG-Agosto-2008) O conceito analítico de crime é um conceito estritamente jurídico, próprio da dogmática jurídico-penal, e refere-se aos elementos constitutivos do crime. Tal conceito visa a observação, em ordem sucessiva, desses elementos. A análise assim realizada permitirá concluir se o fato observado constitui, ou não, um crime. Tal análise deve ser feita, do primeiro para o último elemento, na seguinte ordem sucessiva:

a) tipicidade; culpabilidade; ilicitude; ação.
b) tipicidade; ilicitude; culpabilidade; ação.
c) ação; ilicitude; tipicidade; culpabilidade.
d) ação; tipicidade; ilicitude; culpabilidade.

15. (OAB/MG-Agosto-2008) Com relação ao aspecto subjetivo do delito, tendo em vista o Direito Penal brasileiro, assinale a alternativa INCORRETA:

a) O Direito Penal não admite a compensação de culpas.
b) Crime preterdoloso é aquele cujo resultado produzido excede a vontade do agente, mas vincula-se, por culpa, à sua ação inicial dolosa.
c) O especial fim de agir amplia o aspecto subjetivo do tipo e somente aparece em tipos dolosos.
d) Com base na reforma da parte geral do Código Penal, havida em 1984, pode-se afirmar que o tipo penal corresponde à descrição das características objetivas da conduta proibida.

16. (OAB/SP 135.º) Assinale a opção correta quanto às formas de exteriorização da conduta típica.

a) O crime de sequestro exige uma conduta omissiva.
b) O crime de omissão de socorro é classificado como omissivo impróprio.
c) A apropriação de coisa achada é delito de conduta omissiva e comissiva ao mesmo tempo.
d) A apropriação indébita previdenciária é crime de conduta comissiva, apenas.

GABARITO: As respostas destes testes encontram-se no final do livro.

3

ILICITUDE (OU ANTIJURIDICIDADE)

3.1 CONCEITO E ESPÉCIES

A antijuridicidade (ou ilicitude) é a contradição entre uma conduta e o ordenamento jurídico.

A doutrina costumava indicar duas espécies de antijuridicidade: a *formal* e a *material*. A *antijuridicidade formal* seria a mera contrariedade existente entre a conduta e a norma penal (lei), o que acabava por confundi-la com a própria tipicidade (que significa a subsunção do fato à norma). A *antijuridicidade material* seria a contrariedade da conduta em relação ao sentimento comum de justiça (é o caráter antissocial do fato típico).

Na verdade, para haver crime não basta a mera correspondência da conduta humana ao tipo que a lei descreve (tipicidade), sendo preciso, ainda, que essa conduta constitua uma lesão a um interesse juridicamente protegido. A antijuridicidade deve, portanto, ser sempre material, pois é a única que informa um juízo de valor sobre a conduta típica. Nesse sentido, a antijuridicidade é toda conduta humana que fere o interesse social protegido pela própria norma.

Quanto ao caráter da antijuridicidade, a doutrina indica a existência de duas teorias: a subjetiva e a objetiva. Pela *teoria subjetiva*, o fato típico só será antijurídico se o agente for dotado de capacidade para entender e avaliar o caráter criminoso de sua conduta (os inimputáveis, dessa forma, não praticam crime). Para a *teoria objetiva*, o fato típico será antijurídico independentemente de o agente ser dotado de capacidade de avaliar o caráter criminoso de sua conduta (os loucos, menores, silvícolas, portanto, praticam crime embora esteja ausente a culpabilidade).

Como decorrência do caráter indiciário da ilicitude, **todo fato típico presume-se antijurídico até prova em contrário**, ou seja, até que esteja demonstrada a presença de alguma causa que exclua a antijuridicidade da conduta. Dessa forma, um fato típico não será ilícito ou antijurídico (mas sim jurídico) quando existir uma causa excludente da ilicitude.

3.2 CAUSAS EXCLUDENTES DA ILICITUDE

As causas excludentes da ilicitude (ou, ainda, *justificativas*, *causas de justificação*, *descriminantes*, *eximentes* ou *tipos permissivos*) podem *legais* ou *supralegais*.

As *causas legais* que excluem a ilicitude da conduta estão previstas no art. 23 do CP. Além dessas causas legais, o Código Penal ainda prevê outras nos arts. 128 (vedação à punição do aborto necessário e do aborto no caso de gravidez decorrente de estupro) e 142 (exclusão do crime de injúria e de difamação nas situações previstas nos incisos).

As *causas supralegais* surgem como decorrência do emprego do processo de supressão das omissões e lacunas existentes sobre as normas penais não incriminadoras. De acordo com o art. 4.º da LINDB, "quando a lei for omissa o juiz decidirá o caso de acordo com a analogia, os costumes e os princípios gerais de direito".

A doutrina costuma enumerar as seguintes causas supralegais de exclusão da ilicitude: *ação socialmente adequada* (é aquela que se realiza dentro do âmbito da normalidade admitida pelas regras de cultura do povo – exemplo: corte de cabelo do calouro aprovado no vestibular); *princípio da insignificância* (leva em consideração a insignificância das lesões a um bem jurídico – exemplo: furto de caixa de fósforos); *consentimento do ofendido* em relação aos bens disponíveis (o consentimento do ofendido, dependendo da situação, pode ter a natureza de causa de exclusão da tipicidade, de causa supralegal de exclusão da antijuridicidade ou de causa de diminuição da pena).

São causas legais de exclusão da antijuridicidade: *estado de necessidade*, *legítima defesa*, *estrito cumprimento de dever legal* e *exercício regular de direito*.

3.2.1 Estado de necessidade

De acordo com o art. 24 do CP, "considera-se em estado de necessidade quem pratica o fato para salvar de perigo atual, que não provocou por sua vontade, nem podia de outro modo evitar, direito próprio ou alheio, cujo sacrifício, nas circunstâncias, não era razoável exigir-se".

Pressupõe a existência de dois elementos:

1 – *situação de perigo* (ou situação de necessidade): exige que o perigo seja atual (pode decorrer de situação provocada por pessoas, coisas ou animais), que ameace direito próprio ou alheio, que não tenha sido causado voluntariamente (abrange o dolo e a culpa) pelo agente e que inexista o dever legal de afastar o perigo (exemplo: um policial ou um bombeiro não podem deixar de socorrer uma pessoa em perigo, salvo se a situação de perigo extrapolar os limites legais ou sociais do exercício da profissão);

2 – *conduta lesiva* (ou fato necessitado): exige a demonstração da inevitabilidade do comportamento (ou seja, não existia outra forma de agir diante da situação), da inexigibilidade de sacrifício do interesse ameaçado e do conhecimento da situação justificante pelo autor.

O Código Penal adotou, como regra, o *estado de necessidade justificante* pelo fato de permitir o sacrifício de bem de menor valor para salvar outro de maior valor ou, pelo menos, sacrificar um bem de igual valor ao sacrificado.

DICA:

Entende-se que no *estado de necessidade*, o Estado não tem como tutelar as relações entre os indivíduos, por estarem em situação atípica, anormal, e transfere a estes a titularidade para delimitar as soluções necessárias, vindo o ente administrativo a promover, posteriormente, a legitimação da solução encontrada.

Entretanto, em hipóteses excepcionais, adotou-se o *estado de necessidade exculpante,* que ocorre quando o agente, numa situação de perigo, sacrifica um bem jurídico alheio de valor superior ao defendido pela sua conduta. Nesse caso, o juiz poderá tomar duas atitudes:

1.ª aplicar o art. 24, § 2.º, do CP, que prevê a redução da pena de 1/3 a 2/3 quando, diante das circunstâncias subjetivas do agente, não era possível exigir-lhe uma conduta diversa;

2.ª excluir a culpabilidade se, pelas circunstâncias subjetivas do agente, não seria possível exigir-lhe conduta diversa (esta é uma causa supralegal de exclusão da culpabilidade).

Quanto à pessoa que sofreu o sacrifício, o estado de necessidade pode ser agressivo ou defensivo. O *estado de necessidade agressivo* ocorre quando o agente sacrifica bem jurídico pertencente a um terceiro inocente para preservar bem jurídico próprio ou alheio (nessa situação os prejuízos sofridos pelo terceiro deverão ser reparados pelo autor da agressão que, por sua vez, poderá pleitear o ressarcimento ao causador da situação de perigo, que causou o estado de necessidade, por meio da via regressiva). O *estado de necessidade defensivo* ocorre quando o agente sacrifica bem jurídico pertencente ao causador da situação de perigo para preservar bem jurídico próprio ou alheio (nesse caso, não haverá obrigação de reparar os prejuízos sofridos ao causador da situação de perigo em virtude da ilicitude da sua conduta).

O *estado de necessidade recíproco* ocorre quando duas pessoas se encontram na mesma situação de perigo de modo que uma invoque o estado de necessidade contra a outra (exemplo: dois náufragos disputam o único colete salva-vidas – o que ganhar a disputa não terá praticado crime). Entretanto, não se admite *legítima defesa* contra *estado de necessidade* porque a pessoa que reage a um ataque justificado pelo estado de necessidade estará também nesse estado, e não em legítima defesa, que pressupõe uma agressão injusta.

DICA IMPORTANTE:

Características elementares para a configuração do *estado de necessidade*:

a) **Perigo atual**: é o perigo presente, concreto, perceptível sensorialmente, isto é, aquele que acontece, embora não precise atingir o agente; ao contrário, se o perigo já aconteceu ou irá acontecer futuramente, o estado de necessidade não se justifica;

b) **Ameaça de direito próprio ou alheio**: o termo direito, nesse caso, está aplicado em sentido amplo, abrangendo qualquer bem jurídico, a vida, a liberdade, o patrimônio; a intervenção necessária poderá ocorrer tanto para salvar bem jurídico próprio quanto de terceiro;

c) **Situação não causada voluntariamente pelo sujeito**: não existe estado de necessidade se o sujeito procura a situação de perigo; ao contrário, a situação de perigo que se lhe apresenta deve ser inevitável;

d) **Inexistência do dever legal de evitar ou enfrentar o perigo**: não existe, da mesma forma, o estado de necessidade se o sujeito tem, por força de lei, o dever de enfrentar o perigo (ex.: não pode o capitão do navio salvar sua vida às custas da vida de um passageiro);

e) **Inevitabilidade da conduta lesiva**: diante da probabilidade de dano, o agente não tem outro meio de evitar o perigo ao bem jurídico próprio ou de terceiro a não ser praticando o fato necessário;

f) **Inexigibilidade de sacrifício do interesse ameaçado**: impõe a proporcionalidade entre a gravidade do perigo e a gravidade da lesão causada;

g) **Conhecimento da situação de fato justificante**: o sujeito deve ter conhecimento de que age para salvar interesse próprio ou de terceiro; ao contrário, o estado de necessidade não se justifica.

3.2.2 Legítima defesa

De acordo com o art. 25 do CP, "entende-se em legítima defesa quem, usando moderadamente dos meios necessários, repele injusta agressão, atual ou iminente, a direito seu ou de outrem".

Possui os seguintes requisitos:

a) agressão humana injusta, atual ou iminente (se a pessoa se defende de um animal, haverá estado de necessidade a não ser que o animal seja utilizado como instrumento de um humano, nesse caso teremos legítima defesa);

b) defesa de direito próprio (legítima defesa própria) ou de terceiro (legítima defesa de terceiro);

c) repulsa com meios necessários (meios necessários são aqueles que o agente dispõe no momento para eliminar o perigo);

d) uso moderado dos meios necessários (deve ser o suficiente para repelir a agressão injusta);
e) conhecimento da situação justificante.

Ao contrário do que ocorre com o estado de necessidade, a legítima defesa deve ser dirigida somente contra o agressor e só pode ser invocada quando houver agressão injusta (o estado de necessidade pode ser dirigido contra terceiros e não exige que a agressão seja injusta). Não se admite, portanto, legítima defesa real (em que a situação de perigo é real) contra qualquer outra dirimente real. A legítima defesa recíproca (exemplo: duelo) também não é admitida.

DICA IMPORTANTE:

Principais diferenças entre estado de necessidade e legítima defesa:

- No estado de necessidade há conflito entre bens jurídicos; na legítima defesa há ataque ou ameaça de lesão a um bem jurídico;
- No estado de necessidade o bem jurídico é exposto a perigo (atual ou iminente); na legítima defesa o interesse sofre uma "agressão";
- No estado de necessidade o perigo pode advir de conduta humana, força da natureza ou de ataque de irracional; só há legítima defesa contra agressão humana;
- No estado de necessidade o necessitado pode dirigir sua conduta contra terceiro alheio ao fato; na legítima defesa o agredido deve dirigir seu comportamento contra o agressor;
- Na legítima defesa a agressão deve ser injusta; no estado de necessidade pode ocorrer a hipótese de duas pessoas, titulares de bens juridicamente protegidos, causarem lesões recíprocas.

É importante destacar que o agente deve possuir pleno conhecimento de que está amparado por uma excludente da ilicitude, situação em que estará atuando de acordo com o ordenamento (licitamente). Caso esteja agindo sem conhecimento dessa situação justificante, estará praticando ato ilícito.

Para que a excludente seja invocada não se exige que o autor da agressão seja imputável. Admite-se, portanto, a legítima defesa contra a agressão de inimputáveis (loucos, bêbados, menores de idade etc.).

O ofendículo (ou *offendicula*, ou ofendícula), que é o obstáculo ou impedimento idealizado pelo homem para evitar a ação criminosa de terceiros, é considerado pela maioria da doutrina como hipótese de *legítima defesa preordenada* (outros o consideram como hipótese de exercício regular de direito).

DICA IMPORTANTE:

Principais características da *legítima defesa*.

a) **Agressão injusta, atual ou iminente**: deve ser injusta, ou seja, contrária ao ordenamento jurídico; deve estar presente ou prestes a acontecer;
b) **Direito seu ou de terceiro**: a defesa deve operar-se para proteger direitos do agredido ou de terceiro;
c) **Repulsa com os meios necessários**: a repulsa deve dar-se com os meios necessários, isto é, circunstâncias em que o agente se comporta utilizando-se dos meios colocados a sua disposição;
d) **Uso moderado de tais meios**: o uso dos meios deve ser moderado, ou seja, não podem ser utilizados além dos necessários para evitar a lesão.

3.2.3 Estrito cumprimento do dever legal

De acordo com o art. 23, III, 1.ª parte, do CP, "não há crime quando o agente pratica o fato em estrito cumprimento do dever legal". Essa matéria é cediça na doutrina, existindo o entendimento pelo qual o exercício do poder familiar se amolda melhor ao exercício regular de um direito.

Aquele que cumpre regularmente um dever imposto pela lei não pode, óbvia e logicamente, ser punido por estar agindo dessa forma. A conduta realizada dentro desses limites é, portanto, jurídica (e não antijurídica). Como exemplo, podemos citar o policial que cumpre mandado de prisão, o oficial de justiça que executa mandado de despejo etc.

É importante destacar que não se admite cumprimento de dever legal nos crimes culposos, pois a lei não obriga ninguém a não ser imprudente, negligente ou imperito.

Ordinariamente, os destinatários desse comando são os agentes do Poder Público, os servidores do Estado. Eventualmente, os particulares (ou administrados) estarão incumbidos do cumprimento de um dever legal como ocorre, por exemplo, em relação ao direito dos pais em exigir que os filhos lhes prestem obediência, respeito e os serviços próprios de sua idade e condição (art. 1.634, VII, do CC/2002).

O dever legal decorre de *lei, decreto, regulamento* ou *qualquer ato administrativo*, desde que de caráter geral. Não se admite a invocação dessa excludente na hipótese de dever social, moral, religioso ou contratual. Se o agente acredita na existência de um dever legal que, na verdade, não existe, haverá o estrito cumprimento do dever legal putativo, que conduz a um erro proibição.

O adjetivo *estrito*, além de limitar a incidência, exclui da justificativa todos os atos que não se ajustarem perfeitamente ao comando normativo, como aqueles que se excederem, atingindo as raias do abuso. O agente também deve ter pleno conhecimento de que a sua conduta está amparada por essa excludente.

O reconhecimento do estrito cumprimento de dever legal em relação a um autor deve ser estendido ao coautor e aos partícipes do fato.

3.2.4 Exercício regular do direito

O art. 23, III, 2.ª parte, do CP estabelece que "não há crime quando o agente pratica o fato no exercício regular de direito".

Essa causa de exclusão da antijuridicidade deriva de um princípio lógico, pois a lei não poderia punir uma pessoa que exercitou regularmente um direito reconhecido pelo próprio ordenamento jurídico.

O ordenamento só pode punir o exercício irregular ou abusivo do direito. Atualmente, o exercício abusivo de um direito é repudiado pelo novo Código Civil, que considera que também comete ato ilícito (ilícito civil) o titular de um direito que, ao exercê-lo, excede manifestamente os limites impostos pelo seu fim econômico ou social, pela boa-fé ou pelos bons costumes (art. 187). Nessas hipóteses de exercício irregular ou abusivo, portanto, a excludente deve ser afastada (haverá antijuridicidade, portanto).

Nos esportes regulamentados, as lesões produzidas dentro dos limites regulares estabelecidos para a sua prática não podem ser punidas por constituírem exercício regular de direito. Haverá crime apenas quando ocorrer excesso do agente, ou seja, quando a pessoa desobedecer intencionalmente as regras esportivas, causando resultados lesivos (exemplo: violência desproporcional cometida pelo jogador de futebol que chuta propositadamente a boca de um adversário caído no chão). Por outro lado, nos esportes não regulamentados a responsabilidade criminal pelas lesões deve ser analisada de acordo com os seguintes mecanismos: a) da *adequação social*, que pode excluir a tipicidade; ou b) do *consentimento do ofendido*, que pode excluir a ilicitude.

No que tange às intervenções médicas e cirúrgicas, para a incidência da excludente é indispensável o consentimento do paciente ou de seu representante legal, sob pena de responder pelo delito de constrangimento ilegal (art. 146 do CP). Na hipótese de iminente perigo de vida, a intervenção médica poderá ser feita sem o consentimento do paciente, sem que isso configure crime (exemplo: o médico poderá realizar a transfusão de sangue a uma "testemunha de Jeová" que corre risco de vida, mesmo que esta tenha negado o consentimento).

3.3 EXCESSO PUNÍVEL

Haverá *excesso* nas causas de exclusão da antijuridicidade quando o agente intensificar desnecessariamente a sua conduta anteriormente lícita por meio do uso imoderado (ou desproporcional) dos meios necessários para repelir a agressão. Nessa situação, o agente sobre o qual recai o excesso poderá se defender dessa agressão, configurando a chamada *legítima defesa sucessiva*.

O excesso possui as seguintes modalidades:

- *excesso doloso* (ou consciente): ocorre quando o agente deliberadamente quer um resultado além do necessário, caso em que responderá por este como crime doloso;
- *excesso culposo* (ou inconsciente): ocorre quando o agente, quebrando o dever objetivo de cuidado, dá causa a um resultado não desejado (involuntário) em decorrência da utilização de um meio além do que era necessário; responderá pelo excesso a título de culpa, se o resultado excessivo for previsto como crime culposo;
- *excesso exculpante*: ocorre quando a intensificação desnecessária resulta da alteração do ânimo pelo medo ou a surpresa. Nessa hipótese o agente deve ser absolvido por falta de culpabilidade em decorrência da inexigibilidade de conduta diversa.

A doutrina costuma indicar também a existência do *excesso intensivo* e do *excesso extensivo*.

O *excesso intensivo* (ou próprio) ocorre quando o sujeito atacado intensifica a sua conduta, de forma dolosa ou culposa, pelo uso imoderado dos meios necessários.

O *excesso extensivo* (ou impróprio) ocorre quando não há mais agressão atual e o sujeito atacado pratica nova conduta contra o autor da agressão (trata-se de verdadeira reação). Nessa hipótese a conduta constitui verdadeira agressão, respondendo o seu autor por crime autônomo e não por excesso.

3.4 QUESTÕES

1. (OAB/NACIONAL 2009.I) Em relação às causas de exclusão de ilicitude, assinale a opção incorreta.

a) Considera-se em estado de necessidade quem pratica o fato para salvar de perigo atual, que não provocou por sua vontade nem podia de outro modo evitar, direito próprio ou alheio, cujo sacrifício, nas circunstâncias, não era razoável exigir-se.

b) Considera-se causa supralegal de exclusão de ilicitude a inexigibilidade de conduta diversa.

c) Um bombeiro em serviço não pode alegar estado de necessidade para eximir-se de seu ofício, visto que tem o dever legal de enfrentar o perigo.

d) Entende-se em legítima defesa quem, usando moderadamente dos meios necessários, repele injusta agressão, atual ou iminente, a direito seu ou de outrem.

2. (OAB/MG Agosto/2006) Sobre a excludente de ilicitude legítima defesa marque a alternativa incorreta:

a) Somente existe legítima defesa quando se está diante de uma injusta agressão.

b) Somente está autorizado a se defender contra a injusta agressão o titular do bem jurídico.

c) A ameaça concreta de uma injusta agressão já caracteriza a legítima defesa.

d) Não há legítima defesa quando são utilizados meios dispensáveis para se repelir a agressão.

3. (IX Exame de Ordem Unificado – FGV) Acerca das causas excludentes de ilicitude e extintivas de punibilidade, assinale a afirmativa incorreta.

a) A coação moral irresistível exclui a culpabilidade, enquanto que a coação física irresistível exclui a própria conduta, de modo que, nesta segunda hipótese, sequer chegamos a analisar a tipicidade, pois não há conduta penalmente relevante.

b) Em um bar, Caio, por notar que Tício olhava maliciosamente para sua namorada, desfere contra este um soco no rosto. Aturdido, Tício vai ao chão, levantando-se em seguida, e vai atrás de Caio e o interpela quando este já estava saindo do bar. Ao voltar-se para trás, atendendo ao chamado, Caio é surpreendido com um soco no ventre. Tício praticou conduta típica, mas amparada por uma causa excludente de ilicitude.

c) Mévio, atendendo a ordem dada por seu líder religioso e, com o intuito de converter Rufus, permanece na residência deste à sua revelia, ou seja, sem o seu consentimento. Neste caso, Mévio, mesmo cumprindo ordem de seu superior e mesmo sendo tal ordem não manifestamente ilegal, pratica crime de violação de domicílio (art. 150 do Código Penal), não estando amparado pela obediência hierárquica.

d) O consentimento do ofendido não foi previsto pelo nosso ordenamento jurídico-penal como uma causa de exclusão da ilicitude. Todavia, sua natureza justificante é pacificamente aceita, desde que, entre outros requisitos, o ofendido seja capaz de consentir e que tal consentimento recaia sobre bem disponível.

4. (OAB/MS 78.º) Sobre o estado de necessidade, como causa de exclusão de crime, pode-se afirmar que:

a) no estado de necessidade o bem sacrificado, em princípio, não deve ter valoração inferior ou igual ao bem preservado.

b) reconhece-se o estado de necessidade, se o perigo podia ser evitado de outro modo.

c) o estado de necessidade putativo ocorre quando o agente julga erroneamente estar agindo ao amparo da excludente.

d) admite-se o estado de necessidade, apesar do perigo ter sido causado dolosamente pelo agente.

5. (OAB/MS 78.º) Sobre a legítima defesa, pode-se afirmar que:

a) a lei exige que o agente leia pela cartilha dos covardes, empreendendo fuga.

b) quando os jurados negam o quesito relativo aos meios necessários, não é possível votar o quesito relativo à moderação desses meios.

c) o Código Penal admite apenas a legítima defesa própria e não a legítima defesa de um terceiro desconhecido, como excludente de antijuridicidade.

d) não cabe legítima defesa contra agressão passada.

6. (OAB/MS 78.º) Sobre o excesso em legítima defesa, em hipótese de homicídio simples, pode-se afirmar que:

a) o excesso doloso gera a condenação do agente à pena de um a três anos de detenção.

b) o excesso culposo pode decorrer tanto da utilização de meios desnecessários quanto da falta de moderação na utilização desses meios.

c) mesmo sendo reconhecido o excesso culposo, o réu poderá ser absolvido.

d) o reconhecimento do excesso doloso não afasta a excludente da legítima defesa.

7. (OAB/NACIONAL 2008_1) Com relação às causas excludentes de ilicitude (ou antijuridicidade), assinale a opção correta.

a) Considera-se em estado de necessidade quem pratica o fato para salvar-se de perigo atual ou iminente que não provocou por sua vontade ou era escusável.

b) Supondo o agente, equivocadamente, que está sendo agredido, e repelindo a suposta agressão, configura-se a legítima defesa putativa, considerada na lei como caso *sui generis* de erro de tipo, o denominado erro de tipo permissivo.

c) Agem em estrito cumprimento do dever legal policiais que, ao terem de prender indiciado de má fama, atiram contra ele para dominá-lo.

d) O exercício regular do direito é compatível com o homicídio praticado pelo militar que, em guerra externa ou interna, mata o inimigo.

8. (OAB/SP 135º) Um delegado de polícia, querendo vingar-se de um desafeto, prendeu-o sem qualquer justificativa, amedrontando-o com o seu cargo. Descobriu, posteriormente, que já existia mandado de prisão preventiva contra aquele cidadão, cabendo a ele, delegado, cumpri-lo.

Nessa situação, a conduta do delegado

a) está amparada pelo estrito cumprimento do dever legal.
b) está acobertada pelo exercício regular de direito.
c) está amparada pelo estrito cumprimento do dever legal putativo.
d) não está acobertada por qualquer excludente de ilicitude.

GABARITO: As respostas destes testes encontram-se no final do livro.

4

CULPABILIDADE

4.1 CONCEITO, TEORIA E ELEMENTOS

Culpabilidade é o juízo de censura que recai sobre a formação e a manifestação de vontade do autor de um fato típico e antijurídico e que tem como objetivo a imposição da pena.

Pare! Por favor, pare! Como é que é? Traduzindo: culpabilidade é o entendimento que será feito por quem julga, sobre a capacidade que tinha o sujeito ativo do delito de saber o que fazia no momento da conduta delituosa, de portar-se como a lei desejava ou ainda de entender e perceber as circunstâncias, motivações ou consequências desta conduta.

Para os que adotam a teoria bipartida, a culpabilidade não faz parte do conceito de crime (fato típico e antijurídico), sendo fundamento indeclinável da pena (é o elo entre o crime e a pena). Já para os seguidores da teoria tripartida, a culpabilidade é elemento característico e indissociável ao crime (fato típico, antijurídico e culpável).

Por meio desse juízo de censurabilidade verifica-se se o autor tinha a possibilidade de realizar a conduta na direção da ordem jurídica e de evitar o mal cometido.

Pelo fato de a *responsabilidade penal objetiva* ter sido superada pela subjetiva, a análise do dolo e da culpa passou a ser determinante para a tipificação das condutas. A responsabilidade objetiva baseava-se exclusivamente na relação natural de causa e efeito, punindo-se o agente pelo mero acaso, independentemente da sua conduta, comissiva ou omissiva, ter sido dolosa ou culposa. A responsabilidade penal subjetiva só foi adotada a partir da constatação de que somente podem ser aplicadas sanções ao homem causador do resultado lesivo que, por meio do seu comportamento, poderia tê-lo evitado.

Sobre a culpabilidade, surgiram as seguintes teorias a respeito dos requisitos para a responsabilização do agente:

– *teoria psicológica*: segundo ela, a culpabilidade é apenas um vínculo psicológico que se estabelece entre a conduta e o resultado, por meio do dolo ou da culpa. Estes seriam as espécies de culpabilidade e não elementos subjetivos da conduta. Esse sistema é adotado pelos adeptos da *teoria causal-naturalista da ação;*

– *teoria normativa* (ou psicológico-normativa): segundo essa teoria, a culpabilidade exige o dolo ou a culpa, que são os elementos psicológicos presentes na mente do autor, e a reprovabilidade, que é um juízo de valor sobre o fato, considerando-se que essa censurabilidade somente existe se há no agente a consciência da ilicitude de sua conduta ou, ao menos, que tenha ele a possibilidade desse conhecimento;

– *teoria normativa pura*: para essa teoria, a culpabilidade baseia-se num juízo de reprovação social entre o fato e seu autor exigindo-se imputabilidade, potencial consciência da ilicitude e exigibilidade de conduta diversa. O dolo e a culpa passaram a integrar a conduta. O dolo transferido para o fato típico deixou de ser o *normativo* para ser o *natural*, composto apenas de consciência e vontade. A consciência da ilicitude, consequentemente, passou a integrar a culpabilidade. A teoria normativa nasceu com a teoria finalista da ação sendo, por isso, também adotada pelo nosso Código Penal. Em matéria de descriminantes putativas, o Código Penal adotou, segundo a doutrina, a *teoria limitada da culpabilidade*, derivada da teoria pura.

De acordo com a sistemática adotada, a culpabilidade é composta pelos seguintes elementos:

– imputabilidade;
– potencial consciência da ilicitude;
– exigibilidade de conduta diversa.

4.1.1 Imputabilidade penal

De acordo com o art. 26 do CP, "é isento de pena o agente que, por doença mental ou desenvolvimento mental incompleto ou retardado, era, ao tempo da ação ou da omissão, inteiramente incapaz de entender o caráter ilícito do fato ou de determinar-se de acordo com esse entendimento".

Imputabilidade é a capacidade psíquica do agente de entender o caráter criminoso de sua conduta e de determinar-se de acordo com esse entendimento. Essa capacidade resulta do somatório da maturidade do agente, da sua sanidade mental e da possibilidade de dirigir sua conduta de acordo com o que determina a norma jurídica.

Portanto, imputável é o agente mentalmente desenvolvido e mentalmente são, que possui a inteira capacidade de entender o caráter criminoso do seu ato e de determinar-se de acordo com esse entendimento. Quando a capacidade de entendimento do caráter criminoso do ato for parcial o agente será semi-imputável (parágrafo único do art. 26 do CP).

Para se apurar a inimputabilidade, existem três critérios:

- *critério biológico*: segundo esse critério, a verificação da inimputabilidade do agente depende exclusivamente da existência de doença mental ou de um desenvolvimento mental incompleto ou retardado, que possuiriam a força de gerar a presunção absoluta de inimputabilidade;
- *critério psicológico*: segundo esse critério, a inimputabilidade do agente depende da demonstração de que, no momento da prática do crime, não tinha a capacidade de entender o caráter criminoso e autodeterminação;
- *critério biopsicológico*: segundo esse critério, a inimputabilidade do agente estará configurada se o agente, no momento do crime, não tinha capacidade de entender o caráter criminoso do fato, nem de determinar-se de acordo com esse entendimento, em razão de doença mental ou desenvolvimento mental incompleto ou retardado. Esse critério possui três requisitos: a) *causal*: existência de doença mental ou desenvolvimento mental incompleto ou retardado; b) *consequencial*: perda da capacidade de entender e querer; e c) *cronológico*: a inimputabilidade deve estar presente no momento do crime.

O Código Penal adotou como regra o *critério biopsicológico* e excepcionalmente, para os menores de 18 anos, o *critério biológico*.

São, portanto, causas que excluem a imputabilidade:

– a *doença mental*: significa qualquer enfermidade física ou psíquica, permanente ou transitória, que seja capaz de eliminar totalmente a capacidade de entender ou de querer do agente. O conceito deve ser o mais amplo possível para abranger psicóticos, esquizofrênicos, loucos, epilépticos, dependentes químicos etc. Deve ser constatada por perícia médica;

– o *desenvolvimento mental incompleto*: significa o desenvolvimento que ainda não se concluiu, compreendendo os menores de 18 anos (o agente torna-se imputável no dia em que completa 18 anos, independentemente do horário em que nasceu) e os silvícolas que não assimilaram os valores da vida civilizada (se estiver adaptado e integrado à vida civilizada será imputável);

– o *desenvolvimento mental retardado*: significa o desenvolvimento que, apesar de ter sido concluído, permite uma reduzidíssima capacidade mental. É o caso dos oligofrênicos e dos surdos-mudos (estes devem se submeter à perícia para a fixação do grau de retardamento sensorial, podendo, assim, serem imputáveis, semi-imputáveis ou inimputáveis, de acordo com o resultado dessa avaliação);

– a *embriaguez completa acidental*: embriaguez é a intoxicação aguda produzida pelo álcool ou substância de efeitos análogos (exemplo: cocaína, morfina, éter, clorofórmio etc. – não precisam estar incluídas na Portaria do Ministério da Saúde, bastando somente a constatação desses efeitos por perícia).

A embriaguez possui três estágios (ou fases):

1.º) embriaguez incompleta (ou semiplena): estágio caracterizado pela excitação, alegria ou euforia do agente;

2.º) embriaguez completa (ou plena): estágio caracterizado pela agressividade, intolerância, contestação ou violência do agente, que já atua com as faculdades mentais reduzidas;

3.º) embriaguez em estado letárgico (ou coma alcoólico): estágio caracterizado pela total inércia do agente, que só pode cometer crimes pela conduta omissiva.

São espécies de embriaguez:

a) *não acidental*: é aquela causada pela conduta do próprio agente; este se embriaga por seus próprios meios, seja culposamente (ex.: ingerir quantidade de álcool superior ao que normalmente está acostumado por distração) ou por sua vontade (ex.: beber para comemorar a formatura no curso de direito);
b) *acidental*: provocada por caso fortuito ou força maior;
c) *patológica*: é aquela equiparada à doença mental;
d) *preordenada*: é aquela em que o agente embriaga-se com a intenção de praticar um crime.

É importante observar que em relação à *embriaguez não acidental*, voluntária ou culposa, completa ou incompleta, a imputabilidade não pode ser excluída em virtude da adoção da teoria da *actio libera in causa* (ou ações livres na causa – art. 28, II, do CP).

Essa teoria foi desenvolvida para justificar a punição dos crimes em que o agente não procedeu com dolo ou culpa no momento da sua prática, mas sim num momento anterior a ela (exemplo: se o agente se embriaga prevendo a possibilidade de praticar o crime e aceitando a produção do resultado, responde pelo delito a título de dolo). Entretanto, quando o agente embriaga-se de forma voluntária ou culposa e não tinha como prever a ocorrência do crime, a aludida teoria deve ser afastada pelo fato de configurar verdadeira hipótese de responsabilidade objetiva, repudiada pelo nosso ordenamento jurídico.

A emoção e a paixão, em regra, não excluem a imputabilidade (art. 28, I, do CP). Ambas provocam a instabilidade no mecanismo de autocontrole das atitudes das pessoas. A diferença entre elas está na duração: a *emoção* é um sentimento passageiro, enquanto a *paixão* é um sentimento duradouro. Excepcionalmente, quando revestidas de fundo mórbido ou patológico, a emoção e a paixão equiparam-se às psicoses (espécie de doença mental), que eliminam a capacidade de entender a ilicitude do fato e de determinar-se de acordo com esse entendimento. Nessa hipótese o agente pode ser considerado inimputável ou semi-imputável. Vale destacar que a emoção, diante do caso concreto, pode constituir atenuante genérica (art. 65, III, *c*, do CP) ou causa de diminuição de pena em alguns crimes (arts. 121, § 1.º, e 129, § 4.º, do CP).

DICAS:

1 – O crime será praticado mediante paixão quando a motivação para a conduta for baseada em um sentimento prévio que o agente já traz consigo, antes de agir delituosamente. Ex.: matar por desejo de vingança, lesionar por invejar a beleza da outra pessoa;

2 – A emoção corresponde a um estado de espírito momentâneo, um transtorno ocasional. Não existe vocação prévia motivando o crime, mas apenas um sentimento momentâneo, que acaba por induzir à prática do delito. Ex.: matar um desconhecido após ter sido ofendido moralmente durante uma discussão no trânsito;

3 – Não esqueça: a paixão e a emoção não excluem a imputabilidade penal, salvo se forem equiparadas à doença mental, hipótese em que serão tratadas nos termos do art. 26 do CP.

4.1.2 Potencial consciência da ilicitude

Não basta, para a incidência do juízo de censurabilidade, somente a imputabilidade. Exige-se ainda que o agente tenha consciência, ainda que mínima, de que a sua conduta é contrária ao ordenamento jurídico.

Potencial consciência da ilicitude significa, portanto, a possibilidade de o agente conhecer, mediante algum esforço de consciência, a antijuridicidade de sua conduta. Não é necessário que o agente tenha conhecimento de que a sua conduta se subsuma em determinado tipo legal; basta uma consciência material, de natureza meramente profana (que o fato é antissocial, errado, censurável etc.).

Quando o agente desconhece ou está impossibilitado de conhecer a antijuridicidade da sua conduta haverá erro de proibição. *Erro de proibição*, portanto, é o erro que recai sobre a ilicitude do fato. Nele, o agente pensa que está agindo licitamente quando, na verdade, age ilicitamente.

De acordo com o art. 21 do CP, "o desconhecimento da lei é inescusável. O erro sobre a ilicitude do fato, se inevitável, isenta de pena; se evitável, poderá diminuí-la de um sexto a um terço".

A primeira parte do aludido dispositivo obedece ao princípio da inescusabilidade do desconhecimento formal da lei, que é indispensável sob o risco de as leis não serem mais obedecidas (art. 3.º da LINDB). Entretanto, na segunda parte do artigo a própria lei admite a possibilidade de que alguém não possua a potencial consciência da proibição contida, que o leva a atuar com desconhecimento do injusto. Apesar de estarem contidos no mesmo artigo, não se deve confundir o *desconhecimento da lei* com a sua *errônea compreensão* (erro de proibição).

O erro de proibição apresenta as seguintes espécies:

- *inevitável* (ou escusável): é aquele em que o agente, ainda que tivesse empreendido o esforço normal, não teria a possibilidade de conhecer a ilicitude do fato. Exclui a culpabilidade do agente, isentando-o de pena;
- *evitável* (ou inescusável): é aquele em que o agente, se tivesse empreendido um esforço normal, teria a possibilidade de conhecer a ilicitude do fato. Não exclui a culpabilidade; apenas atenua a pena (redução de 1/6 a 1/3 – art. 65, II, do CP).

O erro de proibição não deve ser confundido com o erro de tipo. Este incide sobre os elementos constitutivos do tipo legal e atua sobre a conduta para determinar a exclusão da tipicidade ou a responsabilização por crime culposo, se houver previsão legal deste.

Assim, todo erro de proibição pressupõe a potencial (e não atual) falta de consciência da ilicitude, mas só o erro que não podia ser evitado (escusável ou inevitável) excluirá a potencial consciência da ilicitude e, consequentemente, a culpabilidade.

DICA IMPORTANTE: NÃO CONFUNDA!

Erro de tipo → o agente desempenha uma conduta por acreditar que ela não corresponde a crime previsto no ordenamento penal, ou seja, ele só pratica a conduta por acreditar que o que faz não é crime. O erro recai sobre os elementos constitutivos do tipo penal.

Ex.: o agente destrói aparelho celular de terceiro por acreditar ser seu próprio aparelho. Ele sabe que não existe crime em destruir seu celular, já que o crime de dano presume que a coisa seja alheia. Ele só adota a conduta por acreditar não praticar fato tipificado em lei, mas equivoca-se, pois o celular pertencia a terceiro. Como o erro de tipo elimina o dolo e permite a responsabilização da conduta a título culposo, caso exista previsão legal, neste caso não há de se falar em responsabilização criminal, pois não existe o crime de dano culposo.

Sendo mais detalhista ainda, não há de se falar sequer em crime, pois como o tipo só admite elemento subjetivo doloso e este foi excluído pelo instituto do erro de tipo, não existirá um dos elementos constitutivos do tipo penal (dolo ou culpa) e, consequentemente, não haverá crime.

Erro de proibição → o agente desempenha uma conduta sabendo que ela corresponde a um crime previsto na norma jurídica, ou seja, ele sabe que o que faz configura-se como tipo penal. Todavia, equivoca-se por acreditar estar diante de uma circunstância que eliminaria a ilicitude da conduta e, consequentemente, o crime. Ou seja, ele sabe que o que faz é um tipo penal, uma conduta tipificada, mas acredita estar diante de uma circunstância excepcional em que a lei autoriza o desempenho de tal conduta.

O erro de proibição, quando inevitável, isenta o agente de pena, quando evitável, pode diminuir a pena de 1/6 a 1/3.

Ex.: este exemplo é clássico. Um soldado perde-se do seu destacamento durante uma batalha, travada em período noturno, vindo a abrigar-se em uma edificação. Durante a noite, é assinado entre os países em guerra um tratado de paz, mas o soldado não tem como saber disso. Ao amanhecer, o combatente sai do seu abrigo e depara-se com uma guarnição que no seu entendimento ainda é inimiga, e efetua vários disparos, vindo atingir e matar uma pessoa. Ele não tem dúvidas de que atirar e matar são condutas tipificadas em lei, mas por acreditar ainda existir a situação de guerra, entende agir em estrito cumprimento do dever legal, o que excluiria a ilicitude e, consequentemente, o crime. Neste caso temos um erro de proibição inevitável que isentará o agente de pena.

DICA CURIOSA: UMA APRESENTAÇÃO NECESSÁRIA

O conceito de erro evitável ou inevitável não deve ser arguido subjetivamente, em relação ao agente que desempenhou a conduta analisada. O que alguns têm por inevitável, pode perfeitamente ser visto como evitável por outros. Este conceito deve ser arguido à luz do chamado "homem médio".

De quem? Quem é este tal de homem médio, você poderia perguntar.

Na verdade, o conceito de "homem médio" nada mais é do que uma abstração jurídica, que nos permite analisar certas circunstâncias que podem ser profundamente influenciadas por critérios subjetivos e pessoais, tornando impossível uma mensuração normativa e objetiva. Como é impossível estabelecer com precisão o que é certo ou errado, evitável ou inevitável, fútil ou relevante, na percepção de cada pessoa, o Direito Penal estabelece um padrão de referência, baseado no bom-senso e na razoabilidade jurídica. A este padrão dá-se o nome de "homem médio".

Este instituto baseia-se na lógica hermenêutica de que um homem na individualidade é um ser insondável, embora na coletividade ele possa ser tratado como um número exato, bastando que a sociedade adote padrões de conduta aos quais este homem deve adequar-se.

Amigo leitor, apresento-lhe o sempre eficaz "homem médio".

4.1.3 Exigibilidade de conduta diversa

Além da imputabilidade e da potencial consciência da ilicitude do fato, deve ser verificada, ainda, a possibilidade de exigir-se do agente, diante das circunstâncias em que o fato ocorreu, outro comportamento. Trata-se do terceiro elemento da culpabilidade, exigibilidade de conduta diversa, que encontra seu fundamento de existência no *princípio geral da evitabilidade das condutas antissociais*.

Nas hipóteses em que não era possível ou razoável exigir-se comportamento diverso do agente, a censurabilidade da conduta deve ser excluída. Nosso ordenamento estabeleceu duas hipóteses em que esse elemento deve ser excluído:

– *Coação moral irresistível*: é a ameaça de dano grave e irresistível dirigida ao coagido para induzi-lo à prática de determinado crime. É irresistível a coação moral quando não puder ser superada senão com uma energia extraordinária e, portanto, juridicamente inexigível (*RT* 488/382). O mal anunciado, que deve ser grave e sério, pode recair sobre o patrimônio do coagido ou pessoa a quem ele esteja ligado por laços afetivos (o mero receio de perigo não exclui a culpabilidade). O importante é verificar se o coagido (vítima) podia ou não, de acordo com as suas condições pessoais (físicas e psicológicas) e as do coator, agir de modo diverso.

A coação física, que consiste no emprego de força física para que alguém faça ou deixe de fazer alguma coisa, retira a própria voluntariedade do comportamento do agente, exclui a conduta e, consequentemente, o crime (torna o fato atípico somente em relação ao coagido). O coator responderá pelo crime de forma agravada (art. 62, II, do CP).

A coação moral resistível, por influir pouco na voluntariedade do comportamento do coagido, constitui crime e não exclui a culpabilidade pela exigibilidade de conduta diversa. O coagido, nessa situação, fará jus somente a uma atenuante genérica prevista no art. 65, III, *c*, 1.ª parte, do CP. Se o coagido imaginou, sinceramente, estar sofrendo uma coação moral irresistível que, na verdade, não existia, pode-se falar em *coação moral irresistível putativa*, recebendo, assim, o mesmo tratamento jurídico da coação real.

– *Obediência hierárquica à ordem não manifestamente ilegal*: para a configuração da excludente da culpabilidade são necessários os seguintes requisitos:

a) que a relação de subordinação se funde no direito administrativo (afasta, portanto, relações empregatícias, familiares, religiosas etc.) e que a ordem não seja manifestamente ilegal;

b) que haja estrita observância da ordem dada.

Se o subordinado sabe que a ordem é ilegal e mesmo assim a cumpre, deverá responder pelo crime praticado, incorrendo na hipótese de concurso de agentes, porém com a pena diminuída (art. 65, III, *c*, do CP) em consideração ao dever legal de obediência à ordem do superior, existente em relação aos subordinados (podem até sofrer punições administrativas diante da desobediência).

Se a ordem não é manifestamente ilegal e o subordinado não tinha condições de avaliar a ilegalidade, exclui-se a exigibilidade de conduta diversa, ficando isento de pena. Se a ordem é manifestamente ilegal, mas o subordinado a supõe legal, incorre em erro de proibição evitável, fazendo jus a uma diminuição da pena (art. 21 do CP).

O cumprimento à ordem legal exclui a antijuridicidade da conduta pelo estrito cumprimento do dever legal (art. 23, III, 1.ª parte, do CP).

O *temor reverencial*, que não deve ser confundido com a obediência hierárquica, é o simples receio (sem ameaça) de desagradar pessoa a quem se deve profundo respeito. Se, no entanto, houver uma ameaça, a conduta poderá configurar verdadeira coação, devendo o juiz analisar a irresistibilidade do temor.

4.2 CAUSAS DE EXCLUSÃO DA CULPABILIDADE

As causas excludentes da culpabilidade também são conhecidas por *exculpantes*, *dirimentes* ou *eximentes* e, uma vez reconhecidas, isentam de pena o autor de um fato típico e antijurídico.

Assim como ocorre com as excludentes da antijuridicidade, as causas de exclusão da culpabilidade podem ser *legais* ou *supralegais*.

No que se refere às causas supralegais, a doutrina costuma apontar as seguintes:

- *inexigibilidade de conduta diversa*: apesar de existir divergência sobre a natureza jurídica de princípio jurídico ou hipótese de lacuna a ser suprida somente por lei (e não interpretação), a doutrina sustenta que a culpabilidade do agente deve ser excluída se, diante das circunstâncias anormais do caso concreto, não é humanamente possível exigir dele um comportamento de acordo com a norma;
- *excesso exculpante*: conforme já mencionado, ocorre quando a intensificação desnecessária resulta da alteração do ânimo pelo medo ou a surpresa. Nessa hipótese o agente deve ser absolvido por falta de culpabilidade em decorrência da inexigibilidade de conduta diversa;
- *estado de necessidade exculpante*: também já mencionado, ocorre quando o agente, numa situação de perigo, sacrifica um bem jurídico alheio de valor superior ao defendido pela sua conduta. Se diante das situações anormais do fato não era possível exigir outro comportamento do agente, a sua culpabilidade deverá ser excluída.

4.3 QUESTÕES

1. (OAB Nacional 2010_I) Em relação à imputabilidade penal, assinale a opção correta.

a) Quanto à aferição da inimputabilidade, o CP adota, como regra, o critério psicológico, segundo o qual importa saber se o agente, no momento da ação ou da omissão delituosa, tem ou não condições de avaliar o caráter criminoso do fato e de orientar-se de acordo com esse entendimento.

b) A pena poderá ser reduzida se o agente, em virtude de perturbação de saúde mental ou por desenvolvimento mental incompleto ou retardado, não for inteiramente capaz de entender o caráter ilícito do fato ou de determinar-se de acordo com esse entendimento.

c) A pena imposta ao semi-imputável não pode ser substituída por medida de segurança.

d) A embriaguez não acidental, seja voluntária ou culposa, completa ou incompleta, exclui a imputabilidade do agente que, ao tempo da ação ou omissão delituosa, for inteiramente incapaz de entender o caráter ilícito do fato ou de determinar-se de acordo com esse entendimento.

2. (OAB/MG Agosto/2006) Excluem a culpabilidade, por inexigibilidade de conduta diversa:

a) A coação moral irresistível.

b) A obediência hierárquica.

c) O excesso exculpante na legítima defesa.

d) A força física irresistível.

3. (XI Exame de Ordem Unificado – FGV) Para aferição da inimputabilidade por doença mental ou desenvolvimento mental incompleto ou retardado, assinale a alternativa que indica o critério adotado pelo Código Penal vigente.

a) Biológico.

b) Psicológico.

c) Psiquiátrico.

d) Biopsicológico.

4. (OAB/SP 131.°) Francisco de Assis Toledo, in O erro no direito penal (Saraiva, 1977, p. 21), ao se referir à teoria finalista, afirmou: "a ... ganha um elemento – a consciência da ilicitude (consciência do injusto) – mas perde os anteriores elementos anímico-subjetivos – o dolo e a culpa *stricto sensu* – reduzindo-se, essencialmente, a um juízo de censura." Com essa frase ele está se referindo à

a) antijuridicidade.

b) relação de causalidade.

c) culpabilidade.

d) tipicidade.

5. (OAB/MG – Agosto-2008) A evolução da ideia de culpabilidade, na dogmática jurídico-penal, passou por três fases, que correspondem a três concepções teóricas distintas. Partindo-se da primeira fase para a última, isto é, da menos recente para a mais recente, pode-se afirmar que tais fases são:

a) teoria psicológica; teoria psicológico-normativa ou complexa; teoria normativa.

b) teoria normativa; teoria psicológico-normativa ou complexa; teoria psicológica.

c) teoria psicológico-normativa ou complexa; teoria normativa; teoria psicológica.

d) teoria psicológica; teoria normativa; teoria psicológico-normativa ou complexa.

6. (OAB/MS 78.°) Sobre a coação moral irresistível, assinale a alternativa incorreta:

a) só é punível o autor da coação.

b) o STF já admitiu que o autor da coação poderá ser a própria vítima.

c) em princípio, haverá um coator e um coagido.

d) o coato (coagido) não exerce vontade e ação.

7. (OAB/Nacional CESPE 2007.II) De acordo com o Código Penal, são imputáveis

a) os silvícolas inadaptados.

b) os surdos-mudos inteiramente capazes de entender o caráter ilícito do fato ou de determinar-se de acordo com esse entendimento.

c) oligofrênicos e esquizofrênicos.

d) os menores de 18 anos.

8. (OAB/CESPE 2006.II) As hipóteses excludentes de imputabilidade penal não incluem a

a) menoridade penal.

b) emoção ou paixão.

c) embriaguez fortuita completa.

d) dependência toxicológica comprovada.

9. (CESPE/PGE-CE/2008) Há crime quando o sujeito ativo pratica fato típico em função de

a) estado de necessidade.

b) coação moral irresistível.

c) legítima defesa.

d) estrito cumprimento do dever legal.

e) exercício regular do direito.

10. (CESPE/PROC.MP-TCMGO/2007) No que se refere às causas de excludentes de antijuridicidade e culpabilidade, assinale a opção correta.

a) Consoante entendimento do STF, a excludente da coação moral irresistível pressupõe sempre três pessoas: o agente, a vítima e o coator.

b) A obediência hierárquica, excludente de culpabilidade, aplica-se às relações familiares (pai/filho) e de emprego (patrão/empregado).

c) É possível o reconhecimento do estado de necessidade, excludente de ilicitude, nos crimes permanentes e habituais.

d) Não podem coexistir, em um mesmo fato, as excludentes de ilicitude da legítima defesa e o estado de necessidade.

11. (CESPE/DELEGADO RN/2008) A legítima defesa putativa exclui a:

a) punibilidade em abstrato.

b) ilicitude.

c) culpabilidade.

d) tipicidade.

e) punibilidade em concreto.

12. (CESPE/DELEGADO RN/2008) Acerca da sujeição ativa e passiva da infração penal, assinale a opção correta.

a) Doentes mentais, desde que maiores de dezoito anos de idade, têm capacidade penal ativa.

b) É possível que os mortos figurem como sujeito passivo em determinados crimes, como, por exemplo, no delito de vilipêndio a cadáver.

c) No estelionato com fraude para recebimento de seguro, em que o agente se autolesiona no afã de receber prêmio, é possível se concluir que se reúnem, na mesma pessoa, as sujeições ativa e passiva da infração.

d) No crime de autoaborto, a gestante é, ao mesmo tempo e em razão da mesma conduta, autora do crime e sujeito passivo.

e) O Estado costuma figurar, constantemente, na sujeição passiva dos crimes, salvo, porém, quando se tratar de delito perquirido por iniciativa exclusiva da vítima, em que não há nenhum interesse estatal, apenas do ofendido.

13. (CESPE/DELEGADO PB/2008) Acerca das excludentes de culpabilidade, da imputabilidade e do concurso de pessoas, assinale a opção correta.

a) Exclui a culpabilidade do crime, por inexigibilidade de conduta diversa, a coação física irresistível ou vis absoluta.

b) Na prática de crime em obediência hierárquica, se a ordem não for manifestamente ilegal, o subordinado e o superior hierárquico não respondem por crime algum.

c) Dividem-se os crimes em monossubjetivo e plurissubjetivo, sendo que somente neste último pode ocorrer concurso de pessoas.

d) A participação de menor importância configura exceção à teoria monista, adotada pelo CP quanto ao concurso de pessoas.

e) Ocorrendo coação moral resistível, não se afasta a culpabilidade, havendo simplesmente reconhecimento de atenuante genérica.

GABARITO: As respostas destes testes encontram-se no final do livro.

5

CONCURSO DE PESSOAS (OU DE AGENTES)

5.1 CONCEITO E REQUISITOS

De acordo com o art. 29 do CP, "quem, de qualquer modo, concorre para o crime incide nas penas a este cominadas, na medida de sua culpabilidade".

Concurso de pessoas é a reunião voluntária e consciente de duas ou mais pessoas para a prática de crimes. Também é conhecido por concurso de agentes, codelinquência ou concurso de delinquentes.

Para que exista o concurso de agentes, são necessários os seguintes requisitos:

a) pluralidade de participantes e de condutas (ou de comportamentos);

b) relevância causal de cada conduta (aplica-se a teoria da *conditio sine qua non*);

c) liame subjetivo entre os agentes (não se exige prévio acordo de vontade, mas somente que os participantes atuem com vontade homogênea, no sentido de todos visarem a realização do mesmo tipo penal);

d) identidade de fato (ou identidade de crime).

Na hipótese de não haver liame subjetivo (ou reciprocidade consensual), a prática da conduta criminosa por diversos agentes, que realizam condutas convergentes objetivando a execução da mesma infração penal, recebe o nome de *autoria colateral* (ou *coautoria imprópria*, ou *coautoria lateral*, ou *autoria parelha*). Não há, entretanto, concurso de agentes, de modo que cada um responde pelo ato que executou. Como exemplo, temos a seguinte situação: *A* e *B* executam simultaneamente a vítima, sem que um conheça a conduta do outro. Ambos respondem pelo crime consumado. Entretanto, se a vítima morreu apenas em decorrência da conduta de um dos agentes, o outro responderá por tentativa de homicídio. Caso haja dúvida insanável quanto ao autor do disparo fatal haverá *autoria incerta* e ambos serão punidos pela tentativa em virtude da incidência do princípio do *in dubio pro reo*. A *autoria ignorada* ocorre quando não é possível apurar quem foi o realizador da conduta.

Destaque-se uma classificação doutrinária dos crimes acerca da necessidade ou não de mais de um sujeito ativo envolvido numa mesma empreitada criminosa:

– *crimes unissubjetivos* (ou de concurso eventual): são aqueles que podem ser praticados por um ou mais agentes (exemplo: roubo, furto, homicídio etc.);

– *crimes plurissubjetivos* (ou de concurso necessário): são aqueles que só podem ser praticados por dois ou mais agentes subdividindo-se, quanto à forma de execução, nos seguintes crimes:

a) *de condutas paralelas* (ou crimes coletivos em sentido próprio): são aqueles em que as condutas dos agentes atuam lado a lado, em colaboração, visando à produção de um resultado comum (exemplo: associação criminosa – art. 288 do CP);
b) de *condutas convergentes* (ou crimes recíprocos): são aqueles em que as condutas dos agentes partem de pontos opostos, embora se desenvolvam em colaboração, indo uma ao encontro da outra para que, desse encontro, seja produzido o resultado (exemplo: adultério – art. 240 do CP);
c) *de condutas contrapostas* (ou crimes bilaterais): são aqueles em que as condutas dos agentes se desenvolvem uma contra a outra, movendo-se de pontos opostos (exemplo: rixa – art. 137 do CP).

É importante observar que o princípio previsto no art. 29 do CP, que será visto adiante, só é aplicável aos crimes de concurso eventual, pois, no concurso necessário, cada sujeito, com a sua conduta individual, estará cometendo um crime materialmente.

5.2 AUTORIA

O conceito de autoria é determinado de acordo com a teoria a ser adotada:

- *teoria material-objetiva* (ou extensiva): segundo essa teoria, *autor* não é somente aquele que realiza conduta típica, mas também todo aquele que concorre com uma causa para a produção do resultado. Não há, portanto, distinção entre autor e *partícipe*, pois todos aqueles que tomam parte na atividade criminosa são considerados autores;
- *teoria formal-objetiva* (ou restritiva): segundo essa teoria, *autor* é somente aquele que pratica a conduta típica inscrita na lei, ou seja, é aquele que executa o verbo previsto no tipo legal – exemplo: subtrair, matar etc. Aqueles que praticam ações fora do tipo, mas que, de alguma forma, concorrem para a produção do resultado, são considerados *partícipes* (não realizam o verbo). Essa teoria, apesar de ter sido adotada pelo Código Penal e por grande parte da doutrina nacional, é muito criticada pelo fato de não explicar a *autoria mediata*;
- *teoria normativa-objetiva* (ou teoria do domínio do fato): segundo essa teoria, *autor* é quem tem o controle final dos fatos, domina finalisticamente o decurso do crime e decide sobre a sua prática, interrupção e circunstâncias do crime. O autor, em outras palavras, é o agente que tem o poder de decisão sobre a realização do fato típico; o *partícipe* é aquele que apenas colabora no fato sem o domínio sobre ele. Essa teoria, segundo a doutrina, deve ser aceita como um complemento à teoria restritiva adotada pelo Código Penal (são compatíveis, portanto).

5.3 AUTORIA MEDIATA

Autor (ou autor direto, ou autor imediato), portanto, é quem executa o crime (realiza o verbo) ou quem participa da execução, concorrendo de algum modo para a produção do resultado (sem realizar o verbo), ou, ainda, quem tem o domínio do fato.

A *autoria mediata*, segundo a teoria do domínio do fato, é aquela em que o agente não realiza o núcleo do tipo porque se serve de outra pessoa, que age como mero instrumento para isso.

A pessoa utilizada como instrumento (executor) não responde por nenhum crime (nem como partícipe), como, por exemplo, a enfermeira que, por ordem do médico que deseja matar seu paciente, ministra veneno supondo aquela (a enfermeira) que se tratava de um medicamento – só responde pelo crime o médico (não há, portanto, concurso de agentes).

A autoria mediata pode resultar:

a) da ausência de capacidade penal da pessoa utilizada como instrumento (não haverá autoria mediata quando o sujeito utiliza animais ou coisas, pois nessa hipótese estará executando diretamente o delito);

b) de coação moral irresistível;

c) da provocação de erro de tipo escusável;

d) de obediência hierárquica à ordem superior não manifestamente ilegal.

Em todas essas situações só responderá pelo crime o autor mediato. Não se admite essa espécie de autoria nos crimes culposos, nos crimes de mão própria (crimes praticados por meio da atuação pessoal do sujeito ativo) e nos crimes próprios.

A autoria mediata não se confunde com a *autoria intelectual*. Esta ocorre quando o agente promove ou organiza a cooperação no crime ou dirige a atividade dos demais sem, contudo, realizar a conduta típica (o verbo do tipo). O executor, ao contrário do que ocorre na autoria mediata, é o autor principal e sabe perfeitamente que está praticando uma conduta criminosa. O autor intelectual atua como partícipe pela instigação, induzimento ou auxílio, muito embora tenha a sua pena agravada pela sua maior participação na empreitada criminosa (art. 62 do CP).

O *delinquente mercenário*, que é aquele que executa o crime, ou nele participa, mediante paga ou promessa de recompensa, responde com a pena agravada (a agravante do art. 62, IV, do CP, não poderá ser aplicada quando se tratar de homicídio ou de crimes contra a honra, em que a circunstância é prevista como qualificadora). A agravante do art. 62, IV, do CP também não se aplica a quem pagou ou prometeu a recompensa (mandante).

5.4 FORMAS E NATUREZA JURÍDICA DO CONCURSO DE AGENTES

O concurso de agentes pode assumir as seguintes formas:

1) *coautoria*: coautor é aquele que age em colaboração recíproca e voluntária com o outro (ou os outros) para a realização da conduta principal (o verbo do tipo penal). A *coautoria parcial* (ou funcional) ocorre quando os agentes realizam atos de execução distintos, que, uma vez conjugados, produzem a consumação (exemplo: *A* aponta a arma para a vítima, enquanto *B* subtrai os bens – ambos são coautores). A *coautoria direta* ocorre quando todos os agentes realizam a mesma conduta típica (exemplo: *A* e *B* esfaqueiam a vítima até a morte – ambos são coautores). A coautoria não é admitida nos crimes de mão própria e nos omissivos próprios;

2) *participação*: partícipe é aquele que, não praticando a conduta principal (o verbo do tipo penal), contribui, de qualquer modo, para a realização do crime. A participação pode ser: a) *moral* (ou instigação em sentido amplo), que ocorre quando o partícipe age sobre a vontade do autor induzindo (provoca-o para que surja a vontade de cometer o crime) ou instigando (estimula a ideia criminosa já existente) a prática do crime; b) *material* (ou cumplicidade): ocorre quando o partícipe contribui materialmente para o crime, por meio de um comportamento positivo ou negativo.

A participação, que só pode ocorrer antes ou durante a execução do crime, é uma conduta acessória, que depende da principal (realizada pelo autor). Por isso, para que a conduta do partícipe seja punível exige-se, ainda, que o fato principal seja típico e antijurídico (adotou-se da *teoria da acessoriedade limitada*).

É importante destacar que, de acordo com o art. 31 do CP, o ajuste, a determinação ou instigação e o auxílio, salvo disposição expressa em contrário, não são puníveis, se o crime não chega, pelo menos, a ser tentado. Assim, se a conduta principal não chega a ingressar em sua fase executória, não há que se falar em punição do partícipe. A adequação típica do comportamento acessório do partícipe, que é mediata ou indireta, ocorre por força da norma de extensão prevista no art. 29 do CP.

Em relação aos crimes culposos, não se admite participação (dolosa ou culposa), pois a cooperação decorre da falta do dever de cada um, somente a coautoria, embora haja divergência doutrinária.

Sobre a natureza do crime praticado mediante o concurso de pessoas, existem as seguintes teorias:

- *teoria unitária* (ou monista, ou monística): segundo essa teoria, mesmo havendo diversidade de agentes e de condutas, considera-se existir somente um delito. Foi a adotada pelo art. 29, *caput*, do CP. O art. 29, § 1.º, estabelece uma causa especial (e obrigatória) de diminuição de pena para o partícipe que cooperou com conduta de menor importância para o crime (não alcança, portanto, o coautor nem o autor intelectual – ou partícipe intelectual). Entretanto, se o partícipe quis participar de crime menos grave do que aquele que acabou sendo cometido pelo outro concorrente, o art. 29, § 2.º, dispõe que ele só responderá por esse crime (em conformidade com o seu dolo, e não o do autor), mas com a pena do crime que queria cometer aumentada até metade se era previsível (para o partícipe) o resultado mais grave (é chamada de *cooperação dolosamente distinta*);
- *teoria pluralística*: segundo essa teoria, cada agente responde por delito independente, mesmo que as condutas estejam unidas pelo nexo de causalidade (essa teoria é adotada excepcionalmente pelo Código Penal nos casos de corrupção ativa e passiva; aborto com o consentimento da gestante e aborto na forma do art. 126 do CP – são as *exceções pluralísticas*);
- *teoria dualística*: segundo essa teoria, há um crime único para os autores e outro para os partícipes.

O Código Penal adotou como regra, portanto, a *teoria unitária* (ou monista, ou monística) e, excepcionalmente, a *teoria pluralística*.

5.5 COMUNICABILIDADE E INCOMUNICABILIDADE DE ELEMENTARES E CIRCUNSTÂNCIAS (ART. 30, CP)

Elementares são os dados essenciais que compõem a própria descrição do fato típico e cuja ausência exclui ou altera o crime. Fixam a qualidade e o título do delito e estão situadas no *caput* do tipo incriminador (tipo fundamental).

As *circunstâncias* são os dados acidentais e acessórios do crime que agravam ou atenuam a pena e cuja ausência não exclui o crime. Fixam a quantidade da pena e estão situadas nos parágrafos dos tipos (tipo derivado). Classificam-se em:

- *circunstâncias subjetivas* (ou pessoais): são aquelas que dizem respeito às qualidades pessoais do agente, às relações com a vítima e os demais envolvidos (coautores e partícipes) e aos motivos determinantes da prática criminosa. Exemplo: reincidência, motivo torpe, antecedentes, personalidade, menoridade relativa, motivos do crime etc.;
- *circunstâncias objetivas* (ou reais, ou materiais): são aquelas que dizem respeito aos meios e modos de execução do fato criminoso, qualidades da vítima, lugar, tempo, ocasião e natureza do objeto material do crime. Exemplo: veneno, fogo, emboscada etc.

As circunstâncias (objetivas e subjetivas) podem ser, ainda, judiciais e legais. *Circunstâncias judiciais* são aquelas não elencadas pela lei cuja fixação será realizada pelo juiz de acordo com os critérios previstos no art. 59 do CP. Também são conhecidas como circunstâncias genéricas (pelo fato de estarem na parte geral do Código Penal) ou, ainda, circunstâncias inominadas. *Circunstâncias legais* são aquelas discriminadas pela lei e podem estar previstas tanto na Parte Geral (são as agravantes, as atenuantes e as causas de aumento e de diminuição da pena) como na Parte Especial (qualificadoras e causas de aumento e de diminuição de pena). Essa classificação é importante para a fase da aplicação da pena (art. 68 do CP).

De acordo com o art. 30 do CP, não se comunicam as circunstâncias e as condições de caráter pessoal, salvo quando elementares do crime.

Assim, temos as seguintes regras:

1.ª) as elementares comunicam-se aos demais autores, desde que sejam conhecidas pelos demais;

2.ª) as circunstâncias objetivas (de caráter não pessoal) comunicam-se, desde que sejam conhecidas pelos autores, coautores e partícipes;

3.ª) as circunstâncias subjetivas (de caráter pessoal) **nunca** se comunicam aos demais agentes.

A condição de funcionário público, apesar de se referir a um dado pessoal do agente, é elementar do tipo de peculato e, por isso, deve comunicar-se ao partícipe, desde que ele tenha conhecimento dessa condição.

É muito importante que todos os agentes (autores, coautores e partícipes) tenham conhecimento da incidência das elementares e das circunstâncias objetivas porque o atual ordenamento não admite a responsabilidade penal objetiva, ou seja, aquela sem a verificação da culpabilidade.

DICAS IMPORTANTES:

1 – A participação manifesta-se basicamente por meio do induzimento, instigação ou auxílio.

Induzir – é criar a ideia sobre determinada conduta, fazendo o sujeito pensar sobre a prática de um delito, quando esta ideia não tinha lhe ocorrido previamente. De uma forma mais simples, quem induz faz surgir a ideia da prática delituosa na cabeça do sujeito ativo do crime.

Instigar – é reforçar uma ideia previamente existente, estimulando a prática do delito, animando o agente a desempenhar a conduta.

Auxiliar – é colaborar efetivamente com a prática do ato delituoso, desempenhando uma conduta, fazendo ou deixando de fazer algo que venha a proporcionar, facilitar ou auxiliar a conduta principal.

2 – É admissível a coautoria em crime culposo, mas não a participação.

3 – A tentativa de participação é impunível, por tratar-se de um indiferente penal, salvo quando esta tentativa de participação por si só puder ser configurada como crime autônomo. Ex.: incitação ao crime.

4 – A participação deve sempre estar direcionada a pessoas e fatos determinados. Não existe participação por instigar, induzir ou auxiliar a prática de fato genérico ou desempenhado por agente não específico.

5 – Coautoria sucessiva ocorre quando um ou alguns dos sujeitos ativos já estão desempenhando as condutas executórias do delito e outros sujeitos ingressam já nesta fase, para contribuir efetivamente com a personificação da infração penal. Traduzindo: João já encontra-se praticando crime de dano contra o patrimônio de seu vizinho e desafeto Pedro Antônio, também desafeto de Pedro, percebendo-se da conduta de João e também desejando o mesmo resultado, danificar o

patrimônio, passa a efetivamente colaborar com o que João já estava fazendo, contribuindo efetivamente para a manifestação do crime.

6 – Não importando a nomenclatura utilizada (autor, partícipe, autor mediato), cada réu receberá uma pena na medida de sua culpabilidade (responsabilidade).

7 – Se a participação for de menor importância, o agente terá a sua pena reduzida (de 1/6 a 1/3).

8 – Se o agente quis participar de crime menos grave, responderá pelo crime menos grave. Porém, se era previsível a ocorrência do crime mais grave, o agente receberá a pena do crime menos grave acrescida de até metade.

5.6 QUESTÕES

1. **(XI Exame de Ordem Unificado - FGV) Sofia decide matar sua mãe. Para tanto, pede ajuda a Lara, amiga de longa data, com quem debate a melhor maneira de executar o crime, o melhor horário, local etc. Após longas discussões de como poderia executar seu intento da forma mais eficiente possível, a fim de não deixar nenhuma pista, Sofia pede emprestado a Lara um facão. A amiga prontamente atende ao pedido. Sofia despede-se agradecendo a ajuda e diz que, se tudo correr conforme o planejado, executará o homicídio naquele mesmo dia e assim o faz. No entanto, apesar dos cuidados, tudo é descoberto pela polícia. A respeito do caso narrado e de acordo com a teoria restritiva da autoria, assinale a afirmativa correta.**

   a) Sofia é a autora do delito e deve responder por homicídio com a agravante de o crime ter sido praticado contra ascendente. Lara, por sua vez, é apenas partícipe do crime e deve responder por homicídio, sem a presença da circunstância agravante.

   b) Sofia e Lara devem ser consideradas coautoras do crime de homicídio, incidindo, para ambas, a circunstância agravante de ter sido, o crime, praticado contra ascendente.

   c) Sofia e Lara devem ser consideradas coautoras do crime de homicídio. Todavia, a agravante de ter sido, o crime, praticado contra ascendente somente incide em relação à Sofia.

   d) Sofia é a autora do delito e deve responder por homicídio com a agravante de ter sido, o crime, praticado contra ascendente. Lara, por sua vez, é apenas partícipe do crime, mas a agravante também lhe será aplicada.

2. **(OAB/SP 131.°) Em relação ao concurso de pessoas, é incorreto afirmar que**

   a) ele pode realizar-se por meio de coautoria e participação.

   b) coautor é quem executa, juntamente com outras pessoas, a ação ou omissão que caracteriza a infração penal.

   c) o partícipe realiza a conduta descrita pelo tipo penal.

   d) o partícipe pratica uma conduta que contribui para a realização da infração penal, embora não esteja descrita no tipo penal.

3. **(OAB/MS I 2005) Sobre o concurso de pessoas é incorreto afirmar que:**

   a) nosso ordenamento jurídico adotou a teoria unitária, sendo assim, quem de qualquer modo concorre para o crime responde pelas penas a este cominadas;

b) a teoria unitária determina que todos os agentes que agiram em concurso recebam a mesma pena, independentemente da culpabilidade de cada um;

c) se algum dos concorrentes quis participar de crime menos grave, ser-lhe-á aplicada a pena deste; essa pena será aumentada, na hipótese de ter sido previsível o resultado mais grave;

d) se algum dos concorrentes praticou crime mais grave, ficando provado que os demais assumiram o risco deste resultado mais grave, todos responderão pelo mesmo crime.

4. (Nossa) Segundo a teoria adotada pelo Código Penal para o concurso de pessoas, todos que contribuem para a prática do delito cometem o mesmo crime. Essa teoria é conhecida como:

a) Unitária

b) Pluralística

c) Dualística

d) Material

5. (CESPE/PGE-CE/2008) Com relação ao concurso de pessoas, assinale a opção correta.

a) As circunstâncias objetivas se comunicam, desde que o partícipe tenha conhecimento delas.

b) As circunstâncias objetivas se comunicam, mesmo quando o partícipe não tiver conhecimento delas.

c) As circunstâncias subjetivas nunca se comunicam.

d) As elementares objetivas sempre se comunicam, ainda que o partícipe não tenha conhecimento delas.

e) As elementares subjetivas nunca se comunicam.

6. (CESPE/MP-RR/2008 – Adaptada) Analise as informações abaixo, indicando em seguida a única alternativa correta:

I – No tocante à participação, o CP adota o critério da hiperacessoriedade, razão pela qual, para que o partícipe seja punível, será necessário se comprovar que ele concorreu para a prática de fato típico e ilícito.

II – Na conivência ou na participação negativa, não há a possibilidade de punição do agente, ao contrário do que ocorre na participação por omissão, em que o agente poderá ser punido se não agir para evitar o resultado.

III – Ocorre a coautoria sucessiva quando, após iniciada a conduta típica por um único agente, houver a adesão de um segundo agente à empreitada criminosa, sendo que as condutas praticadas por cada um, dentro de um critério de divisão de tarefas e união de desígnios, devem ser capazes de interferir na consumação da infração penal.

a) são corretos os itens II e III.

b) são corretos os itens I e III.

c) são corretos os itens I e II.

d) todos os itens são corretos.

GABARITO: As respostas destes testes encontram-se no final do livro.

6

PENAS

6.1 SANÇÃO PENAL

A sanção penal é a maneira pela qual o Estado reage contra o violador da norma incriminadora. Comporta duas espécies: as ***penas*** **e as *medidas de segurança* (estas serão analisadas posteriormente).**

A *pena* é a consequência jurídica do crime. É a sanção prefixada que decorre da violação de um preceito penal. Possui as seguintes finalidades:

- *retributiva*: a pena é uma retribuição proporcional ao mal praticado pelo autor de um crime;
- *preventiva*: a pena visa evitar a prática de crimes por meio da intimidação do delinquente, pela aplicação da pena (prevenção especial), e de toda a sociedade, pelo receio de sofrer as mesmas sanções impostas ao criminoso (prevenção geral);
- *ressocializadora*: a pena visa à readaptação social do criminoso.

A pena é regida pelos seguintes princípios:

a) *legalidade* e *anterioridade*: a pena deve ser criada somente por lei e deve estar prevista antes da prática do crime (art. 5.º, XXXIX, da CF);

b) *humanidade* (ou humanização): a pena não pode violar a integridade física ou moral do condenado, razão pela qual não haverá penas: *de morte*, salvo em caso de guerra declarada, nos termos do art. 84, XIX, da CF; *de caráter perpétuo*; *de trabalhos forçados*; *de banimento* (significa a expulsão de brasileiro do território nacional); e *cruéis* (art. 5.º, XLVII, da CF). Nosso ordenamento veda, portanto, a previsão e a aplicação de qualquer *pena corporal* (exceto a de morte e, mesmo assim, excepcionalmente);

c) *personalidade* (ou intransmissibilidade): nenhuma pena passará da pessoa do condenado, podendo a obrigação de reparar o dano e a decretação do perdimento de bens serem, nos termos da lei, estendidas aos sucessores e contra eles executadas, até o limite do valor do patrimônio transferido (art. 5.º, XLV, da CF). Por essa razão, a pena de multa não poderá ser cobrada dos sucessores;

d) *individualização* e *proporcionalidade*: a pena deve ser imposta e graduada de acordo com o crime praticado, a personalidade do delinquente e o bem jurídico violado por este (art. 5.º, XLVI e XLVII, da CF);

e) *proibição de dupla punição* (ou *ne bis in idem*): ninguém pode ser punido duas vezes pelo mesmo fato;

f) *jurisdicionalidade*: só podem ser aplicadas pelo juiz criminal e mediante a observância do devido processo legal (art. 5.º, XXXVII, LIII, LIV e LV, da CF);

g) *inderrogabilidade* (ou inevitabilidade): uma vez imposta, a pena não poderá deixar de ser aplicada, salvo as exceções legais (anistia, graça, indulto, *sursis*, livramento condicional, perdão judicial etc.).

6.2 CLASSIFICAÇÃO DAS PENAS

6.2.1 Pena privativa de liberdade

A pena privativa de liberdade é aquela que limita o poder de locomoção do condenado. Suas espécies são: reclusão, detenção e prisão simples.

O art. 33, § 1.º, do CP prevê os seguintes regimes (ou sistemas penitenciários) de cumprimento da pena privativa de liberdade: fechado, semiaberto e aberto. O *caput* do aludido dispositivo dispõe que a pena de **reclusão** deve ser cumprida em regime fechado, semiaberto ou aberto e a de **detenção**, em regime semiaberto, ou aberto, salvo necessidade de transferência a regime fechado (em virtude da *regressão de regime*, prevista no art. 118 da LEP).

Na hipótese de condenação por mais de um crime, no mesmo processo ou em processos distintos, a determinação do regime de cumprimento será feita pelo resultado da soma ou unificação das penas, observada, quando for o caso, a *detração* ou *remição*. Sobrevindo condenação no curso da execução, somar-se-á a pena ao restante da que está sendo cumprida, para determinação do regime (art. 111 da LEP).

É importante destacar que a Súmula 718 do STF estabelece que "a opinião do julgador sobre a gravidade em abstrato do crime não constitui motivação idônea para a imposição de regime mais severo do que o permitido segundo a pena aplicada". Consequentemente, "a imposição do regime de cumprimento mais severo do que a pena aplicada permite exigir motivação idônea" (Súmula 719 do STF).

6.2.1.1 Progressão de regime

Uma vez fixado pelo juiz da condenação, o regime inicial de cumprimento da pena não pode ser alterado pelo juiz da execução, salvo nos casos de *progressão* ou de *regressão*.

O instituto da *progressão* determina que a pena privativa de liberdade seja executada em forma progressiva com a transferência para um regime menos rigoroso, a ser determinada pelo juiz, quando o preso tiver cumprido ao menos **um sexto** da pena no regime anterior e ostentar bom comportamento carcerário, comprovado pelo diretor do estabelecimento, respeitadas as normas que vedam a progressão (art. 112 da LEP). A reforma de 1984 adotou como sistema penitenciário o sistema inglês (ou progressivo, ou evolutivo).

A *progressão em saltos* significa a transferência direta do regime fechado para o aberto pelo condenado que, em virtude da ausência de vagas no regime semiaberto, cumpriu 1/3 (1/6 + 1/6) da pena no regime fechado. Não é admitida pela jurisprudência (somente a *regressão em saltos* é admitida), tanto que o STJ editou recente a Súmula 491, que dispõe nesse sentido: "É inadmissível a chamada progressão *per saltum* de regime prisional".

O art. 2.º, § 1.º, da Lei 8.072/1990 vedava de forma expressa a progressão de regime em relação aos condenados por crimes hediondos e equiparados ao prever que o condenado deveria cumprir a pena em regime integralmente fechado. Tal restrição não alcançava o crime de tortura em virtude do disposto no art. 1.º, § 7.º, da Lei 9.455/1997.

Pelo fato de tal restrição ter sido declarada inconstitucional pelo STF sob o entendimento de que caracteriza violação ao princípio da individualização das penas (art. 5.º, LXVI, da CF), o legislador editou a Lei 11.464/2007 passando a prever que a pena do condenado por estes crimes será cumprida **inicialmente** em regime fechado. Portanto, os condenados pela prática de crimes hediondos poderão requerer a progressão de regime desde que cumpram 2/5 da pena, se primário, e 3/5, se reincidente (art. 2.º, § 2.º, da Lei 8.072/1990). Vale lembrar que, de acordo com a Súmula 471 do STJ, "os condenados por crimes hediondos ou assemelhados cometidos antes da vigência da Lei 11.464/2007 sujeitam-se ao disposto no art. 112 da Lei 7.210/1984".

É importante destacar que, de acordo com a Súmula 715 do STF, "a pena unificada para atender ao limite de trinta anos de cumprimento, determinado pelo art. 75 do Código Penal, não é considerada para a concessão de outros benefícios, como o livramento condicional ou regime mais favorável de execução".

Sobre a progressão de regimes, também é importante conhecer o teor dos seguintes enunciados do STF: Súmula 716 – "Admite-se a progressão de regime de cumprimento da pena ou a aplicação imediata de regime menos severo nela determinada, antes do trânsito em julgado da sentença condenatória"; Súmula 717 – "Não impede a progressão de regime de execução da pena, fixada em sentença não transitada em julgado, o fato de o réu se encontrar em prisão especial".

A Lei 10.763/2003 acrescentou o § 4.º ao art. 33 do CP para estabelecer que o condenado por crime contra a administração pública terá a progressão de regime do cumprimento da pena condicionada à reparação do dano que causou, ou à devolução do produto do ilícito praticado, com os acréscimos legais. É importante observar que os requisitos do art. 111 da LEP continuam incidindo.

6.2.1.2 Regressão, remição e detração

A regressão, a remição e a detração são institutos distintos e que, portanto, não devem ser confundidos entre si.

A *regressão* de regime significa a transferência do condenado para qualquer dos regimes mais rigorosos em virtude de: a) prática de fato definido como crime doloso ou falta grave (prevista no art. 50 da LEP); b) quando sofrer condenação, por crime anterior, cuja pena, somada ao restante da pena em execução, torne incabível o regime; c) quando frustrar os fins da execução ou não pagar, podendo, a multa cumulativamente imposta (art. 118 da LEP). Admite-se, portanto, a regressão direta do regime aberto para o fechado.

O instituto da *remição* está previsto no art. 126 da LEP, com redação dada pela Lei 12.433/2011. Por meio desse instituto, "o condenado que cumpre a pena em regime fechado ou semiaberto poderá remir, **por trabalho ou por estudo**, parte do tempo de execução da pena". "A contagem de tempo referida no *caput* será feita à razão de: I – 1 (um) dia de pena a cada 12 (doze) horas de frequência escolar – atividade de ensino fundamental, médio, inclusive profissionalizante, ou superior, ou ainda de requalificação profissional – divididas, no mínimo, em 3 (três) dias; II – 1 (um) dia de pena a cada 3 (três) dias de trabalho" (§ 1.º do art. 126 citado).

O art. 127 da LEP dispõe que, "em caso de falta grave, o juiz poderá revogar até 1/3 (um terço) do tempo remido, observado o disposto no art. 57, recomeçando a contagem a partir da data da infração disciplinar".

Observe-se que "constitui o crime do artigo 299 do Código Penal declarar ou atestar falsamente prestação de serviço para fim de instruir pedido de remição" (art. 130 da LEP).

A *detração*, por sua vez, é cômputo (a subtração, o abatimento) na pena privativa de liberdade e na medida de segurança, do tempo de prisão provisória, no Brasil ou no estrangeiro, de prisão administrativa e de internação em hospital de custódia e tratamento ou estabelecimento similar. Frise-se que ela deverá ser considerada pelo juiz que proferir a sentença condenatória, conforme art. 1.º da Lei 12.736/2012.

A expressão "prisão provisória" abrange a prisão em flagrante (arts. 301 a 310 do CPP), a prisão temporária (Lei 7.960/1989), a prisão preventiva (arts. 311 a 316 do CPP) e a prisão domiciliar (arts. 317 e 318 do CPP). O art. 319 do CPP, que previa a prisão administrativa, não foi recepcionado pela CF/1988 (art. 5.º, LXVII, da CF) – hipótese que permanece somente para os casos de transgressão militar ou crime propriamente militar (art. 5.º, LXI, da CF). O referido art. 319 do CPP foi alterado pela Lei 12.403/2011 e passou a prever as medidas cautelares diversas da prisão.

DICA:

É possível a aplicação de detração quando o Juiz empregar uma absolvição imprópria (absolve e põe em prática medida de segurança por prazo indeterminado)? Sim, e nesse caso, o desconto será efetuado no prazo mínimo da medida de segurança.

De acordo com o art. 66, III, *b* e *c*, da LEP, compete ao juiz da execução decidir sobre progressão, regressão, detração e remição da pena.

6.2.1.3 Regime Disciplinar Diferenciado (RDD)

Atendendo ao clamor público de tratamento mais severo aos criminosos de altíssima periculosidade, a Lei 10.792/2003 alterou a redação do art. 52 da LEP para determinar que, durante a execução ainda que preventiva da pena privativa de liberdade, a prática de fato previsto como crime doloso constitui falta grave e, quando ocasionar subversão da ordem ou disciplina internas, sujeitará o preso provisório, ou condenado, sem prejuízo da sanção penal, ao **regime disciplinar diferenciado**, com as seguintes características:

> I – duração máxima de trezentos e sessenta dias, sem prejuízo de repetição da sanção por nova falta grave de mesma espécie, até o limite de um sexto da pena aplicada;
>
> II – recolhimento em cela individual;
>
> III – visitas semanais de duas pessoas, sem contar as crianças, com duração de duas horas;
>
> IV – o preso terá direito à saída da cela por duas horas diárias para banho de sol.

O novo § 1.º dispõe que esse regime também poderá abrigar presos provisórios ou condenados, nacionais ou estrangeiros, que apresentem alto risco para a ordem e a segurança do estabelecimento penal ou da sociedade. Esse risco pode decorrer também da existência de fundadas suspeitas de envolvimento ou participação, a qualquer título, em organizações e associações criminosas, autorizando a sua inserção nesse regime.

De acordo com o art. 60 da LEP, alterado pela Lei 10.792/2003, a autoridade administrativa poderá decretar o isolamento preventivo do faltoso pelo prazo de até dez dias. Entretanto, a inclusão do preso no regime disciplinar diferenciado, no interesse da disciplina e da averiguação do fato, dependerá de despacho do juiz competente. O tempo de isolamento ou inclusão preventiva no regime disciplinar diferenciado será computado no período de cumprimento da sanção disciplinar (art. 60, parágrafo único, da LEP).

Atualmente, portanto, a prática de falta grave (art. 50 da LEP) poderá, dependendo da periculosidade do agente, acarretar a *regressão de regime* ou a sujeição ao *Regime Disciplinar Diferenciado* (RDD). Fique atento, pois passou a constituir falta grave a conduta do condenado que tiver em sua posse, utilizar ou fornecer aparelho telefônico, de rádio ou similar, que permita a comunicação com outros presos ou com o ambiente externo (novo inciso VII do art. 50 da LEP, incluído pela Lei 11.466/2007).

6.2.2 Penas restritivas de direitos

A pena restritiva de direitos é o conjunto de sanções autônomas que substituem a pena privativa de liberdade por determinadas restrições a um ou mais direitos do condenado, caso sejam preenchidos os requisitos legais.

São *autônomas* porque não podem ser cumuladas com pena privativa de liberdade e *substitutivas* porque ocupam o lugar da pena privativa de liberdade mesmo que não estejam cominadas abstratamente pelo tipo penal (não podem substituir a pena de multa nem a prisão civil).

6.2.2.1 Espécies

As penas restritivas de direitos são as seguintes:

- *prestação pecuniária*: consiste no pagamento em dinheiro à vítima, a seus dependentes ou a entidade pública ou privada com designação social, de importância fixada pelo juiz da condenação. Não poderá ser inferior a um nem superior a 360 salários mínimos e o valor pago será deduzido do montante de eventual condenação em ação de reparação civil, se coincidentes os beneficiários (art. 45, § 1.º, do CP). Se houver aceitação do beneficiário, a prestação pecuniária poderá consistir em prestação de outra natureza (exemplo: fornecimento de materiais de construção ou cadeiras de roda). Não deve ser confundida com a multa reparatória prevista no art. 297 do CTB, cabível somente quando houver dano material ao ofendido;

  Atenção: a pena de pagamento de cestas básicas é prestação pecuniária.
- *perda de bens e valores*: consiste no confisco de bens e valores, pertencentes ao patrimônio lícito do condenado, em favor do Fundo Penitenciário Nacional, tendo como teto – o que for maior – o montante do prejuízo causado ou do provento obtido pelo agente ou por terceiro, em consequência da prática do crime. Distingue-se do confisco previsto no art. 91, II, *b*, do CP (efeito secundário, extrapenal e genérico da condenação) porque este recai sobre o patrimônio ilícito do criminoso;
- Observe-se que a Lei de Drogas (Lei 11.343/2006) tem regulamentação própria para a perda de bens e valores, a partir do art. 61;
- *prestação de serviços à comunidade ou a entidades públicas*: é aplicável às condenações superiores a seis meses de privação da liberdade e consiste na atribuição de tarefas gratuitas ao condenado junto a entidades assistenciais, hospitais, escolas, orfanatos e outros estabelecimentos congêneres, em programas comunitários ou estatais. As tarefas serão atribuídas conforme as aptidões do condenado, devendo ser cumpridas à razão de uma hora de tarefa por dia de condenação, fixadas de modo a não prejudicar a jornada normal de trabalho. Se a pena

substituída for superior a um ano, é facultado ao condenado cumprir a pena substitutiva em menor tempo, nunca inferior à metade da pena privativa de liberdade fixada, devendo haver compensação em horas;

- *interdição temporária de direitos*: só pode ser aplicada em relação aos crimes cometidos no exercício de cargo ou função, com violação de deveres inerentes. São as seguintes: I – proibição do exercício de cargo, função ou atividade pública, bem como de mandato eletivo; II – proibição do exercício de profissão, atividade ou ofício que dependam de habilitação especial, de licença ou autorização do poder público; III – suspensão de autorização ou de habilitação para dirigir veículo (só é aplicável aos crimes culposos de trânsito); IV – proibição de frequentar determinados lugares; V – proibição de inscrever-se em concurso, avaliação ou exame públicos;
- *limitação de fim de semana*: consiste na obrigação do condenado de permanecer, aos sábados e domingos, por cinco horas diárias, em casa de albergado ou outro estabelecimento adequado, onde serão ministrados cursos e palestras ou atribuídas atividades educativas.

6.2.2.2 Requisitos

Para que a pena privativa de liberdade seja substituída pela restritiva de direitos, devem ser preenchidos os seguintes requisitos:

- que a pena privativa de liberdade aplicada **não seja superior a quatro anos**;
- que o crime **não tenha sido cometido com violência ou grave ameaça à pessoa**;
- que o réu **não seja reincidente específico em crime doloso**;
- que a culpabilidade, os antecedentes, a conduta social e a personalidade do condenado, bem como os motivos e as circunstâncias indicarem que essa substituição seja suficiente.

Em relação aos crimes culposos, a substituição será sempre possível, ainda que a pena aplicada seja superior a quatro anos. Quando a violência for empregada somente contra a coisa a substituição da pena também será admitida.

A *reincidência específica*, que significa uma nova condenação pela prática de crime previsto no mesmo tipo legal da condenação anterior, impede a substituição da pena (art. 44, § 3.º, do CP). Entretanto, quando a reincidência for apenas em crime doloso (*reincidência genérica*), a substituição da pena será possível, caso as circunstâncias previstas no art. 44, III, do CP sejam favoráveis.

Segundo a jurisprudência, a substituição da pena privativa de liberdade por penas alternativas (penas restritivas de direitos) em relação aos crimes hediondos (Lei 8.072/1990) não deveria ser admitida, caso em que a pena deveria ser cumprida integralmente em regime fechado. Tal dispositivo foi declarado inconstitucional pelo STF e a Lei 11.464/2007 passou a prever os requisitos para a progressão de regime. Deixou de subsistir, portanto, os argumentos que vedavam a substituição da pena privativa de liberdade por restritiva de direitos passando a ser cabível desde que o condenado preencha os requisitos objetivos e subjetivos previstos no art. 44 do CP.

Entretanto, a questão se tornou polêmica em virtude da entrada em vigor da Lei 11.343/2006 – nova Lei de Drogas –, que proibia expressamente a conversão da pena privativa de liberdade por restritiva de direitos em relação aos delitos previstos no art. 33, ***caput*** (tráfico de drogas) e § 1.º (condutas equiparadas). Pelo fato de a sua edição ser posterior à decisão do STF, a declaração de inconstitucionalidade do dispositivo da Lei dos Crimes Hediondos não prevalecia sobre o novo texto legal, exigindo uma nova manifestação do STF sobre o assunto.

Após a decisão pela inconstitucionalidade da vedação pelo STF (HC 97.256/RS), o Senado Federal baixou a Resolução 05, de 15 de fevereiro de 2012, que determinou a suspensão da execução da expressão "vedada a conversão em penas restritivas de direitos".

Desse modo, passa a caber penas alternativas para o tráfico de drogas que se enquadrar no art. 33, § 4º, da Lei 11.343/2006.

O art. 17 da Lei 11.340/2006 ("Lei Maria da Penha") também trouxe outra regra excepcional ao vedar a aplicação, nos casos de violência doméstica e familiar contra a mulher, de penas de cesta básica ou outras de prestação pecuniária, bem como a substituição de pena que implique o pagamento isolado de multa.

É muito importante não confundir a substituição da pena privativa de liberdade pela restritiva de direitos (efetuada na sentença condenatória pelo Magistrado), prevista no art. 44 do CP, com o incidente de conversão da pena privativa de liberdade (já em execução) pela restritiva de direitos, previsto no art. 180 da LEP. O aludido dispositivo da Lei de Execuções Penais possibilita que a pena privativa de liberdade, não superior a dois anos, seja convertida em restritiva de direitos, desde que: I – o condenado esteja cumprindo pena em regime aberto; II –

tenha sido cumprido pelo menos 1/4 da pena; III – os antecedentes e a personalidade do condenado indiquem ser a conversão recomendável.

Relevante apontar que é vedada a aplicação das penas substitutivas previstas no art. 44 do CP como condição para a concessão de regime aberto ao preso. É o que dispõe a Súmula 493 do STJ: "É inadmissível a fixação de pena substitutiva (art. 44 do CP) como condição especial ao regime aberto".

6.2.2.3 Duração

Em regra, as penas restritivas de direitos terão a mesma duração da pena privativa de liberdade substituída (art. 55 do CP). Excepcionalmente, as penas de prestação de serviços à comunidade, interdição temporária de direitos e limitação de fim de semana, desde que superiores a um ano, poderão ser cumpridas em menor tempo, nunca inferior à metade da pena privativa de liberdade fixada desde que haja compensação em horas.

6.2.2.4 Conversão

A pena restritiva de direitos, conforme determina o art. 44, § 4.º, do CP, converte-se em privativa de liberdade quando ocorrer o descumprimento injustificado da restrição imposta. No cálculo da pena privativa de liberdade a executar será deduzido o tempo cumprido da pena restritiva de direitos, respeitado o saldo mínimo de trinta dias de detenção ou reclusão. A conversão decorrente do não pagamento da pena de multa em pena privativa de liberdade não é mais admitida.

Sobrevindo condenação à pena privativa de liberdade, por outro crime, o juiz da execução penal decidirá sobre a conversão, podendo deixar de aplicá-la se for possível ao condenado cumprir a pena substitutiva anterior. Nessa hipótese a conversão será, portanto, facultativa.

6.2.3 Pena de multa

A pena de multa, conforme dispõe o art. 49 do CP, consiste no pagamento ao fundo penitenciário da quantia fixada na sentença e calculada em dias-multa.

A pena de multa pode ser cominada isoladamente (exemplo: art. 20 da Lei 3.688/1941 – LCP), cumulativamente (exemplo: art. 157, *caput*, do CP) ou alternativamente (exemplo: art. 135, *caput,* do CP).

De acordo com o art. 50 do CP, a multa deverá ser paga dentro de 10 dias depois de transitada em julgado a sentença. Não efetuado o pagamento nesse prazo, antes da remessa à Fazenda Pública, da certidão da sentença condenatória com o trânsito em julgado, faz-se necessária a notificação do condenado, no juízo da execução penal, para que dentro do prazo de dez dias, efetue o pagamento integral ou parcelado (arts. 168 e 169 da LEP). A requerimento do condenado e conforme as circunstâncias, o juiz pode permitir que o pagamento se realize em parcelas mensais.

Apenas após a frustração desse procedimento é que a multa será considerada dívida de valor, podendo-se enviar à Fazenda Pública a certidão da sentença condenatória transitada em julgado, a fim de que seja inscrita na dívida ativa e se faça sua execução fiscal, nos moldes da Lei 6.830/1980, devendo ser promovida tal execução pela Fazenda Pública. A execução ficará suspensa se sobrevier ao condenado doença mental (art. 52 do CP). A correção monetária do seu valor incide a partir da data do fato (entendimento pacífico no STJ).

A respeito da prescrição da pretensão executória da pena pecuniária, malgrado sua execução seja realizada pela Fazenda, em se tratando de condenados solventes que não efetuaram seu pagamento após a devida notificação, os preceitos que regem a matéria penal não serão afastados aplicando-se, dessa forma, o art. 114 do CP. No entanto, não se admite a aplicação do art. 40 da Lei de Execução Fiscal, uma vez que é inconciliável com qualquer sanção de natureza penal.

O art. 60, § 2.º, do CP, que trata da denominada *multa substitutiva* (ou vicariante), possibilita que a pena privativa de liberdade aplicada, não superior a 6 (seis) meses, seja substituída pela de multa, observados os critérios dos incisos II e III do art. 44 do CP.

Na hipótese de condenação igual ou inferior a um ano, a substituição da pena privativa de liberdade pode ser feita por multa ou por uma pena restritiva de direitos. Caso a condenação seja superior a um ano, a pena privativa de liberdade pode ser substituída por uma pena restritiva de direitos e multa ou por duas restritivas de direitos.

6.3 REGIME ESPECIAL

De acordo com o art. 37 do CP, as mulheres cumprem pena em estabelecimento próprio, observando-se os deveres e direitos inerentes à sua condição pessoal, bem como, no que couber, o disposto neste Capítulo. O art. 5.º, L, da CF assegura à presidiária o direito de permanecer com seu filho durante a amamentação.

6.4 DIREITOS DO PRESO

O preso conserva todos os direitos não atingidos pela perda da liberdade, impondo-se a todas as autoridades o respeito à sua integridade física e moral (art. 38 do CP).

O preso não poderá votar (nem ser votado) pelo fato de a Constituição Federal determinar a suspensão dos seus direitos políticos enquanto durarem os efeitos da condenação criminal transitada em julgado (art. 15, III). Tal restrição não se aplica ao preso provisório pelo fato de ainda não estar definitivamente condenado.

Dentre os direitos do preso, previstos no art. 41 da LEP, destaca-se o direito ao trabalho, que será sempre remunerado, sendo-lhe garantidos os benefícios da Previdência Social (art. 39 do CP). A remuneração, que constará de prévia tabela, não poderá ser inferior a 3/4 do salário mínimo e deverá atender: a) à indenização dos danos causados pelo crime, desde que determinados judicialmente e não reparados por outros meios; b) à assistência à família; c) a pequenas despesas pessoais; d) ao ressarcimento ao Estado das despesas realizadas com a manutenção do condenado, em proporção a ser fixada e sem prejuízo da destinação prevista nas letras anteriores.

O art. 41, XVI, da LEP, incluído pela Lei 10.713/2003, estabelece ser direito do preso o atestado de pena a cumprir, emitido anualmente, sob pena da responsabilidade da autoridade judiciária competente.

6.5 SUPERVENIÊNCIA DE DOENÇA MENTAL

Quando, no curso da execução da pena privativa de liberdade, sobrevier ao condenado doença mental ou perturbação da sua saúde mental, o juiz, de ofício, a requerimento do Ministério Público ou da autoridade administrativa, determinará a substituição da pena por medida de segurança (arts. 183 da LEP e 41 do CP). Enquanto não for determinada a conversão, o tempo de internação continuará sendo computado na pena privativa de liberdade (art. 42 do CP).

6.6 APLICAÇÃO DA PENA

Aplicar a pena significa a fixação desta por meio de uma sentença, segundo as diretrizes do art. 59 do CP, em quantidade certa e adequada para a reprovação e prevenção do crime. A "cominação" refere-se à previsão abstrata da pena pelo tipo penal.

Os pressupostos para a aplicação são: *tipicidade*, *ilicitude* e *culpabilidade*. Pelo fato de esta não existir sem os outros, a culpabilidade pode ser resumida como pressuposto inafastável da pena.

Existem dois métodos para a aplicação da pena:

- *método trifásico* (de Nélson Hungria): esse método é composto de três fases: 1.ª fixação da pena-base, 2.ª verificação das circunstâncias atenuantes e agravantes; 3.ª verificação das causas de aumento e de diminuição da pena;
- *método bifásico* (de Roberto Lyra): é composto de duas fases: 1.ª fixação da pena-base e verificação das circunstâncias atenuantes e agravantes; 2.ª verificação das causas de aumento e de diminuição da pena.

De acordo com o art. 68 do CP, "a pena-base será fixada atendendo-se ao critério do art. 59 deste Código; em seguida serão consideradas as circunstâncias atenuantes e agravantes; por último, as causas de diminuição e de aumento". O nosso Código Penal adotou, portanto, o **método trifásico, de Nélson Hungria**.

O aludido método leva em consideração determinadas circunstâncias que tornam o fato mais, ou menos, grave.

As *circunstâncias*, vale relembrar, são os dados acidentais e acessórios do crime que agravam ou atenuam a pena e cuja ausência não exclui o crime. Fixam a quantidade da pena e estão situadas nos parágrafos dos tipos (tipo derivado). As *elementares* são os dados essenciais que compõem a própria descrição do fato típico e cuja ausência exclui ou altera o crime. Fixam a qualidade e o título do delito e estão situadas no *caput* do tipo incriminador (tipo fundamental).

6.6.1 Circunstâncias judiciais – 1.ª fase

A primeira fase da aplicação da pena tem como objetivo a fixação da pena-base, que será orientada pelas circunstâncias judiciais do art. 59.

As circunstâncias judiciais, cuja valoração pelo juiz é discricionária, são as seguintes:

- *Culpabilidade*: é reprovação social da conduta do agente e, nessa fase, serve para determinar a quantidade da pena, aumentando-a ou diminuindo-a;
- *Antecedentes*: é o passado criminal do agente. Em decorrência da presunção constitucional de inocência do acusado, somente

as condenações transitadas em julgado podem determinar a majoração da pena-base. Assim, não podem prejudicar o agente a existência de inquéritos policiais, em curso ou arquivados, ou de ação penal, em andamento ou julgada improcedente (absolvição) por falta ou insuficiência de provas;

– *Conduta social*: refere-se ao estilo de vida do agente perante a família, trabalho, vizinhança, e outros núcleos de relacionamento social;
– *Personalidade*: é o conjunto de atributos morais e psíquicos do agente, decorrente do meio e das condições onde se desenvolveu (exemplo: agressividade, bondade, maldade, frieza etc.);
– *Motivos do crime*: são os precedentes psicológicos que determinaram a prática da conduta criminosa (exemplo: perversidade, cupidez, vingança, ódio, piedade na eutanásia etc.). Quando o motivo configurar qualificadora, agravante, atenuante, causa de aumento ou de diminuição, não poderá ser considerado como circunstância judicial (vedação ao *bis in idem*);
– *Circunstâncias do crime:* são os elementos do fato criminoso, tais como o local do crime, o instrumento do crime, relação de amizade com a vítima etc.;
– *Consequências do crime*: são os efeitos da conduta do agente para a vítima ou para a sociedade (exemplo: cegueira ou paralisia da vítima, desfalque patrimonial produzido pelo roubo etc.);
– *Comportamento da vítima*: refere-se à possibilidade de a conduta da vítima atuar como estímulo à prática do crime, caso em que a punição do agente poderá ser abrandada. As pessoas que contribuem com o seu comportamento para a eclosão do evento criminoso são denominadas *vítimas natas* (exemplo: personalidades insuportáveis, antipáticas, sarcásticas, irritantes etc.).

Em nenhuma hipótese a pena-base poderá ser fixada além dos limites previstos pelo tipo legal (exemplo: roubo simples – pena de quatro a 10 anos).

Quando o juiz, considerando essas circunstâncias, fixar a pena-base acima do mínimo legal, tal decisão deverá ser devidamente fundamentada (art. 93, IX, da CF), sob pena de nulidade. Caso não haja fundamentação e havendo recurso do condenado, prevalece na jurisprudência o entendimento de que o tribunal, por razão de economia processual, poderá reduzir a pena ao limite mínimo por se presumirem favoráveis as condições do art. 59 do CP.

Durante a aplicação da pena o juiz não pode fazer mera referência aos termos genéricos da lei, devendo sempre se basear em fatos concretos, provados no processo.

Excepcionalmente, a jurisprudência tem tolerado a falta de fundamentação na hipótese em que a pena-base tiver sido fixada no mínimo legal.

6.6.2 Atenuantes e agravantes – 2.ª fase

As circunstâncias atenuantes e agravantes podem existir tanto na Parte Geral quanto em leis especiais (exemplo de agravantes: no art. 15 da Lei 9.605/1998 – Crimes contra o meio ambiente e art. 298 da Lei 9.503/1997 – Código de Trânsito Brasileiro).

De acordo com o art. 61 do CP, são circunstâncias que sempre agravam a pena, quando não constituem ou qualificam o crime:

> I – a reincidência;
>
> II – ter o agente cometido o crime:
>
> a) por motivo fútil ou torpe;
>
> b) para facilitar ou assegurar a execução, a ocultação, a impunidade ou vantagem de outro crime;
>
> c) à traição, de emboscada, ou mediante dissimulação, ou outro recurso que dificultou ou tornou impossível a defesa do ofendido;
>
> d) com emprego de veneno, fogo, explosivo, tortura ou outro meio insidioso ou cruel, ou de que podia resultar perigo comum;
>
> e) contra ascendente, descendente, irmão ou cônjuge;
>
> f) com abuso de autoridade ou prevalecendo-se de relações domésticas, de coabitação ou de hospitalidade, ou com violência contra a mulher na forma da lei específica; (Redação dada pela Lei 11.340/2006);
>
> g) com abuso de poder ou violação de dever inerente a cargo, ofício, ministério ou profissão;
>
> h) contra criança, maior de 60 anos, enfermo ou mulher grávida; (Redação dada pela Lei 10.741/2003 – Estatuto do Idoso)
>
> i) quando o ofendido estava sob a imediata proteção da autoridade;
>
> j) em ocasião de incêndio, naufrágio, inundação ou qualquer calamidade pública, ou de desgraça particular do ofendido;
>
> k) em estado de embriaguez preordenada.

Em relação ao concurso de agentes, o art. 62 do CP determina o agravamento da pena a quem:

I – promove, ou organiza a cooperação no crime ou dirige a atividade dos demais agentes;

II – coage ou induz outrem à execução material do crime;

III – instiga ou determina a cometer o crime alguém sujeito à sua autoridade ou não punível em virtude de condição ou qualidade pessoal;

IV – executa o crime, ou nele participa, mediante paga ou promessa de recompensa.

É importante destacar que o Exame de Ordem dificilmente exige do candidato o conhecimento mais específico das agravantes, além do texto legal. Por isso, trataremos apenas do motivo fútil, do motivo torpe e da reincidência (esta será tratada à parte).

Motivo fútil é aquele que, por sua mínima importância, não é causa suficiente para o crime. A jurisprudência tem decidido que o ciúme e a embriaguez do agente não configuram motivo fútil.

Motivo torpe é o motivo que suscita a aversão ou repugnância geral como, por exemplo, a cupidez, a lascívia, o despeito da imoralidade contrariada, o prazer de fazer o mal etc.

O art. 65 do CP traz as seguintes circunstâncias que sempre atenuam a pena:

I – ser o agente menor de 21, na data do fato, ou maior de 70 anos, na data da sentença;

II – o desconhecimento da lei; (**obs.:** não se trata do erro de proibição, que constitui causa geral de diminuição, se evitável);

III – ter o agente:

a) cometido o crime por motivo de relevante valor social ou moral;

b) procurado, por sua espontânea vontade e com eficiência, logo após o crime, evitar-lhe ou minorar-lhe as consequências, ou ter, antes do julgamento, reparado o dano;

c) cometido o crime sob coação a que podia resistir, ou em cumprimento de ordem de autoridade superior, ou sob a influência de violenta emoção, provocada por ato injusto da vítima;

d) confessado espontaneamente, perante a autoridade, a autoria do crime;

e) cometido o crime sob a influência de multidão em tumulto, se não o provocou.

Além dessas atenuantes, o juiz poderá considerar qualquer outra circunstância de caráter relevante, anterior ou posterior ao crime, embora não prevista expressamente em lei.

O art. 67 do CP determina que no concurso de agravantes e atenuantes, a pena deve aproximar-se do limite indicado pelas circunstâncias preponderantes, entendendo-se como tais as que resultam dos motivos determinantes do crime, da personalidade do agente e da reincidência. Prevalecem, portanto, as circunstâncias subjetivas (de caráter pessoal) sobre as objetivas (relacionadas ao fato criminoso). Dentre as circunstâncias subjetivas, a jurisprudência tem dado prevalência à menoridade de 21 anos (na data do fato), determinando, assim, que a pena, na segunda fase de sua fixação, aproxime-se do mínimo legal, ainda que presentes agravantes objetivas e subjetivas.

Na hipótese de conflito entre agravante genérica (exemplo: crime praticado por motivo torpe) e qualificadora (exemplo: homicídio doloso qualificado por motivo torpe), prevalece a qualificadora, passando a agravante a ser aplicada como tal na segunda fase da aplicação da pena (1.ª corrente jurisprudencial) ou como circunstância judicial (2.ª corrente jurisprudencial).

Vale destacar que tanto as circunstâncias atenuantes como as agravantes não poderão reduzir ou aumentar a pena além dos limites previstos no tipo penal.

6.6.3 Causas de aumento e de diminuição – 3.ª fase

As causas de aumento e de diminuição da pena são as circunstâncias que determinam, por força da sua previsão legal, o aumento ou a diminuição da pena em proporções fixas (exemplo: 1/3, 1/2, 2/3, dobro, triplo etc.)

As causas de aumento e de diminuição da pena diferenciam-se das atenuante e agravantes porque nestas a quantidade do aumento ou da diminuição da pena não é determinado, devendo atuar dentro dos limites previstos no tipo penal (exemplo: o art. 61 do CP não determina a quantidade do aumento da pena). Diferenciam-se das qualificadoras porque estas só existem na Parte Especial do Código Penal e, ainda, porque nelas existe a cominação de outra pena mais severa do que aquela prevista no tipo simples (exemplo: homicídio simples – art. 121, *caput*, do CP: pena de seis a 20 anos de reclusão; homicídio qualificado – art. 121, § 2.º, do CP: pena de 12 a 30 anos de reclusão).

Quando houver uma causa de aumento e outra de diminuição, as duas terão incidência. Primeiro diminui e depois aumenta, conforme a ordem estabelecida pelo art. 68 do CP. Situação mais complexa ocorre quando houver concurso entre causas de aumento ou de diminuição previstas na Parte Geral e na Parte Especial.

Em qualquer hipótese, essas causas sempre poderão aumentar ou diminuir a pena além dos limites previstos no tipo penal (exemplo: redução pela metade, aumento pelo triplo etc.).

Após a realização do método trifásico, a pena concreta estará fixada, restando ao juiz estabelecer o regime inicial (fechado, semiaberto ou aberto) de cumprimento da pena privativa de liberdade.

6.6.4 Outras fases

A doutrina costuma mencionar a existência de uma quarta fase do método de aplicação da pena. Uma vez fixada a pena e estabelecido o seu regime de cumprimento, o juiz, na própria sentença condenatória, deverá analisar a possibilidade de substituição da pena privativa de liberdade por outra medida ou pena, na seguinte ordem sucessiva:

1.º) aplicação da multa substitutiva (ou vicariante) prevista no art. 60, § 2.º, do CP (quando a pena privativa de liberdade fixada na sentença for igual ou inferior a seis meses e desde que o réu preencha os requisitos do art. 44, II e III, do CP);

2.º) substituição por pena restritiva de direitos nos seguintes moldes: na condenação igual ou inferior a um ano, a substituição pode ser feita por multa ou por uma pena restritiva de direitos; se superior a um ano, a pena privativa de liberdade pode ser substituída por uma pena restritiva de direitos e multa ou por duas restritivas de direitos (art. 44, § 2.º, do CP);

3.º) concessão de *sursis*, quando a pena for igual ou inferior a dois anos (art. 77 do CP), estando o juiz obrigado a analisar essa possibilidade, sob pena de nulidade da sentença (art. 697 do CPP).

Caso não seja possível a substituição da pena ou a concessão do *sursis*, o juiz, na sentença condenatória, deverá decidir, fundamentadamente, sobre a manutenção ou, se for o caso, imposição de prisão preventiva ou de outra medida cautelar, sem prejuízo do conhecimento da apelação que vier a ser interposta, conforme determina o § 1.º do art. 387 do CPP.

6.6.5 Reincidência

A reincidência significa a prática de um novo crime após o agente ter sido condenado, com trânsito em julgado, por delito anterior, no País ou no estrangeiro (art. 63 do CP). Pode ser de duas espécies: *real*, quando o agente pratica novo crime após o efetivo cumprimento da pena; e *ficta* (ou presumida), quando o agente pratica novo crime antes do início do cumprimento da pena (na prática, as duas espécies produzem o mesmo efeito).

O pressuposto inafastável da reincidência é a existência anterior de uma sentença condenatória transitada em julgado, cuja prova será feita por meio de certidão cartorária. Se não houver condenação nesses moldes, o agente deve ser considerado primário.

Não haverá reincidência em relação:

- à condenação anterior por contravenção penal;
- à transação penal (Lei 9.099/1995);
- aos crimes militares próprios (são os crimes previstos apenas no Código Penal Militar);
- aos crimes políticos;
- ao criminoso anteriormente beneficiado com perdão judicial;
- à condenação anterior, se entre a data do cumprimento ou extinção da pena e a infração posterior tiver decorrido período de tempo superior a cinco anos, computado o período de prova da suspensão ou do livramento condicional, se não ocorrer revogação;
- ao novo crime praticado antes do trânsito em julgado e consumado depois.

Vale destacar que a condenação anterior à pena de multa gera a reincidência.

Além de agravar a pena privativa de liberdade, a reincidência impede a concessão ou revoga o *sursis* (quando decorrer da prática de crime doloso – art. 77, I, do CP), aumenta o prazo de cumprimento da pena para a obtenção do livramento condicional (art. 83, II, do CP), aumenta o prazo da prescrição da pretensão executória (art. 110 do CP), revoga a reabilitação (art. 95 do CP) etc.

A reincidência pode ser de duas espécies:

– *genérica*: é aquela que ocorre em relação a crimes que não são da mesma espécie (ou mesmo tipo penal). Exemplo: condenação anterior por furto e condenação posterior por roubo – o agente é reincidente genérico;

– *específica*: em regra, é aquela que ocorre somente em relação a crimes da mesma espécie (mesmo tipo penal). Exemplo: condenação anterior por roubo e condenação posterior por outro roubo – o agente é reincidente específico. Entretanto, em relação aos crimes hediondos, a reincidência ocorre somente em relação aos crimes previstos na lei, não sendo exigida a violação do mesmo tipo penal. Exemplo: condenação anterior por latrocínio e condenação posterior por extorsão mediante sequestro – o agente é reincidente específico.

A reincidência específica está prevista no art. 44, § 3.º, do CP, como causa impeditiva da substituição da pena privativa de liberdade por restritiva de direitos; no art. 83, V, do CP, como causa impeditiva da concessão de livramento condicional ao condenado pela prática de crime hediondo (Lei 8.072/1990); e no art. 44, parágrafo único da nova Lei de Drogas (Lei 11.343/2006), como causa impeditiva do livramento condicional ao agente que praticou os crimes previstos nos arts. 33, *caput* e § 1.º, e 34 a 37 da referida lei.

Por fim, sendo circunstância subjetiva (de caráter pessoal), a agravante não se comunica aos coautores e partícipes (art. 30 do CP).

6.7 QUESTÕES

1. (IX Exame de Ordem Unificado – FGV) O sistema punitivo brasileiro é progressivo. Por meio dele, o condenado passa do regime inicial de cumprimento de pena mais severo para regime mais brando, até alcançar o livramento condicional ou a liberdade definitiva. A respeito da progressão de regime, assinale a afirmativa correta.

a) O sistema progressivo brasileiro é compatível com a progressão "por saltos", consistente na possibilidade da passagem direta do regime fechado para o aberto.

b) O cumprimento da pena privativa de liberdade nos crimes hediondos é uma exceção ao sistema progressivo. O condenado nesta modalidade criminosa deve iniciar e encerrar o cumprimento da pena no regime fechado, sem possibilidade de passagem para regime mais brando.

c) A progressão está condicionada, nos crimes contra a Administração Pública, à reparação do dano causado ou à devolução do produto do ilícito praticado com os acréscimos legais, além do cumprimento de 1/6 da pena no regime anterior e do mérito do condenado.

d) O pedido de progressão deve ser endereçado ao juízo sentenciante, que decidirá independente de manifestação do Ministério Público.

2. (IX Exame de Ordem Unificado – FGV) Tendo como base o instituto da ação penal, assinale a afirmativa correta.

a) Na ação penal privada vigora o princípio da oportunidade ou conveniência.

b) A ação penal privada subsidiária da pública fere dispositivo constitucional que atribui ao Ministério Público o direito exclusivo de iniciar a ação pública.

c) Como o Código Penal é silente no tocante à natureza da ação penal no crime de lesão corporal culposa, verifica-se que a referida infração será de ação penal pública incondicionada.

d) A legitimidade para ajuizamento da queixa-crime na ação penal exclusivamente privada (ou propriamente dita) é unicamente do ofendido.

3. (OAB/Nacional CESPE 2007.I) Assinale a opção correta acerca do direito penal.

a) Aos crimes militares não se aplica o princípio da insignificância.

b) As penas restritivas de direitos admitem a execução provisória.

c) Ocorrendo a morte da vítima em decorrência de disparo de arma de fogo utilizada para a prática de roubo, há crime de latrocínio tentado se não houve a subtração de bens.

d) A pena restritiva de direitos, como toda e qualquer resposta penal, está ordenada, na sua aplicação, ao princípio da suficiência.

4. (OAB Nacional 2010_I) No que se refere às penas restritivas de direitos e à de multa, assinale a opção correta.

a) Se o condenado for reincidente, o juiz não poderá aplicar a substituição da pena privativa de liberdade, apesar de, em face de condenação anterior, a medida ser socialmente recomendável e a reincidência não se ter operado em virtude da prática do mesmo crime.

b) A prestação de serviços à comunidade ou a entidades públicas consiste na atribuição de tarefas gratuitas ao condenado, sendo aplicável às condenações superiores a seis meses de privação da liberdade, atendidos os demais requisitos legais.

c) A limitação de fim de semana consiste na obrigação de permanência, aos sábados, domingos e feriados, por oito horas diárias, em casa de albergado ou em outro estabelecimento adequado.

d) A pena de multa consiste no pagamento, ao fundo penitenciário, da quantia determinada na sentença e calculada em dias-multa, sendo, no mínimo, de dez e, no máximo, de trezentos e sessenta e cinco dias-multa, a ser fixada pelo juiz, não podendo ser inferior a um trigésimo do maior salário mínimo mensal vigente ao tempo do fato, nem superior a cinco vezes esse salário.

5. (OAB/NACIONAL 2008.III) Assinale a opção correta acerca do regime disciplinar diferenciado, segundo a Lei de Execução Penal.

a) Estará sujeito a esse regime disciplinar, sem prejuízo da sanção penal, o condenado que praticar, enquanto preso, fato previsto como crime doloso, causando com isso subversão da ordem ou disciplina internas.

b) O regime disciplinar diferenciado terá a duração máxima de 6 meses.
c) O preso provisório não se sujeita ao regime disciplinar diferenciado.
d) O preso não terá direito a visitas semanais.

6. (OAB/NACIONAL 2008.III) Acerca da execução das penas, assinale a opção correta.

a) Se impostas cumulativamente penas privativas da liberdade, poderá ser executada primeiramente a de detenção e depois, a de reclusão.
b) A recaptura do réu evadido depende de prévia ordem judicial.
c) O sentenciado a que sobrevier doença mental, verificada por perícia médica, será imediatamente posto em liberdade.
d) Extinta a pena, o condenado será posto, imediatamente, em liberdade, mediante alvará do juiz.

7. (OAB Nacional 2010 – I) Com relação à pena de multa, assinale a opção correta.

a) Transitada em julgado a sentença condenatória, a multa será considerada dívida de valor, aplicando-se-lhe as normas da legislação relativa à dívida ativa da fazenda pública, exceto no que concerne às causas interruptivas e suspensivas da prescrição, incidindo, nesse caso, as normas do CP.
b) Sobrevindo ao condenado doença mental, é suspensa a execução da pena de multa.
c) Transitada em julgado a sentença condenatória, a multa deverá ser paga no prazo de dez dias e será convertida em pena privativa de liberdade caso o condenado não realize o pagamento.
d) É vedado o pagamento da pena de multa em parcelas mensais, dada a natureza jurídica de tal espécie de sanção.

8. (OAB/NACIONAL 2007_2) A respeito dos crimes praticados por organizações criminosas, assinale a opção correta.

a) Os condenados por crimes decorrentes de organização criminosa poderão iniciar o cumprimento da pena em regime semiaberto ou aberto.
b) Poderá ser concedida liberdade provisória, com ou sem fiança, aos agentes que tenham tido intensa e efetiva participação na organização criminosa.
c) A identificação criminal de pessoas envolvidas com a ação praticada por organizações criminosas não será realizada se elas já possuírem identificação civil.
d) Nos crimes praticados em organização criminosa, a pena será reduzida de um a dois terços, quando a colaboração espontânea do agente levar ao esclarecimento de infrações penais e sua autoria.

9. (OAB/SP 136.º) Assinale a opção correta segundo o CP.

a) Na hipótese de embriaguez, voluntária ou culposa, pelo álcool ou por substância de efeitos análogos, exclui-se a imputabilidade penal.
b) Se houver concurso entre agravantes e atenuantes, a pena deve aproximar-se do limite indicado pelas circunstâncias preponderantes, entendendo-se como tais as que resultam dos motivos determinantes do crime, da personalidade do agente e da reincidência.
c) O agente que incide em erro sobre elemento constitutivo do tipo legal de crime deverá ter excluída a sua punibilidade.
d) Se alguém praticar crime sob coação moral irresistível, deverá ser punido juntamente com o autor da coação ou da ordem.

10. (OAB/SP 136.º) Constitui, segundo a Lei de Execução Penal, direito que pode ser suspenso ou restringido ao preso mediante ato motivado do diretor do estabelecimento prisional

a) o chamamento nominal.

b) a entrevista pessoal e reservada com o advogado.

c) o contato com o mundo exterior por meio de correspondência escrita, da leitura e de outros meios de informação que não comprometam a moral e os bons costumes.

d) a representação e petição a qualquer autoridade, em defesa de direito.

11. (OAB/NACIONAL 2008_2) Entre as penas restritivas de direitos previstas no Código Penal, não está incluída

a) a interdição permanente de direitos.

b) a prestação de serviço a entidades públicas.

c) a prestação pecuniária.

d) a perda de bens e valores.

12. (OAB/NACIONAL 2008_2) Com base na Lei de Execução Penal, assinale a opção correta.

a) Os presos, sem distinção, têm direito a contato com o mundo exterior por meio de visitas, inclusive íntimas, correspondência escrita, leitura e demais meios de comunicação e informação.

b) A assistência material ao preso consiste no fornecimento de alimentação, vestuário, objetos de higiene pessoal e da limpeza da cela, bem como instrumentos de trabalho e educacionais.

c) A assistência à saúde do preso, de caráter preventivo e curativo, compreende atendimento médico, farmacêutico e odontológico.

d) A autoridade administrativa pode decretar o isolamento preventivo do preso faltoso e incluí-lo em regime disciplinar diferenciado, por interesse da disciplina, independentemente de despacho do juiz competente.

13. (OAB/NACIONAL 2008_1) Acerca da reincidência, assinale a opção correta.

a) Para se caracterizar a reincidência na prática de crime, é necessário que haja trânsito em julgado de sentença condenatória por prática de crime anterior.

b) O agente que, na fase de recurso de sentença condenatória pela prática de crime, comete contravenção penal, deve ser considerado reincidente não específico.

c) Para efeito de reincidência específica, prevalece a condenação anterior, se, entre a data do cumprimento da pena e a infração posterior, tiver decorrido tempo superior a 5 anos.

d) Para efeitos de reincidência, são considerados os crimes eleitorais, os crimes militares próprios e os crimes políticos.

14. (OAB/MG – Abril-2008) Tendo em vista o direito penal brasileiro, assinale a alternativa INCORRETA:

a) Transitada em julgado a sentença condenatória que impôs o pagamento de pena de multa, esta será considerada dívida de valor, aplicando-se-lhes, as normas da legislação relativa à dívida ativa da fazenda pública.

b) A suspensão condicional da pena não se estende às penas restritivas de direitos nem à pena de multa.

c) Para efeito de remição da pena privativa de liberdade que é cumprida em regime fechado ou semiaberto, a contagem do tempo é feita à razão de 3 (três) dias de pena por 1 (um) dia de trabalho.

d) Para efeito de concessão do livramento condicional, as penas que correspondem a infrações diversas devem somar-se.

15. (OAB/MG – Agosto-2008) Com relação às circunstâncias do crime e à sua consideração pelo juiz criminal, tendo em vista o Direito Penal brasileiro, assinale a alternativa INCORRETA:

a) A pena será agravada em relação ao agente que promove, ou organiza a cooperação no crime ou dirige a atividade dos demais agentes.

b) A pena poderá ser atenuada em razão de circunstância relevante, anterior ou posterior ao crime, embora não prevista expressamente em lei.

c) Circunstâncias subjetivas são as que se referem aos meios e modos de execução, tempo, lugar e ocasião do crime, natureza do objeto material e condições ou qualidades da vítima.

d) No concurso de agravantes e atenuantes, a pena deve aproximar-se do limite indicado pelas circunstâncias preponderantes, entendendo-se como tais as que resultam dos motivos determinantes do crime, da personalidade do agente e da reincidência.

16. (OAB/NACIONAL 2009.I) Com relação à finalidade das sanções penais, assinale a opção correta.

a) Segundo entendimento doutrinário balizador das normas aplicáveis à espécie, as teorias tidas por absolutas advogam a tese da aplicação das penas para a prevenção de futuros delitos.

b) As teorias tidas por relativas advogam a tese da retribuição do crime, justificada por seu intrínseco valor axiológico, que possui, em si, seu próprio fundamento.

c) O ordenamento jurídico brasileiro não reconheceu somente a função de retribuição da pena, sendo certo que a denominada teoria mista ou unificadora da pena é a mais adequada ao regime adotado pelo CP.

d) As medidas de segurança têm finalidade essencialmente retributiva.

17. (OAB/NACIONAL 2009.I) Acerca da substituição da pena privativa de liberdade, assinale a opção incorreta.

a) As penas restritivas de direitos são autônomas e substituem as penas privativas de liberdade, podendo ser aplicadas em casos de crimes cometidos com grave ameaça, desde que não tenha havido violência contra a pessoa.

b) Se o condenado for reincidente, o juiz poderá aplicar a substituição, desde que, em face de condenação anterior, a medida seja socialmente recomendável e a reincidência não se tenha operado em virtude da prática do mesmo crime.

c) A pena restritiva de direitos converte-se em privativa de liberdade quando ocorrer o descumprimento injustificado da restrição imposta.

d) A pena de multa descumprida não pode ser convertida em prisão.

GABARITO: As respostas destes testes encontram-se no final do livro.

7

MEDIDAS DE SEGURANÇA

7.1 CONCEITO E PRINCÍPIOS

Medida de segurança é a sanção penal imposta pelo Estado a um inimputável ou semi-imputável que praticou uma conduta criminosa e que, em razão da sua periculosidade, poderá voltar a delinquir.

Antes da reforma de 1984 era adotado o sistema do *duplo binário*, que permitia a aplicação cumulativa de pena privativa de liberdade e medida de segurança aos inimputáveis e semi-imputáveis. Após a reforma, adotou-se o *sistema vicariante*, que determina a aplicação de medida de segurança para os inimputáveis e de pena reduzida **ou** medida de segurança para os semi-imputáveis.

Quando o juiz absolve o réu com fundamento no art. 26, *caput*, do CP e aplica a medida de segurança, tal decisão recebe a denominação *sentença absolutória imprópria.*

A aplicação das medidas de segurança está sujeita aos seguintes princípios:

a) *legalidade*: as medidas de segurança devem ser criadas pela lei (art. 5.º, XXXIX, da CF);
b) *anterioridade*: só podem ser aplicadas se estiverem previstas antes da prática do crime (art. 5.º, XL, da CF);
c) *jurisdicionalidade*: só podem ser aplicadas pelo juiz criminal e mediante a observância do devido processo legal.

7.2 ESPÉCIES E CARACTERÍSTICAS

São espécies de medida de segurança:

– *detentiva*: consiste na internação, dos autores de crimes apenados com **reclusão**, em *hospital de custódia e tratamento psiquiátrico* ou, à falta deste, em outro estabelecimento adequado;
– *restritiva*: consiste na sujeição, dos autores de crimes apenados com **detenção**, a *tratamento ambulatorial* (cuidados médicos sem internação).

É importante destacar que na hipótese de dependência física ou psíquica de substâncias entorpecentes não será aplicada a regra do art. 97 do CP (pelo qual a internação em hospital de custódia e tratamento psiquiátrico será obrigatória se o crime for punido com reclusão) em virtude do art. 47 da Lei 11.343/2006 que prevê que a internação só será determinada quando for imprescindível para a eficácia do tratamento.

Para a sua aplicação de uma medida de segurança devem ser preenchidos os seguintes requisitos: a) *prática de fato previsto como crime*, e b) *periculosidade do agente*.

Ressalte-se que se não houver provas que confirmem a imputação, se o fato for atípico, se estiver presente alguma causa excludente da antijuridicidade, ou se a punibilidade estiver extinta, a medida de segurança não poderá ser aplicada.

Periculosidade significa a probabilidade de o sujeito praticar novos crimes. Pode ser de duas espécies; a) *presumida*, em relação aos inimputáveis, bastando que o laudo aponte a perturbação mental; e b) *real*, em relação aos semi-imputáveis, exigindo-se, além do laudo, a constatação pelo juiz.

As medidas de segurança possuem as seguintes características:

– são exclusivamente *preventivas* (as outras penas possuem caráter retributivo-preventivo);
– são aplicadas com *prazo indeterminado* (mas com prazo mínimo de um a três anos), só findando ao cessar a periculosidade (demonstrada por meio da perícia psiquiátrica – art. 97, § 1.º, do CP e arts. 175 e 176 da LEP);
– são aplicáveis somente aos *inimputáveis* e aos *semi-imputáveis*.

A execução das medidas de segurança está prevista atualmente na Lei 7.210/1984 – Lei de Execução Penal.

7.3 EXECUÇÃO

De acordo com o art. 171 da LEP, transitada em julgado a sentença que aplicar medida de segurança, será ordenada a expedição de guia para a execução. Sem a expedição dessa guia pela autoridade judiciária, ninguém será internado em Hospital de Custódia e Tratamento Psiquiátrico, ou submetido a tratamento ambulatorial, para cumprimento de medida de segurança (art. 172).

A expedição da guia e a imposição do tratamento serão comunicadas ao Ministério Público. A guia será retificada sempre que sobrevierem modificações quanto ao prazo de execução (art. 173, §§ 1.° e 2.°, da LEP).

O art. 175 da LEP determina que a cessação da periculosidade do agente será averiguada no fim do prazo mínimo de duração da medida de segurança (entre um e três anos – art. 97, § 1.°, 2.ª parte, do CP), pelo exame das condições pessoais do agente, observando-se o seguinte: I – a autoridade administrativa, até 1 (um) mês antes de expirar o prazo de duração mínima da medida, remeterá ao juiz minucioso relatório que o habilite a resolver sobre a revogação ou permanência da medida; II – o relatório será instruído com o laudo psiquiátrico; III – juntado aos autos o relatório ou realizadas as diligências, serão ouvidos, sucessivamente, o Ministério Público e o curador ou defensor, no prazo de 3 (três) dias para cada um; IV – o juiz nomeará curador ou defensor para o agente que não o tiver; V – o juiz, de ofício ou a requerimento de qualquer das partes, poderá determinar novas diligências, ainda que expirado o prazo de duração mínima da medida de segurança; VI – ouvidas as partes ou realizadas as diligências a que se refere o inciso anterior, o juiz proferirá a sua decisão, no prazo de 5 (cinco) dias.

De acordo com o art. 97, § 3.°, do CP, a desinternação, ou a liberação, será sempre condicional devendo ser restabelecida a situação anterior se o agente, antes do decurso de um ano, pratica fato indicativo de persistência de sua periculosidade.

Assim, concluindo o juiz pela persistência da periculosidade do agente, a medida de segurança será mantida renovando-se o exame psiquiátrico de ano em ano, ou a qualquer tempo, conforme possibilita o art. 97, § 2.°, do CP e o art. 176 da LEP.

Concluindo pela cessação da periculosidade, o juiz suspenderá a medida de segurança determinando a desinternação ou a liberação do agente, conforme dispõe o art. 179 da LEP (contra essa decisão cabe agravo em execução, com efeito suspensivo, mantendo-se o agente internado até o trânsito em julgado da decisão deste).

É possível que a medida de segurança restritiva seja substituída pela detentiva na hipótese de o juiz entender que essa providência seja necessária para fins curativos (art. 97, § 4.º, do CP). Em relação ao semi-imputável que recebeu pena privativa de liberdade reduzida também poderá haver substituição desta por medida de segurança detentiva ou restritiva, de acordo com a sua necessidade (art. 98 do CP).

7.4 QUESTÕES

1. (OAB/MS 76.º) No que se refere às medidas de segurança, o Código Penal vigente adotou qual dos sistemas abaixo?

a) vicariante.
b) duplo binário.
c) duplo grau de jurisdição.
d) há mais de uma alternativa correta.

2. (Nossa) Quando o juiz absolve o réu, aplicando-lhe medida de segurança, essa sentença recebe o nome de:

a) Extintiva de punibilidade
b) Mista
c) Absolutória imprópria
d) Absolutória simples

3. (OAB/GO I 2005) Sobre a imposição da medida de segurança para inimputável, assinale a alternativa correta:

a) A internação será sempre decretada por um prazo mínimo de seis meses;
b) A internação não possui prazo mínimo;
c) A internação será sempre por tempo indeterminado, respeitando o período mínimo estipulado na lei;
d) Mesmo sendo o fato previsto como crime punível com detenção, não poderá o Juiz submetê-lo a tratamento ambulatorial.

4. (Defensor Público SP 2008/CESPE) A respeito de lei penal e medida de segurança, assinale a opção correta.

a) A lei penal que agrava a medida de segurança pode retroagir, pois a vedação à retroatividade da lei penal mais gravosa somente se aplica aos crimes e às penas.
b) A lei penal que agrava a medida de segurança não pode retroagir, porque a medida de segurança é sanção penal assim como a pena.

c) A lei penal mais branda não pode retroagir para atingir a medida de segurança por não se tratar de espécie de pena.

d) A medida de segurança não é sanção penal, mas medida de proteção ao criminoso imputável.

5. (Nossa) Sobre a execução da medida de segurança, indique a única alternativa correta:

a) A internação em Hospital de Custódia independe da expedição da guia pela autoridade judiciária competente.

b) Apenas o tratamento ambulatorial poderá ocorrer sem a expedição da guia por parte da autoridade judiciária competente.

c) A internação em Hospital de Custódia pode ocorrer por prazo indefinido, sem a necessidade de estabelecimento de prazo mínimo.

d) Ao Ministério Público será dada ciência da guia de recolhimento e de sujeição a tratamento.

GABARITO: As respostas destes testes encontram-se no final do livro.

8

SUSPENSÃO CONDICIONAL DA PENA – *SURSIS*

8.1 CONCEITO E SISTEMAS

O instituto da suspensão condicional da pena, ou *sursis*, significa o direito do condenado em ter parcialmente suspensa a execução da pena privativa de liberdade imposta, durante um determinado período de tempo e mediante certas condições.

A suspensão da execução da pena é parcial porque o seu beneficiário está sujeito ao cumprimento de algumas penas restritivas de direitos, dependendo da espécie de *sursis* aplicado.

Por ser concedido apenas na hipótese de preenchimento de todos os requisitos legais, prevalece na doutrina o entendimento de que a natureza jurídica do *sursis* é a de *direito público subjetivo do condenado* (art. 157 da LEP).

Sobre o instituto, existem três sistemas, ou modelos:

- sistema anglo-americano (ou *probation system*): nesse sistema o juiz, mesmo reconhecendo a culpabilidade do réu, suspende a prolação da sentença condenatória e, consequentemente, o processo;
- sistema do *probation of first offenders act*: por esse sistema, que substituiu o da *probation system*, o juiz, sem reconhecer a culpabilidade do réu, suspende a ação penal permitindo a sua liberdade;

– sistema franco-belga (ou europeu-continental): nesse sistema o juiz condena o réu, aplicando-lhe a pena correspondente ao delito praticado e, verificando o preenchimento dos requisitos legais, suspende a sua execução durante o período de prova.

O sistema franco-belga (ou belga-francês) foi adotado pelo Código Penal; o sistema do *probation of first offenders act* foi adotado em relação aos Juizados Especiais Criminais (art. 89 da Lei 9.099/1995 – não deve ser confundido com a suspensão condicional do processo, cuja suspensão ocorre no momento em que a denúncia é recebida).

8.2 CONCESSÃO, REQUISITOS, CONDIÇÕES E REVOGAÇÃO

O *sursis* deve ser concedido por meio da sentença ou acórdão que aplica a pena privativa de liberdade até o limite legal. Sobre o seu cabimento, o art. 157 da LEP determina que, na hipótese de ser incabível a substituição da pena privativa de liberdade por pena restritiva de direitos ou multa, deve o juiz examinar a possibilidade de conceder o *sursis*, só o negando na falta de seus pressupostos legais.

Concedido o benefício e transitada em julgado a decisão condenatória, o condenado será intimado para comparecer a uma audiência de advertência (ou *audiência admonitória*) onde tomará conhecimento das condições impostas e das consequências do seu descumprimento.

A sua revelia, contudo, não impede a concessão do benefício pois os arts. 705 do CPP e 161 da LEP admitem a intimação por edital. Entretanto, se o condenado não comparece à audiência, o benefício ficará sem efeito (ou cassado). A competência para a aludida audiência é do próprio juiz da condenação, salvo se a suspensão tiver sido concedida pelo tribunal, caso em que caberá ao juiz da execução. O *habeas corpus* é considerado meio inidôneo para requerer a concessão do *sursis*, quando denegado (salvo se impor condições vexatórias ou se houver denegação arbitrária pelo juiz).

O art. 77, I, do CP, que trata do requisito da reincidência em crime doloso, não impede a concessão do benefício na hipótese de a condenação, anterior à do crime doloso, decorrer da prática de crime culposo, contravenção penal, crime militar próprio e de crime político. Também não impedirá a concessão do benefício: a) a condenação anterior à pena de multa; b) o condenado que tiver sido beneficiado, em processo anterior, pela concessão de perdão judicial, anistia, ocorrência de *abolitio criminis* (revogação do tipo penal), causa extintiva da punibilidade ou de prescrição; c) na hipótese em que o crime anterior tiver sido doloso e a nova condenação decorrer da prática de crime culposo.

Impedem, por outro lado, a concessão do *sursis*: a) a prescrição da *pretensão executória* da condenação anterior; b) a condenação anterior irrecorrível, no exterior, que é capaz de gerar a reincidência independentemente de homologação pelo STJ (art. 105, I, *i*, da CF – antes da EC 45/2004 a competência pertencia ao STF); c) a aplicação de medida de segurança anterior.

São espécies de *sursis*:

1 – *sursis* simples: consistente na aplicação das condições de prestação de serviços à comunidade ou limitação de fim de semana;

2 – *sursis* especial: ocorre quando o juiz substitui a exigência de prestação de serviços à comunidade ou a limitação do fim de semana pelas seguintes condições aplicadas cumulativamente: proibição de frequentar determinados lugares públicos; proibição de ausentar-se da comarca onde reside sem autorização do juiz; comparecimento pessoal e obrigatório a juízo, mensalmente, para informar e justificar suas atividades;

3 – *sursis* etário: concedido aos maiores de 70 anos, na data da sentença, que tenham sido condenados à pena privativa de liberdade não superior a 4 anos;

4 – *sursis* humanitário: também denominado de *sursis* profilático, é o concedido à pessoa gravemente enferma, desde que devidamente justificado, não podendo a pena ser superior a 4 anos.

Algumas leis extravagantes também preveem o *sursis*, mas com algumas peculiaridades, em relação aos crimes nelas previstos: a) art. 5.º da Lei 7.170/1983 – Lei da Segurança Nacional, na qual o período de prova é de dois a seis anos; e b) art. 16 da Lei 9.605/1998 – Crimes contra o Meio Ambiente, onde o benefício deve ser concedido ao condenado à pena privativa de liberdade não superior a três anos.

Período de prova, vale destacar, é o lapso temporal dentro do qual o condenado (beneficiário) deverá revelar bom comportamento e cumprir as condições que lhe foram impostas (não existe, portanto, *sursis* incondicionado). Tais condições podem ser: a) *legais*, que são as previstas para o *sursis* simples e para o especial (de acordo com a jurisprudência as condições ao *sursis* simples devem ser aplicadas também em relação ao *sursis* etário e ao humanitário), b) *judiciais*, que são as condições que, apesar de não previstas em lei, podem ser livremente fixadas pelo juiz (desde que não sejam vexatórias nem afrontem direitos constitucionais); e c) *legais indiretas,* que são assim denominadas pelo fato de serem causas de revogação do benefício.

As *condições legais* são as seguintes:

1 – proibição de frequentar determinados lugares;

2 – proibição de ausentar-se da comarca onde reside sem autorização do juiz;

3 – comparecimento pessoal e obrigatório a juízo, mensalmente, para informar e justificar suas atividades.

As *condições legais indiretas*, que são verdadeiras causas de revogação do *sursis,* podem ser obrigatórias (art. 81 do CP) ou facultativas (art. 81, § 1.º, do CP). Uma vez reconhecida a obrigatoriedade da revogação, a pena privativa de liberdade, que estava suspensa, será executada. Se a causa for facultativa, o juiz poderá revogar o *sursis* ou prorrogar o período de prova até o máximo legal. Em qualquer caso o condenado será ouvido antes de ser tomada qualquer decisão pelo juiz (princípio do contraditório e da ampla defesa).

DICAS IMPORTANTES:

As principais diferenças entre o *sursis* e a suspensão condicional do processo são:

1 – O *sursis* carece de trânsito em julgado de sentença condenatória, visto que a concessão do *sursis* só acontecerá na audiência admonitória, ou seja, audiência posterior à sentença irrecorrível, designada pelo juiz das execuções penais, onde serão formalmente estabelecidas ao condenado todas as condições para o cumprimento do *sursis.* Caso o acusado não compareça a esta audiência, a suspensão ficará sem efeito, devendo ser imediatamente executada a pena. Na suspensão condicional do processo não se tem a condenação do réu, pois, após o

recebimento da peça acusatória pelo magistrado, suspenderá os demais atos do processo;

2 – O cumprimento do *sursis* não apaga os antecedentes criminais. A suspensão condicional do processo, expirado o seu prazo e desde que não tenha existido revogação, acarretará a decretação da extinção da punibilidade, não resistindo antecedentes criminais em relação ao caso específico;

3 – O *sursis* suspende a aplicação da pena. Já a suspensão condicional do processo, como o próprio nome já define, não aplica-se à pena, mas ao processo em si.

É importante destacarmos as diferenças essenciais existentes entre as condições analisadas pelo juiz para decretação do *sursis* e do livramento condicional:

Sursis	Livramento Condicional
O condenado não ser reincidente em crime doloso.	Ter cumprido mais de 1/3 da pena caso o condenado não seja reincidente em crime doloso e tenha bons antecedentes, 1/2 da pena em sendo reincidente em crime doloso ou mais de 2/3 em caso de condenação por crimes hediondos, tortura, terrorismo ou tráfico de drogas.
A culpabilidade, os antecedentes, a conduta social e a personalidade do agente, a idade e seu estado de saúde, bem como os motivos e as circunstâncias do delito.	Ter conseguido o condenado comprovar comportamento satisfatório durante a execução da pena, bom desempenho no trabalho, caso este o tenha sido atribuído, e capacidade de prover o próprio sustento. Caso a condenação tenha ocorrido por crime doloso cometido com violência ou grave ameaça, será necessária a constatação de condições pessoais que permitam presumir que o agente não voltará a repetir seu feito.
Não existência da possibilidade de substituir a pena privativa de liberdade por uma pena restritiva de direitos.	Ter reparado o dano provocado por sua conduta, salvo nos casos em que for impossível realizar esta reparação.

Da mesma forma, para evitar confusões entre as causas de revogação do *sursis* e do livramento condicional apresentamos o seguinte quadro comparativo:

Sursis	Livramento Condicional
Condenação por sentença irrecorrível por crime doloso.	Condenação à pena privativa de liberdade, por sentença transitada em julgado, por crime cometido durante a vigência do benefício.
Frustração do pagamento de pena de multa ou de reparação do dano, quando o agente possui as condições materiais e pecuniárias para fazê-lo.	Condenação à pena privativa de liberdade, em sentença transitada em julgado, por crime anterior à concessão do livramento.
Não realiza a prestação de serviços à comunidade ou não se submete à limitação do fim de semana.	Não cumprimento de qualquer das obrigações impostas na sentença.
Descumpre qualquer condição imposta pelo magistrado ou é condenado por sentença transitada em julgado decorrente de crime culposo ou contravenção à pena privativa de liberdade ou restritiva de direitos.	Condenação irrecorrível por crime ou contravenção a pena que não seja privativa de liberdade.

Se, após concedido, o *sursis* for revogado, o sentenciado cumprirá integralmente a pena privativa de liberdade em regime fechado, semiaberto ou aberto, dependendo do caso concreto.

É importante observar a existência de conflito entre os arts. 81, § 2.º, e 82 do CP. De acordo com o art. 81, § 2.º, se o beneficiário está sendo processado por outro crime ou contravenção, considera-se prorrogado o prazo da suspensão até o julgamento definitivo. O art. 82, por sua vez, determina que uma vez expirado o prazo sem que tenha havido revogação, considera-se extinta a pena privativa de liberdade. Para a solução do conflito aparente, o Supremo Tribunal Federal adotou a seguinte interpretação: o período de prova do *sursis* pode ser prorrogado caso o beneficiário esteja sendo processado por outro crime ou contravenção; essa prorrogação, que é automática, durará até o julgamento final daquela infração (não haverá prorrogação diante da mera instauração de inquérito policial).

A jurisprudência reconhece, ainda, a possibilidade de duplo *sursis* (ou *sursis* simultâneo), que significa possibilidade de concessão de outro benefício ao condenado pelo fato de a lei não exigir mais a primariedade (como era antes da reforma de 1984), mas sim a não reincidência.

8.3 QUESTÕES

1. (Nossa) É requisito objetivo para a concessão do *sursis*:

a) A reparação do dano.
b) Condenação à pena privativa de liberdade não superior a quatro anos.
c) Não ser reincidente em crime doloso.
d) Circunstância judicial favorável.

2. (Nossa) O *sursis* etário aplica-se:

a) Aos condenados maiores de sessenta e cinco na data da sentença, à pena privativa de liberdade não superior a quatro anos, e num período de prova de quatro a seis anos.
b) Aos condenados maiores de sessenta anos na data da sentença, à pena privativa de liberdade não superior a quatro anos, e num período de prova de quatro a seis anos.
c) Aos condenados maiores de sessenta anos na data do fato, à pena privativa de liberdade não superior a quatro anos, e num período de prova de quatro a seis anos.
d) Aos condenados maiores de setenta anos na data da sentença, à pena privativa de liberdade não superior a quatro anos, e num período de prova de quatro a seis anos.

3. (Nossa) Aos condenados à pena privativa de liberdade não superior a quatro anos cujo estado de saúde justifique a suspensão, aplica-se o *sursis*:

a) Humanitário ou profilático.
b) Especial.
c) Etário.
d) Simples ou comum.

4. (Nossa) É cabível a suspensão condicional da pena nas infrações penais sujeitas às penas:

a) restritivas de direitos.
b) de multa.
c) privativas de liberdade não superiores a dois anos.
d) privativas de liberdade cuja pena mínima cominada seja de um ano.

5. (Nossa) É causa obrigatória de revogação da suspensão condicional da pena:

a) Não reparação do dano sem motivo justificável.
b) Descumprimento de qualquer condição judicial.
c) Superveniência de condenação irrecorrível pela prática de crime culposo.
d) Não há causas de revogação obrigatória do *sursis*, ficando sempre a critério do magistrado.

6. (OAB Nacional 2010 – I) Admite-se a suspensão condicional da pena (*sursis*)

a) em casos de condenação a pena restritiva de direito ou privativa de liberdade, desde que não superior a quatro anos.

b) a reincidente em crime doloso, desde que a condenação anterior tenha sido exclusivamente à pena de multa.

c) para o condenado que, na data do fato, tenha idade acima de setenta anos, desde que a pena não seja superior a dois anos.

d) para o condenado em estado de saúde grave ou portador de doença incurável, desde que ele tenha reparado o dano.

GABARITO: As respostas destes testes encontram-se no final do livro.

9

LIVRAMENTO CONDICIONAL

9.1 CONCEITO

Livramento condicional é a antecipação provisória da liberdade do condenado, concedida mediante o preenchimento de requisitos, a submissão a certas condições e durante o restante da pena em que deveria cumprir preso.

O livramento condicional tem a natureza jurídica de direito público subjetivo do condenado que, ao contrário do que ocorre com o *sursis*, inicia o cumprimento da pena privativa de liberdade, obtendo, posteriormente, o direito de cumprir o restante da pena em liberdade (no *sursis* a execução da pena privativa de liberdade não é iniciada). A competência para a concessão do livramento condicional é do juiz da execução penal onde o preso cumpre pena.

9.2 CONCESSÃO, REQUISITOS, CONDIÇÕES E REVOGAÇÃO

O livramento condicional exige o preenchimento dos seguintes requisitos:

1 – Ter cumprido mais de 1/3 da pena caso o condenado não seja reincidente em crime doloso e tenha bons antecedentes, 1/2 da pena em sendo reincidente em crime doloso ou mais de 2/3 em caso de condenação por crimes hediondos, tortura, terrorismo ou tráfico de drogas.

2 – Ter conseguido o condenado comprovar comportamento satisfatório durante a execução da pena, bom desempenho no

trabalho, caso este o tenha sido atribuído, e capacidade de prover o próprio sustento. Caso a condenação tenha ocorrido por crime doloso cometido com violência ou grave ameaça, será necessária a constatação de condições pessoais que permitam presumir que o agente não voltará a repetir seu feito.

3 – Ter reparado o dano provocado por sua conduta, salvo nos casos em que for impossível realizar esta reparação.

A duração do livramento condicional será o tempo restante da pena privativa de liberdade a ser cumprida.

De acordo com o art. 712 do CPP, o livramento condicional poderá ser concedido mediante requerimento do sentenciado, de seu cônjuge ou de parente em linha reta, ou por proposta do diretor do estabelecimento penal, ou por iniciativa do Conselho Penitenciário.

Para a concessão do benefício, exige-se parecer do Conselho Penitenciário a respeito da sua admissibilidade, conveniência e oportunidade, por força do art. 131 da LEP. A este parecer não ficará, entretanto, adstrito o juiz (art. 713 do CPP). O Ministério Público e o defensor devem ser ouvidos previamente à decisão do juiz. No momento da concessão, o juiz especificará as condições a que ficará subordinado o benefício. Caso as condições não sejam aceitas pelo condenado, o livramento condicional ficará sem efeito (art. 137, III, da LEP). O art. 136 da LEP dispõe que uma vez concedido o benefício, será expedida a carta de livramento com a cópia integral da sentença em duas vias, remetendo-se uma à autoridade administrativa incumbida da execução e outra ao Conselho Penitenciário.

As condições para o livramento condicional, que podem ser alteradas pelo juiz durante o benefício (art. 144 da LEP), podem ser obrigatórias (art. 132, § 1.º, da LEP), facultativas (art. 132, § 2.º, da LEP), judiciais (são aquelas livremente fixadas pelo juiz na sentença – art. 85 do CP), e legais indiretas (são as causas que determinam a revogação do livramento).

As causas legais indiretas (ou causas de revogação) são as seguintes:

1 – Condenação à pena privativa de liberdade, por sentença transitada em julgado, por crime cometido durante a vigência do benefício.

2 – Condenação à pena privativa de liberdade, em sentença transitada em julgado, por crime anterior à concessão do livramento.

3 – Não cumprimento de qualquer das obrigações impostas na sentença.

4 – Condenação irrecorrível por crime ou contravenção a pena que não seja privativa de liberdade.

Nas causas de revogação facultativas, o juiz poderá advertir novamente o condenado, exacerbar as condições impostas ou revogar o benefício (arts. 140, parágrafo único, e 144 da LEP). A revogação será decretada a requerimento do Ministério Público, mediante representação do Conselho Penitenciário, ou, de ofício, pelo juiz, ouvindo-se sempre o liberado (art. 143 da LEP).

A revogação do livramento condicional produz os seguintes efeitos:

- se a revogação decorrer da prática de crime **anterior** à concessão do benefício, o tempo em que o condenado esteve solto será descontado do total da pena, devendo cumprir preso apenas o seu restante. Este resíduo poderá ser somado com a nova condenação para fins de requerimento de novo benefício (arts. 84 do CP e art. 141 da LEP);
- se a revogação decorrer de crime praticado **durante** o benefício, o tempo em que o condenado esteve solto não será descontado do total da pena, devendo cumpri-la integralmente sem a possibilidade de se obter novo livramento baseado nessa condenação (art. 88 do CP);
- se a revogação decorrer do descumprimento de alguma das condições impostas, o tempo em que esteve solto não será descontado do total da pena, devendo cumpri-la integralmente, sem a possibilidade de se obter novo livramento baseado nessa condenação.

Se até o seu término o livramento não é revogado, considera-se extinta a pena privativa de liberdade (art. 90 do CP). Entretanto, o juiz não poderá declarar extinta a pena, enquanto não passar em julgado a sentença em processo a que responde o liberado, por crime cometido na vigência do livramento (art. 89 do CP).

9.3 QUESTÕES

1. (OAB AL/BA/CE/MA/PE/PB/PI/SE/RN I/2005) O livramento condicional

a) exige, para sua concessão, que sejam preenchidos requisitos objetivos e subjetivos previstos em lei.

b) tem sua concessão feita de forma automática pelo juiz da vara das execuções.

c) tem previsão legal exclusivamente no Código Penal.
d) uma vez concedido não pode ser revogado.

2. (OAB/GO I 2005) Assinale a alternativa correta

a) Revogado o livramento condicional, este poderá ser novamente concedido;
b) Mesmo quando a revogação do livramento condicional resulta de condenação por outro crime anterior àquele benefício, não se desconta na pena o tempo em que esteve solto o condenado;
c) Salvo quando a revogação do livramento condicional resulta de condenação por outro crime anterior àquele benefício, não se desconta na pena o tempo em que esteve solto o condenado;
d) Em hipótese alguma a revogação do livramento condicional enseja o desconto no tempo em que o condenado esteve solto do restante da pena a ser cumprida.

3. (OAB/NACIONAL 2007_2) Da decisão que negar o livramento condicional, caberá

a) apelação.
b) agravo.
c) recurso em sentido estrito.
d) recurso especial.

4. (Nossa) O condenado por crime hediondo ou equiparado, quando primário, faz jus ao livramento condicional quando cumprir

a) 2/3 da pena
b) 1/3 da pena
c) 3/5 da pena
d) metade da pena

5. (Nossa) É causa obrigatória de revogação do livramento condicional:

a) Deixar de cumprir as condições fixadas pelo magistrado.
b) A condenação irrecorrível por crime ou contravenção à pena não privativa de liberdade.
c) Passar o egresso a frequentar lugares inadequados.
d) Cometer crime durante a vigência do benefício.

6. (Nossa) Assinale a alternativa correta acerca do livramento condicional:

a) A condenação à pena privativa de liberdade igual ou superior a um ano é requisito objetivo para que haja a sua concessão.
b) A competência para a sua concessão é do juiz da execução onde o preso cumpre a pena.
c) No livramento condicional, assim como no *sursis*, o condenado não chega a iniciar o cumprimento da pena privativa de liberdade, obtendo logo tal benefício, caso estejam presentes os seus requisitos.
d) As condições para o livramento condicional não podem, em nenhuma hipótese, ser alteradas pelo juiz durante o benefício.

GABARITO: As respostas destes testes encontram-se no final do livro.

10

EFEITOS DA CONDENAÇÃO

A sentença condenatória produz os seguintes efeitos:

10.1 EFEITO PRINCIPAL

É a fixação da pena, ou seja, a imposição da pena privativa de liberdade, da restritiva de direitos, da pena de multa ou de medida de segurança.

10.2 EFEITO SECUNDÁRIO

10.2.1 De natureza penal

A sentença condenatória produz os seguintes efeitos:

- induz à reincidência (art. 63 do CP);
- impede a concessão de *sursis* (art. 77, I, do CP);
- se a condenação for por crime doloso, tal decisão determina a revogação obrigatória do *sursis* (art. 81, I, do CP);
- se a pena aplicada for privativa de liberdade, o livramento condicional será obrigatoriamente revogado (art. 86, I, do CP);
- o prazo da prescrição da pretensão executória é aumentado (em 1/3 – art. 110, *caput*, do CP);
- a condenação torna-se elementar da contravenção penal de posse de instrumento de furto (art. 25 do Decreto-lei 3.688/1941 – Lei das Contravenções Penais);
- revogação da reabilitação (art. 95 do CP) etc.

10.2.2 De natureza extrapenal

10.2.2.1 Genéricos

São aqueles decorrentes de qualquer condenação sendo, portanto, automáticos, dispensando expressa motivação, tais como:

- tornar certa a obrigação de reparar o dano causado pelo crime (a sentença penal condenatória transitada em julgado é título executivo no cível, ainda que extinta a punibilidade – art. 91, I, do CP);
- confisco pela União dos instrumentos do crime, desde que seu uso, porte, detenção, alienação ou fabrico constituam fato ilícito (art. 91, II, *a*, do CP);
- confisco pela União do produto e do proveito do crime (art. 91, II, *b*, do CP);
- perda de bens ou valores equivalentes ao produto ou proveito do crime se os mesmos não forem encontrados ou estiverem no exterior, sendo que as medidas assecuratórias previstas na legislação processual poderão abranger bens ou valores equivalentes do investigado ou acusado para posterior decretação de perda (art. 91, §§ 1º e 2º, do CP);
- suspensão dos direitos políticos enquanto durar a execução da pena (art. 15, III, da CF);
- perda de bens ou valores equivalentes ao produto ou proveito do crime quando estes não forem encontrados ou estiverem localizados no exterior (art. 91, parágrafo único, do CP). Neste caso, as medidas assecuratórias previstas na legislação processual poderão abranger bens equivalentes do indiciado para a posterior decretação de perda.

10.2.2.2 Específicos

São aqueles que decorrem de acordo com a natureza do crime pelo qual o agente foi condenado, devendo ser declarados expressamente na sentença, tais como:

- perda do cargo, função pública ou mandato eletivo para os crimes: a) praticados com abuso de poder ou violação de dever para com a Administração Pública (crimes funcionais) cuja pena aplicada seja igual ou superior a um ano (art. 92, I, *a*, do CP); b) de qualquer natureza cuja pena aplicada seja superior a quatro anos (art. 92, I, *b*, do CP);

- incapacidade para o exercício do poder familiar, tutela ou curatela nos crimes dolosos sujeitos à pena de reclusão cometidos contra filho, tutelado ou curatelado (art. 92, II, do CP);
- inabilitação para dirigir veículo desde que o crime seja doloso e que o veículo tenha sido utilizado como instrumento do crime (art. 92, III, do CP; se for culposo, sujeita-se ao CTB).

Vale destacar que, de acordo com o art. 530-G do CPP (incluído pela Lei 10.695/2003), nos crimes contra a propriedade imaterial (art. 184 do CP, alterado também pela Lei 10.695/2003), o juiz, ao prolatar a sentença condenatória, poderá determinar a destruição dos bens ilicitamente produzidos ou reproduzidos e o perdimento dos equipamentos apreendidos, desde que precipuamente destinados à produção e reprodução dos bens. A perda ocorrerá em favor da Fazenda Nacional, que deverá destruí-los ou doá-los aos Estados, Municípios e Distrito Federal, a instituições públicas de ensino e pesquisa ou de assistência social, bem como incorporá-los, por economia ou interesse público, ao patrimônio da União, que não poderão retorná-los aos canais de comércio.

10.3 REABILITAÇÃO

A reabilitação é declaração judicial do restabelecimento dos direitos atingidos pela condenação. Alcança quaisquer penas aplicadas em sentença definitiva, assegurando ao condenado o sigilo dos registros sobre o seu processo e condenação (art. 93 do CP). Atinge a maioria dos efeitos da condenação, exceto a obrigação de reparar o dano e o confisco, pela União, dos instrumentos do crime, do produto e do proveito do crime, que continuam a subsistir (arts. 93, parágrafo único, e 91, I e II, do CP).

De acordo com o art. 94 do CP, a reabilitação poderá ser requerida (se decorridos dois anos do dia em que for extinta, de qualquer modo, a pena ou terminar sua execução, computando-se o período de prova da suspensão e o do livramento condicional, se não sobrevier revogação), desde que o condenado: I – tenha tido domicílio no País no prazo acima referido; II – tenha dado, durante esse tempo, demonstração efetiva e constante de bom comportamento público e privado; III – tenha ressarcido o dano causado pelo crime ou demonstre a absoluta impossibilidade de o fazer, até o dia do pedido, ou exiba documento que comprove a renúncia da vítima ou novação da dívida. Uma vez negada, a reabilitação poderá ser requerida a qualquer tempo desde que o pedido seja instruído com novos elementos comprobatórios dos requisitos necessários (art. 95, parágrafo único, do CP).

A reabilitação será revogada, de ofício ou a requerimento do Ministério Público, se o reabilitado for condenado, como reincidente, por decisão definitiva, a pena que não seja de multa (art. 95 do CP).

10.4 QUESTÕES

1. (Nossa) Decorridos dois anos do dia em que for extinta a pena, ou terminar a sua execução, a reabilitação poderá ser requerida, desde que o condenado:

a) Demonstre de maneira inequívoca que está arrependido, perante o magistrado.

b) Tenha ressarcido pelo menos em parte a vítima do dano, o que, por si só, já é suficiente para a reabilitação.

c) Tenha dado, durante esse tempo, demonstração efetiva e constante de bom comportamento público e privado.

d) Se retrate publicamente perante a vítima do dano.

2. (OAB/AL/BA/CE/PE/PB/PI/SE/RN II – 2005) A condenação anterior, para efeito de reincidência, não será considerada

a) quando se passarem mais de 5 anos entre os cometimentos do primeiro e do segundo crime.

b) quando se passarem mais de 5 anos entre o trânsito em julgado da condenação pelo primeiro crime e o cometimento do segundo.

c) quando se passarem 5 anos entre o trânsito em julgado da condenação pelo primeiro crime e o cometimento do segundo.

d) quando os crimes forem militares próprios.

3. (Nossa) Assinale a alternativa incorreta acerca dos efeitos da condenação:

a) A reabilitação será revogada, de ofício ou a requerimento do Ministério Público, se o reabilitado for condenado, como reincidente, por decisão definitiva, a pena que não seja de multa.

b) Uma vez negada, a reabilitação pode ser requerida a qualquer tempo, desde que o pedido seja instruído com novos elementos comprobatórios dos requisitos necessários.

c) O confisco pela União do produto ou proveito do crime não é efeito obrigatório de qualquer condenação, devendo ser, portanto, motivado.

d) A indução à reincidência é um dos efeitos secundários da sentença condenatória.

4. (Nossa) No que tange à perda do cargo, função pública ou mandato eletivo, um dos efeitos da condenação, assinale a alternativa correta:

a) Trata-se de efeito automático, que precisa ser declarado na sentença.

b) Esse efeito também abrange os servidores aposentados.

c) Levam à perda os crimes praticados com abuso de poder cuja pena seja igual ou superior a seis meses.

d) Para a perda do mandato eletivo, não é necessário o trânsito em julgado da sentença.

5. (OAB/NACIONAL 2008.III) Acerca da reabilitação do condenado, assinale a opção correta, com base no CPP.

a) A reabilitação será requerida ao juiz da execução criminal.

b) A decisão final do juiz acerca da reabilitação independe de prévia oitiva do MP.

c) Da decisão que conceder a reabilitação haverá recurso de ofício.

d) Indeferida a reabilitação, o condenado não mais poderá renovar o pedido, sob pena de ofensa à coisa julgada.

GABARITO: As respostas destes testes encontram-se no final do livro.

11

CONCURSO DE CRIMES

11.1 CONCEITO E SISTEMAS

O concurso de crimes ocorre quando o agente pratica dois ou mais crimes, mediante uma ou mais ações ou omissões. Pressupõe, portanto, a existência de uma pluralidade de fatos/crimes. Não deve ser confundido com o conflito aparente de normas porque este pressupõe unidade de fato e aparente incidência de duas ou mais normas penais.

Para a aplicação da pena no concurso de crimes, existem os seguintes sistemas:

- *sistema do cúmulo material* (ou da acumulação material): segundo esse sistema, as penas cominadas a cada crime praticado deverão ser somadas. Esse sistema foi adotado para o concurso material (art. 69 do CP), para o concurso formal imperfeito (art. 70, 2.ª parte, do CP) e para o concurso das penas de multa (art. 72 do CP);
- *sistema da absorção*: segundo esse sistema, aplica-se somente a pena do crime mais grave, sem qualquer aumento, entendendo-se absorvidas as penas de todos os crimes menos graves. Esse sistema foi adotado somente em relação aos crimes falimentares cometidos pelo falido (cometendo vários delitos, ao falido será aplicada apenas uma única pena, sempre a do crime mais grave – princípio da unidade dos crimes falimentares);
- *sistema da exasperação da pena* (ou sistema do cúmulo jurídico): segundo esse sistema, aplica-se a pena do crime mais

grave aumentada proporcionalmente até atingir uma quantidade sensivelmente inferior à do cúmulo material. Foi adotado para o concurso formal perfeito (art. 70, 1.ª parte, do CP) e para o crime continuado (art. 71 do CP).

É importante destacar que o art. 72 do CP determina que, no concurso de crimes, as penas de multa são aplicadas distinta e integralmente.

11.2 ESPÉCIES

O concurso de crimes pode assumir as seguintes formas (ou espécies): *concurso material* (ou real), *concurso formal* (ou ideal) e *crime continuado*.

11.2.1 Concurso material

De acordo com o art. 69 do CP, quando o agente, mediante **mais de uma ação ou omissão**, pratica **dois ou mais crimes**, idênticos ou não, aplicam-se cumulativamente as penas privativas de liberdade em que haja incorrido.

O concurso material ocorre, portanto, quando o agente, mediante mais de uma conduta, pratica dois ou mais crimes.

São requisitos do concurso material: a *pluralidade de condutas* e a *pluralidade de crimes*.

São espécies de concurso material:

– *concurso material homogêneo*: ocorre quando os crimes praticados são da mesma espécie (ou seja, produzem o mesmo resultado – exemplo: dois homicídios cometidos em situações diversas, de modo a não configurar crime continuado);
– *concurso material heterogêneo*: ocorre quando os crimes praticados não são da mesma espécie (ou seja, produzem resultados diversos – exemplo: roubo e estupro).

Reconhecendo a existência de concurso material no caso concreto, o juiz deverá fixar, separadamente, a pena de cada crime (porque a prescrição incide sobre cada um isoladamente – art. 119 do CP) para, em seguida, proceder à somatória de todas elas.

No caso de aplicação cumulativa de penas de reclusão e de detenção, o art. 69, 2.ª parte, do CP determina que será executada, primeiro, a pena de reclusão. É possível, ainda, cumular pena privativa de liberdade com restritiva de direitos desde que naquela tenha sido concedida a suspensão condicional de pena (*sursis*). Quando ao agente tiver sido aplicada pena privativa de liberdade, não suspensa, por um dos crimes, para os demais será incabível a substituição de que trata o art. 44 do CP (art. 69, § 1.º, do CP). Quando forem aplicadas penas restritivas de direitos, o condenado cumprirá simultaneamente as que forem compatíveis entre si e sucessivamente as demais (art. 69, § 2.º, do CP).

11.2.2 Concurso formal

Conforme dispõe o art. 70 do CP, quando o agente, mediante **uma só ação ou omissão**, pratica **dois ou mais crimes**, idênticos ou não, aplica-se-lhe a mais grave das penas cabíveis ou, se iguais, somente uma delas, mas aumentada, em qualquer caso, de um sexto até metade. As penas aplicam-se, entretanto, cumulativamente, se a ação ou omissão é dolosa e os crimes concorrentes resultam de desígnios autônomos, consoante o disposto no artigo anterior.

O concurso formal ocorre, portanto, quando o agente, mediante uma só conduta, pratica dois ou mais crimes.

São requisitos do concurso formal: a *unidade de conduta* e a *pluralidade de crimes*.

O aludido dispositivo prevê as seguintes espécies de concurso formal:

– *perfeito* (ou ideal, ou próprio): ocorre quando o agente pratica dois ou mais crimes, idênticos (concurso formal perfeito homogêneo) ou não (concurso formal perfeito heterogêneo), mediante uma só conduta praticada com unidade de desígnio (ou unidade de vontade). Nos crimes culposos e na hipótese de *aberratio ictus* haverá sempre essa espécie de concurso. Exemplo: agente que subtrai dez relógios de uma loja;
– *imperfeito* (ou impróprio): ocorre quando o agente pratica dois ou mais crimes mediante uma só conduta praticada com pluralidade de desígnios (ou pluralidade de vontades). Essa espécie de concurso só é possível quando o agente deseja (dolo direto) os outros resultados ou aceita o risco de produzi-los (dolo eventual). Exemplo: agente que dispara contra duas vítimas, querendo matá-las.

Na hipótese de concurso formal perfeito homogêneo, será aplicada a pena de qualquer um dos crimes acrescida de 1/6 até 1/2; se houver concurso formal perfeito heterogêneo, será aplicada a pena do crime mais grave acrescida de 1/6 até 1/2; se houver concurso formal imperfeito, as penas deverão ser somadas (art. 70, 2.ª parte, do CP). O aumento da pena dentro dos limites é determinado pelo juiz de acordo com o número de infrações praticadas (quanto maior for o número de infrações, maior será o aumento).

O art. 70, parágrafo único, do CP determina que, na hipótese em que a aplicação da regra do concurso formal resultar em pena superior à que resultaria da aplicação da regra do concurso material, deve ser aplicada a regra deste último. Essa regra é denominada *concurso material benéfico*. Em qualquer situação, a sentença que fixa a pena decorrente de concurso deverá especificar qual a forma empregada (se material, formal etc.).

DICA IMPORTANTE:

CONCURSO MATERIAL DE CRIMES	CONCURSO FORMAL DE CRIMES
+ de uma conduta	uma conduta
+ de um resultado	dois ou mais resultados
as penas são somadas	aplica-se a pena mais grave aumentada de 1/6 até 1/2

11.2.3 Crime continuado

De acordo com o art. 71 do CP, quando o agente, mediante **mais de uma ação ou omissão**, pratica **dois ou mais crimes** da mesma espécie e, pelas **condições de tempo, lugar, maneira de execução e outras semelhantes**, devem os subsequentes ser havidos como continuação do primeiro, aplica-se-lhe a pena de um só dos crimes, se idênticas, ou a mais grave, se diversas, aumentada, em qualquer caso, de um sexto a dois terços.

O parágrafo único do aludido dispositivo determina que **nos crimes dolosos, contra vítimas diferentes**, cometidos **com violência ou grave ameaça à pessoa**, poderá o juiz, considerando a culpabilidade, os antecedentes, a conduta social e a personalidade do agente, bem como os motivos e as circunstâncias, aumentar a pena de um só dos crimes, se idênticas, ou a mais grave, se diversas, até o triplo, observadas as regras do *concurso material benéfico*.

O crime continuado (ou continuidade delitiva) exige o preenchimento dos seguintes requisitos: *pluralidade de condutas*, *pluralidade de crimes da mesma espécie, semelhança nas condições de tempo, espaço, modo de execução e ocasião.*

Segundo a jurisprudência, haverá semelhança nas condições:

a) *de tempo*, quando os crimes praticados guardarem uma distância máxima de 30 dias um do outro;
b) *de espaço*, quando os crimes tiverem sido praticados na mesma comarca ou em comarcas vizinhas;
c) *de modo*, quando os crimes tiverem sido praticados por meio do mesmo *modus operandi*;
d) *de ocasião*, quando o agente tiver praticado um ou mais crimes aproveitando-se da mesma situação propiciada pela prática de um crime anterior.

No crime continuado, mesmo havendo pluralidade de crimes, o Código Penal determina que, para fins de aplicação da pena, somente seja considerada a existência de um só crime. Adotou-se, portanto, a *teoria da ficção jurídica* (ou da unidade fictícia limitada, ou ficção legal). Para outros efeitos penais como, por exemplo, a prescrição, cada um dos crimes que compõem a continuidade recebe tratamento autônomo, cada um tendo o seu prazo prescricional (art. 119 do CP).

Existem duas espécies de crime continuado:

– *crime continuado comum*: está previsto no *caput* do art. 71 do CP e ocorre quando os crimes que compõem a continuidade delitiva são praticados sem o emprego de violência ou grave ameaça contra a pessoa;
– *crime continuado específico*: está previsto no parágrafo único do art. 71 do CP e ocorre quando os crimes dolosos que compõem a continuidade delitiva são praticados com o emprego de violência ou grave ameaça contra vítimas diferentes.

A aplicação da pena será feita da seguinte forma: no *crime continuado comum* será aplicada a pena do crime mais grave aumentada de 1/6 até 2/3; no *crime continuado específico*, será aplicada a pena do crime mais grave aumentada até o **triplo**. O aumento da pena será determinado de acordo com o número de crimes (quanto mais crimes, maior será o aumento). Se da aplicação dessas regras resultar pena superior à que resultaria da aplicação do concurso material, o parágrafo único do art. 71 do CP determina a aplicação da regra do *concurso material benéfico*.

Prevalece na jurisprudência o entendimento de que *crimes da mesma espécie*, para fins de continuidade delitiva, são aqueles previstos no mesmo tipo legal. Assim, não são da mesma espécie: roubo e furto; roubo e latrocínio etc. A continuidade pode ocorrer também entre crimes consumados e tentados e, ainda, entre crimes simples e qualificados.

A maioria da doutrina destaca que, em virtude da reforma do Código Penal em 1984, a Súmula 605 do STF, que proibia a continuidade delitiva nos crimes contra a vida, não deve mais ser aplicada, estando prejudicada. Assim, a continuidade delitiva nos crimes contra a vida é perfeitamente possível.

Na hipótese em que o juiz da condenação não tiver reconhecido a existência de crime continuado (exemplo: processos que tramitam em comarcas distintas, que não foram reunidos – art. 82 do CPP), o juiz das execuções poderá fazê-lo por meio do incidente de unificação de penas (art. 66 da LEP).

11.3 LIMITE DAS PENAS

O art. 75 do CP, em consonância com o art. 5.º, XLVII, *b,* da CF, que proíbe a aplicação de penas de caráter perpétuo, determina que o tempo de cumprimento das penas privativas de liberdade não pode ser superior a **30 anos**. Esse limite refere-se ao tempo máximo que uma pessoa pode cumprir uma pena privativa de liberdade. Assim, na sentença condenatória o juiz não estará impedido de impor pena acima deste limite (o juiz poderá fixar, por exemplo, pena de 500 anos; entretanto o réu só poderá cumprir preso 30 anos).

De acordo com o art. 10 do Decreto-lei 3.688/1941 – Lei das Contravenções Penais, a duração da pena de prisão simples não pode, em caso algum, ser superior a **cinco anos**.

A única hipótese em que o limite se refere à imposição de pena na sentença condenatória está prevista no art. 9.º da Lei 8.072/1990 – Lei dos Crimes Hediondos. Nessa situação, portanto, o juiz não poderá impor, por meio de sentença condenatória, pena superior a 30 anos, ainda que incida a causa de aumento de metade quando a vítima estiver em alguma das hipóteses do art. 224 do CP (exemplo: a pena máxima do latrocínio é de 30 anos de reclusão; com o aumento de metade, a pena passaria para 45 anos – mesmo assim o juiz só pode impor 30 anos de reclusão).

Na hipótese de condenação superior a 30 anos, a pena imposta deverá ser unificada pelo juízo das execuções para atender ao limite máximo previsto (exemplo: imposta uma pena de 100 anos, o juiz das execuções determinará a sua unificação para que o réu cumpra somente 30 anos – é importante observar que, para a concessão de benefícios ao condenado, o cálculo se baseará na condenação de 100 anos). Nesse sentido a Súmula 715 do STF estabelece que: "A pena unificada para atender ao limite de trinta anos de cumprimento, determinado pelo art. 75 do CP, não é considerada para a concessão de outros benefícios, como o livramento condicional ou regime mais favorável de execução".

O art. 75, § 2.º, do CP dispõe que na hipótese de superveniência de sentença condenatória por fato posterior ao início do cumprimento da pena, far-se-á nova unificação, desprezando-se, para esse fim, o período de pena já cumprido. Se o condenado cumpriu 15 anos, de uma pena já unificada em 30 anos, e sofre posterior condenação de 30 anos por outro crime, o tempo de pena cumprido anteriormente (15 anos) será desprezado, devendo o condenado cumprir o novo prazo unificado de 30 anos (15 anos que faltavam mais 30 da nova condenação – unifica-se para novos 30 anos).

11.4 QUESTÕES

1. (Nossa) O agente que, mediante mais de uma ação ou omissão, pratica dois ou mais crimes da mesma espécie, nas mesmas condições de tempo, lugar e maneira de execução, age em:

a) Concurso formal

b) Concurso material

c) Concurso formal homogêneo

d) Crime continuado

2. (Nossa) O crime continuado comum ocorre quando:

a) Os crimes que compõem a continuidade delitiva são praticados sem o emprego de violência ou grave ameaça contra vítimas diferentes.

b) Os crimes que compõem a continuidade delitiva são praticados com o emprego de violência ou grave ameaça contra vítimas diferentes.

c) Duas ou mais condutas produzem dois ou mais resultados.

d) Uma conduta possui dois ou mais resultados.

3. (Nossa) Assinale a alternativa incorreta acerca do concurso de crimes:

a) O tempo de cumprimento das penas privativas de liberdade não pode ser superior a trinta anos.

b) O concurso material homogêneo ocorre quando os crimes praticados são da mesma espécie, produzindo o mesmo resultado.

c) No crime continuado, deve-se aplicar a pena de um só dos crimes, se idênticas, ou a mais grave, se diversas, aumentada, em qualquer caso, de um sexto a dois terços.

d) No concurso formal, deve-se aplicar a pena mais grave ou, se iguais, apenas uma delas, sem que haja aumento de pena.

4. (OAB/MS 77.º) Carlos Alberto, dirigindo seu veículo em alta velocidade, acaba por capotar, causando a morte de dois de seus acompanhantes e lesões corporais em outro. No que se refere ao concurso de crimes, pode-se dizer que:

a) houve concurso material.

b) houve crime continuado.

c) houve concurso formal.

d) houve concurso de pessoas.

5. (OAB 2010.2 – FVG) Com relação ao concurso de delitos, é correto afirmar que:

a) no concurso de crimes as penas de multa são aplicadas distintamente, mas de forma reduzida.

b) o concurso material ocorre quando o agente, mediante mais de uma ação ou omissão, pratica dois ou mais crimes com dependência fática e jurídica entre estes.

c) o concurso formal perfeito, também conhecido como próprio, ocorre quando o agente, por meio de uma só ação ou omissão, pratica dois ou mais crimes idênticos, caso em que as penas serão somadas.

d) o Código Penal Brasileiro adotou o sistema de aplicação de pena do cúmulo material para os concursos material e formal imperfeito, e da exasperação para o concurso formal perfeito e crime continuado.

6. (CESPE/DELEGADO RN/ 2008) Em relação ao concurso de crimes e à extinção de punibilidade, julgue os itens subsequentes.

I – Ocorre o concurso material quando o agente, mediante mais de uma conduta, pratica dois ou mais crimes, idênticos ou não, situação em que as penas são cumuladas.

II – A pena unificada para atender ao limite de trinta anos de cumprimento, determinada pelo CP, não é considerada para a concessão de outros benefícios, como o livramento condicional ou regime mais favorável de execução.

III – Havendo um concurso formal de crimes, quanto à pena de multa, aplica-se o sistema de cumulação material, ou seja, são elas impostas distinta e integralmente, sem que se fale no sistema da exasperação, que é voltado apenas para as penas privativas de liberdade.

IV – Quando se tratar de crime continuado, a prescrição regula-se pela pena imposta na sentença, não se computando o acréscimo decorrente da continuação.

V – No caso de concurso de crimes, a extinção da punibilidade incidirá sobre a pena de cada um, isoladamente.

VI – No concurso de infrações, executar-se-á primeiramente a pena mais grave. Porém, no que se refere à prescrição, as penas mais leves prescrevem com as mais graves.

A quantidade de itens certos é igual a:

a) 2.

b) 3.

c) 4.

d) 5.

e) 6.

GABARITO: As respostas destes testes encontram-se no final do livro.

12

PUNIBILIDADE E CAUSAS EXTINTIVAS

12.1 CONCEITO

No momento em que o agente pratica uma conduta descrita na lei como crime ou contravenção penal, o direito de punir (*jus puniendi*) titularizado pelo Estado, que antes era *abstrato*, torna-se *concreto*, possibilitando, assim, a imposição de uma sanção penal ao infrator. A punibilidade significa essa possibilidade jurídica de o Estado aplicar a sanção ao sujeito ativo de uma infração penal.

Excepcionalmente, a prática de infração penal impedirá o exercício do direito de punir nas seguintes situações: a) quando não estiver presente alguma *condição objetiva de punibilidade* (que é um elemento situado fora do tipo penal como, por exemplo, o art. 7.º, § 2.º, do CP); b) quando incidir as causas impeditivas da punibilidade, que são as *escusas absolutórias* (exemplo: art. 181 do CP) e a *imunidade diplomática*.

A doutrina é unânime ao afirmar que a punibilidade não é requisito do crime, mas sim consequência da sua prática. Por isso é que o reconhecimento de alguma causa extintiva da punibilidade não faz o delito desaparecer, mas, somente, elimina a aplicação da pena ao infrator. As únicas hipóteses em que haverá desaparecimento completo do crime são as seguintes: *abolitio criminis* (revogação do tipo penal) e anistia.

12.2 CAUSAS EXTINTIVAS DA PUNIBILIDADE

As causas de extinção da punibilidade podem atingir a *pretensão punitiva* (direito de punir do Estado) ou a *pretensão executória* (direito do Estado executar a pena imposta), dependendo se a sua incidência ocorre antes ou depois do trânsito em julgado da sentença penal condenatória.

Estas causas podem ser classificadas em genéricas, quando se aplicarem a todos os delitos, tais como morte ou prescrição criminal, ou específicas, quando aplicarem-se apenas a tipos específicos de delito, como, por exemplo, a perempção, que só ocorre em crimes que se procedem mediante queixa, e a reparação do dano antes de a sentença transitar em julgado, no caso de peculato culposo.

O art. 107 do CP traz o rol, meramente exemplificativo, das causas de extinção da punibilidade:

I – pela morte do agente;
II – pela anistia, graça ou indulto;
III – pela retroatividade de lei que não mais considera o fato como criminoso;
IV – pela prescrição, decadência ou perempção;
V – pela renúncia do direito de queixa ou pelo perdão aceito, nos crimes de ação privada;
VI – pela retratação do agente, nos casos em que a lei a admite;
VII – (revogado pela Lei 11.106/2005);
VIII – (revogado pela Lei 11.106/2005);
IX – pelo perdão judicial, nos casos previstos em lei.

É importante ressaltar que as hipóteses de casamento do agente com a vítima e da vítima com terceiro não extinguem mais a punibilidade do agente em virtude da revogação dos incisos VII e VIII do art. 107 do CP, pela Lei 11.106/2005.

Existem ainda várias outras hipóteses de extinção de punibilidade previstas fora do rol do art. 107 do CP. São exemplos destas causas:

1 – ressarcimento no peculato culposo (art. 312, § 3.º, 1.ª parte, do CP);
2 – decurso do prazo do *sursis*, sem revogação (art. 82 do CP);
3 – término do livramento condicional (art. 90 do CP);
4 – morte do ofendido no caso de crime de induzimento a erro essencial e ocultação de impedimento em relação ao casamento (art. 236 do CP);

5 – cumprimento da pena no estrangeiro por crime praticado fora do território nacional (art. 7.º, § 2.º, *d*, do CP);

6 – satisfação da obrigação tributária antes do oferecimento da denúncia nos crimes de sonegação fiscal (art. 34 da Lei 9.249/1995).

Em relação aos crimes complexos, o art. 108 do CP dispõe que a extinção da punibilidade de crime que é pressuposto, elemento constitutivo ou circunstância agravante de outro não se estende a este. Nos crimes conexos, a extinção da punibilidade de um deles não impede, quanto aos outros, a agravação da pena resultante da conexão.

Quando a extinção da punibilidade manifestar-se antes de a sentença condenatória transitar em julgado, ocorrerá a extinção da possibilidade de tutela do Direito Penal no caso concreto, não persistindo qualquer consequência ou efeito da persecução criminal até então desempenhada.

Traduzindo: manifestando-se uma das causas extintivas de punibilidade antes de a sentença transitar em julgado, deixam de existir todos e quaisquer efeitos que possam decorrer do processo ou da sentença, não existindo mais possibilidade de o Estado intervir na relação por meio do Direito Penal, embora subsista a possibilidade de tutela por outros ramos do direito. Não haverá reincidência, não existirá mais a obrigatoriedade de reparar o dano, não poderá mais ser decretada a incapacidade para o exercício do poder familiar, não poderá ser decretada prisão preventiva com base no caso concreto em que se manifestou a extinção da punibilidade, quem estiver preso deve ser colocado em liberdade, entre outras consequências

Manifestando-se as causas extintivas de punibilidade depois do trânsito em julgado da sentença condenatória, ficará extinta apenas a capacidade do Estado em aplicar a sanção penal estabelecida, ou seja, a pena, mas continuarão existindo todos os efeitos secundários decorrentes da condenação.

Traduzindo mais uma vez: não será possível aplicar a pena, mas continuarão existindo os efeitos adjutórios, como a inclusão do nome do réu no rol dos culpados ou a perda da primariedade.

É importante destacar que a extinção da punibilidade deve ser declarada de ofício pelo juiz, em qualquer fase do processo, nos termos específicos do art. 61 do CPP.

DICA IMPORTANTE:

As causas de extinção da punibilidade penal não influenciam a esfera cível, em regra. Nesse diapasão, a punibilidade pode estar extinta pela prescrição ou pela morte do agente, p. ex., e a vítima pleitear indenização na esfera cível. Porém, há uma causa de extinção da punibilidade que atinge, ao mesmo tempo, as esferas criminal e cível: composição civil (art. 74 da Lei 9.099/1995).

12.2.1 Morte do agente

De acordo com o art. 5.º, XLV, da CF, nenhuma pena passará da pessoa do condenado, podendo a obrigação de reparar o dano e a decretação do perdimento de bens serem, nos termos da lei, estendidas aos sucessores e contra eles executadas, até o limite do valor do patrimônio transferido.

Percebe-se que o antigo princípio de que a morte tudo solve (*mors omnia solvit*) não foi adotado de forma absoluta pelo nosso ordenamento, existindo, no campo do direito penal, duas exceções: a) a obrigação de indenizar, nos limites da herança; b) a perda de bens por meio do confisco.

Por outro lado, a morte do agente extingue a punibilidade de todas as penas, inclusive a pena de multa. Ocorrendo após o trânsito em julgado, a sentença condenatória poderá ser executada no âmbito cível.

A morte deve ser comprovada por meio da certidão ou atestado de óbito. Caso o documento apresentado seja falso, é importante conhecer a existência das seguintes correntes sobre o tema: a) a doutrinária, pela qual prevalece a garantia da coisa julgada em virtude da inexistência da revisão criminal *pro societate*, restando apenas a responsabilidade penal pelo uso de documento falso; b) a jurisprudencial (STF), que considera inexistente a sentença declaratória de extinção da punibilidade em virtude do erro ou fraude, podendo ser reaberto o processo e desde que não tenha ocorrido a prescrição.

O art. 623 do CPP possibilita que, no caso de morte do réu, o seu cônjuge, ascendente, descendente ou irmão formulem requerimento de revisão criminal.

Vale destacar, por fim, que a morte do agente não extingue a punibilidade dos coautores e partícipes (é causa personalíssima, portanto).

12.2.2 Anistia, graça ou indulto

O Estado pode renunciar ao direito de punir o autor de um crime por meio dos seguintes institutos: a *anistia*, a *graça* e o *indulto*.

A **anistia**, veiculada por lei ordinária (federal), de iniciativa privativa do Congresso Nacional, de caráter retroativo (à data do fato – *ex* *tunc*) e irrevogável, promove a exclusão do crime e faz desaparecer suas consequências penais, com exceção dos efeitos extrapenais (genéricos e específicos), que ainda subsistem (a sentença condenatória transitada em julgado poderá ser executada no cível, pois o direito à indenização pertence ao particular lesado). O art. 187 da LEP dispõe que, concedida a anistia, o juiz, de ofício, a requerimento do interessado ou do Ministério Público, por proposta da autoridade administrativa ou do Conselho Penitenciário, declarará extinta a punibilidade. Pode se referir tanto aos crimes políticos (*anistia especial*) quanto aos não políticos (*anistia comum*) e pode ser concedida antes (*anistia própria*) ou depois do trânsito em julgado (*anistia imprópria*). Pode ser, ainda, *condicionada*, quando a lei impuser algum encargo ao criminoso, ou *incondicionada*, quando não houver encargo.

A **graça** é o benefício de caráter individual, concedido mediante despacho do Presidente da República (ou de algum dos seus delegados) após solicitação do condenado, do Ministério Público, do Conselho Penitenciário, ou da autoridade administrativa (art. 188 da LEP); e que deve ser cumprido pelo juiz das execuções.

O **indulto** é o benefício de caráter coletivo, concedido mediante decreto presidencial que deve ser cumprido pelo juiz, de ofício, ou mediante provocação do interessado, do Ministério Público, Conselho Penitenciário ou autoridade administrativa (art. 193 da LEP).

Ambos são benefícios de competência privativa do Presidente da República cujo exercício pode ser delegado aos Ministros de Estado, ao Procurador-Geral da República ou ao Advogado-Geral da União (art. 84, XII e parágrafo único, da CF) e atingem somente os efeitos principais da condenação, subsistindo todos os efeitos penais e extrapenais gerando, inclusive, a reincidência e maus antecedentes. Devem ser concedidos após o trânsito em julgado da sentença condenatória (mas a jurisprudência tem mitigado esse rigor). Podem ser **plenos**, quando atingem a totalidade da pena imposta, ou *parciais*, quando apenas diminuem a pena ou quando determinam a sua comutação (ajustamento da execução da pena aos termos do decreto de indulto parcial realizado pelo juízo das execuções). Só podem ser recusados quando forem *parciais* (art. 739 do CPP).

12.2.3 *Abolitio criminis*

Conforme já dito anteriormente, é a lei penal que, por deixar de considerar a conduta como criminosa, deverá retroagir para beneficiar o agente, conforme determina o art. 5.º, XL, da CF, para extinguir a punibilidade do fato e todos os efeitos penais da condenação, subsistindo apenas os efeitos civis. De acordo com a Súmula 611 do STF, transitada em julgado a sentença condenatória, compete ao juízo das execuções a aplicação de lei mais benigna.

Informa a doutrina que essa causa tecnicamente deveria ser chamada excedente de tipicidade, eis que acaba com o tipo penal. Porém, o legislador entendeu colocar essa causa como extintiva da punibilidade.

12.2.4 Prescrição

Prescrição é a perda do direito de punir (*pretensão punitiva*) ou de executar a pena (*pretensão executória*) do Estado em virtude da sua inércia durante o tempo fixado em lei. É instituto de direito material e, por isso, a sua contagem segue a regra do art. 10 do CP.

Por força do art. 61 do CPP, a prescrição da pretensão punitiva pode ser declarada a qualquer momento da ação penal, de ofício ou mediante requerimento de qualquer das partes.

A existência do instituto justifica-se por meio dos seguintes fundamentos: a) punição à atuação ineficiente ou negligente do Estado; b) ineficácia da condenação penal após o transcurso de certo lapso de tempo; c) prejuízo para a ressocialização do infrator.

Em regra, todos os crimes estão sujeitos à prescrição. Excepcionalmente, não prescrevem os seguintes crimes: racismo (art. 5.º, XLII, da CF) e ação de grupos armados, civis ou militares, contra a ordem constitucional e o Estado democrático (art. 5.º, LXIV, da CF).

12.2.4.1 Prescrição da Pretensão Punitiva (PPP)

A prescrição da pretensão punitiva ocorre, em regra, antes do trânsito em julgado da sentença condenatória e produz os seguintes efeitos:

a) impede a instauração de inquérito policial ou de ação penal;
b) impede a análise do mérito da ação penal (verificação da responsabilidade ou culpabilidade do agente), caso tenha sido proposta antes da sua ocorrência;
c) não gera reincidência nem maus antecedentes. Dependendo do momento processual em que ocorre, a Prescrição da Pretensão Punitiva (PPP) subdivide-se nas seguintes formas:

1 – *PPP propriamente dita*: ocorre antes da prolação da sentença condenatória e é regulada pelo máximo da pena abstrata prevista no tipo legal (exemplo: na extorsão mediante sequestro a pena é de oito a 15 anos – o máximo da pena abstrata é o prazo de 15 anos). Uma vez definida a pena máxima abstrata, o prazo da prescrição da pretensão

punitiva será determinado de acordo com a tabela do art. 109 do CP (no aludido exemplo, o prazo da PPP será de 20 anos porque a pena abstrata é superior a 12 anos).

Entretanto, é muito importante conhecer o efeito que as circunstâncias e as causas de aumento ou diminuição de pena podem ter sobre a determinação do prazo prescricional.

Em regra, todas as circunstâncias judiciais, agravantes ou atenuantes não podem influir na determinação do prazo prescricional (lembre-se de que nessas situações a pena a ser fixada não pode extrapolar os limites fixados no tipo penal). Excepcionalmente, duas circunstâncias poderão influir na determinação do prazo prescricional:

1.ª) a *reincidência*, que determina o aumento de 1/3 do prazo da prescrição da pretensão executória (Súmula 220 do STJ), conforme determina o art. 110, *caput*, do CP;

2.ª) a *maioridade de 70 anos, na data da sentença* e a *menoridade de 21 anos, na data do fato*, que determinam a redução pela metade do prazo prescricional, conforme determina o art. 115 do CP.

Pelo fato de as causas de aumento e de diminuição determinarem, eventualmente, o aumento ou a diminuição da pena além dos limites previstos no tipo legal a sua incidência também influirá na determinação do prazo prescricional. Por isso, devem sempre ser consideradas. Em virtude da pena concreta ainda não ter sido fixada (lembre-se que, na *PPP propriamente dita*, a prescrição é determinada pela pena máxima em abstrato), será considerada a causa de aumento que mais aumente e a causa de diminuição que menos diminua a pena.

O termo inicial da *PPP propriamente dita*, de acordo com o art. 111 do CP, começa a correr:

I – do dia em que o crime se consumou;

II – no caso de tentativa, do dia em que cessou a atividade criminosa;

III – nos crimes permanentes, do dia em que cessou a permanência;

IV – nos de bigamia e nos de falsificação ou alteração de assentamento do registro civil, da data em que o fato se tornou conhecido;

V – nos crimes contra a dignidade sexual de crianças e adolescentes, previstos neste Código ou em legislação especial, da data em que a vítima completar 18 anos, salvo se a esse tempo já houver sido proposta a ação penal.

O curso do prazo da PPP pode ser suspenso (art. 116 do CP) ou interrompido (art. 117 do CP). Na suspensão (ou causas impeditivas) a recontagem do prazo é feita pelo restante, computando-se o tempo anteriormente decorrido. Na interrupção a recontagem do prazo é feita por inteiro, desprezando-se o lapso decorrido anteriormente.

As causas suspensivas são aquelas que suspendem o curso do prazo prescricional que começa a correr pelo tempo restante depois de cessadas as causas que o determinaram, ou seja, a contagem de prazo não é reiniciada. A prescrição estará suspensa nos seguintes casos:

1 – enquanto não resolvida, em outro processo, questão de que dependa o reconhecimento da existência do crime;
2 – enquanto o agente cumpre pena no estrangeiro;
3 – durante o tempo em que o condenado está preso por outro motivo, mesmo que tenha existido sentença condenatória transitada em julgado.
4 – enquanto estiver em cumprimento carta rogatória;
5 – enquanto o processo estiver suspenso pela suspensão condicional do processo;
6 – quando o réu, citado por edital, não comparece e não constitui defensor (art. 366 do CPP);
7 – no caso de imunidade parlamentar.

DICA IMPORTANTE:

O STJ, por meio da Súmula 415, estabeleceu que o período de suspensão do prazo prescricional é regulado pelo máximo da pena cominada.

Por sua vez, a Súmula 438 do STJ veda a prescrição virtual ou antecipada: "É inadmissível a extinção da punibilidade pela prescrição da pretensão punitiva com fundamento em pena hipotética, independentemente da existência ou sorte do processo penal."

As causas interruptivas da prescrição acarretam o recomeço por inteiro do prazo prescricional. As causas interruptivas são:

1 – recebimento da denúncia ou da queixa;
2 – decisão confirmatória de pronúncia;
3 – publicação de sentença ou acórdão condenatório recorrível;
4 – início ou continuação do cumprimento da pena;

5 – reincidência.

6 – revogação do *sursis* ou do livramento condicional.

O § 1.º do art. 117 do CP determina que a interrupção da prescrição produz efeitos relativamente a todos os autores do crime. Nos crimes conexos, que sejam objeto do mesmo processo, estende-se aos demais a interrupção relativa a qualquer deles.

A prescrição da pretensão punitiva propriamente dita pode ocorrer nos seguintes períodos:

- da data do início do prazo até o recebimento da denúncia ou queixa (também vale para júri);
- da data do recebimento da denúncia ou queixa até a publicação da sentença condenatória (ou da pronúncia, no tribunal do júri);
- da data da publicação da pronúncia até a publicação do seu acórdão confirmatório, se houver recurso;
- da data da publicação da pronúncia, ou do seu acórdão confirmatório, até a publicação da sentença condenatória.

É importante destacar que, no concurso de crimes, o prazo para a prescrição da pretensão punitiva deve ser calculado sempre para cada um dos crimes componentes, e não pela soma ou pela pena aumentada pelo concurso. Nesse sentido, o art. 119 do CP dispõe que, no caso de concurso de crimes, a extinção da punibilidade incidirá sobre a pena de cada um, isoladamente. O art. 118 determina que as penas mais leves prescrevem com as mais graves.

2 – *PPP intercorrente* (ou superveniente à sentença condenatória): ocorre no período entre a data da publicação da sentença condenatória e o trânsito em julgado da sentença condenatória para o MP ou o improvimento do seu recurso, pois, nestes casos, já teremos a pena concreta máxima, uma vez que ela não poderá ser majorada em razão de recurso da defesa.

Se o agente foi absolvido em primeira instância e condenado pelo tribunal, em virtude de recurso da acusação, o termo inicial da PPP intercorrente será a publicação do acórdão condenatório.

A determinação do prazo prescricional também deve observar a tabela do art. 109 do CP. Na hipótese de crime continuado, a prescrição será regulada pela pena de cada um dos crimes que a compõem, isoladamente, e não sobre a soma do concurso material. Também no crime continuado e no concurso formal não serão computados acréscimos deles decorrentes.

A prescrição da pretensão punitiva intercorrente rescinde a sentença condenatória, não gera a reincidência e impede a formação e a execução da sentença condenatória.

3 – *PPP retroativa:* também é calculada pela pena concretamente fixada na sentença condenatória transitada em julgado para a acusação. Difere da *PPP intercorrente* porque a contagem do prazo prescricional desta é feita da publicação da sentença condenatória para frente, enquanto na *PPP retroativa* a contagem é feita da publicação da sentença condenatória para trás (retroativamente). Deve-se obedecer a tabela do art. 109 e as regras sobre concurso de crimes.

A sua ocorrência pode ser verificada nos seguintes períodos:

- entre a data do recebimento da denúncia ou queixa e a data da publicação da pronúncia;
- entre a data da publicação da pronúncia e a data da publicação do seu acórdão confirmatório;
- entre a data da pronúncia ou a sua confirmação por acórdão e a data da publicação da sentença condenatória;
- entre a data do recebimento da denúncia ou queixa e a data da publicação da sentença condenatória.

Importante observar que o art. 110 do CP teve sua redação alterada pela Lei 12.234/2010, para expressamente vedar que a PPP retroativa tenha por termo inicial data anterior a do recebimento da denúncia ou queixa. O § 1.º do art. 110 do CP agora prevê: "A prescrição, depois da sentença condenatória com trânsito em julgado para a acusação ou depois de improvido seu recurso, regula-se pela pena aplicada, **não podendo, em nenhuma hipótese, ter por termo inicial data anterior à da denúncia ou queixa**." Assim, embora o art. 1.º da Lei 12.234/2010 enuncie que a prescrição retroativa foi excluída, ainda permanecem as hipóteses logo acima elencadas, tendo sido suprimida, na verdade, apenas a PPP retroativa que se dava no período entre a data do fato e a do recebimento da denúncia ou queixa.

A prescrição da pretensão punitiva retroativa também produz os mesmos efeitos que as anteriores.

DICA IMPORTANTE:

Cuidado para não confundir os prazos da prescrição antes de transitar em julgado a sentença. Lembre-se de que a referência sempre deve ser a pena máxima cominada em lei. Os prazos são os mesmos tanto para as penas privativas de liberdade como para as penas restritivas de direitos.

PENA MÁXIMA COMINADA AO CRIME	PRAZO PRESCRICIONAL
+ 12 anos	20 anos
+ 8 anos e – ou = 12 anos	16 anos
+ 4 anos e – ou = 8 anos	12 anos
+ 2 anos e – ou = 4 anos	8 anos
= 1 ano e – 2 anos	4 anos
– 1 ano	3 anos

12.2.4.2 Prescrição da Pretensão Executória (PPE)

A prescrição da pretensão executória ocorre depois de transitar em julgado a sentença condenatória. Apenas impede que o Estado execute a pena imposta na sentença condenatória. Os efeitos secundários da condenação continuam incidindo para gerar, inclusive, reincidência e atestado de antecedentes criminais.

Por já existir sentença condenatória transitada em julgado, a PPE é calculada pela pena nela fixada. O seu prazo também obedece à tabela do art. 109 do CP.

O termo inicial da PPE começa a correr, de acordo com o art. 112 do CP:

> I – do dia em que transita em julgado a sentença condenatória, para a acusação, ou a que revoga a suspensão condicional da pena ou o livramento condicional;
>
> II – do dia em que se interrompe a execução, salvo quando o tempo da interrupção deva computar-se na pena.

No caso de evadir-se o condenado ou de revogar-se o livramento condicional, a prescrição é regulada pelo tempo que resta da pena (art. 113 do CP).

De acordo com o art. 110, *caput,* do CP, a prescrição depois de transitar em julgado a sentença condenatória regula-se pela pena aplicada e verifica-se nos prazos fixados no art. 109, os quais se aumentam de um terço, se o condenado é reincidente. O art. 115 determina que sejam reduzidos de metade os prazos de prescrição quando o criminoso for, ao tempo do crime, menor de 21 anos, ou, na data da sentença, maior de 70 anos.

Pelo fato de a reincidência e a prisão serem condições de caráter personalíssimo, a interrupção da PPE em relação a um dos autores não produz efeitos quanto aos demais.

Prevalece na doutrina o entendimento de que a interrupção pela reincidência ocorre no momento da prática do segundo crime, e não pela sentença condenatória irrecorrível proferida no processo em que foi apurada a prática do ilícito. O aumento do prazo da PPE em virtude da reincidência incide sobre a reincidência anterior à condenação. A posterior só produz o efeito de interromper o curso do prazo.

Durante o período de prova do *sursis* ou do livramento condicional, o prazo prescricional da pretensão executória da pena de multa não correrá.

DICA IMPORTANTE:

A prescrição depois do trânsito em julgado segue a mesma tabela apresentada na dica anterior, só que, desta vez, a referência não é mais a pena máxima cominada, mas sim **a pena aplicada na sentença condenatória.** Em caso de reincidência do condenado, os prazos devem ser aumentados em 1/3.

PENA APLICADA NA SENTENÇA EM CASO DE ACUSADO REINCIDENTE	PRAZO PRESCRICIONAL
+ 12 anos	26 anos, 7 meses e 6 dias
+ 8 anos e – ou = 12 anos	21 anos, 3 meses e 28 dias
+ 4 anos e – ou = 8 anos	15 anos, 11 meses e 26 dias
+ 2 anos e – ou = 4 anos	10 anos, 7 meses e 27 dias
= 1 ano e – 2 anos	5 anos, 3 meses e 28 dias
– 1 ano	4 anos

12.2.4.3 Prescrição da pena de multa

Pelo fato de a execução da pena de multa estar regida pela legislação relativa à dívida ativa da Fazenda Pública, o termo inicial da prescrição é o trânsito em julgado da sentença condenatória, momento esse em que ocorre a formação do título judicial.

A prescrição da pena de multa ocorrerá nos termos seguintes (art. 114 do CP):

"I – em dois anos, quando a multa for a única pena cominada ou aplicada;

II – no mesmo prazo estabelecido para prescrição da pena privativa de liberdade, quando a multa for alternativa ou cumulativamente cominada ou cumulativamente aplicada".

Vale destacar que a execução da pena de multa será suspensa quando sobrevier doença mental ao condenado (art. 167 da LEP).

A reincidência do condenado amplia o prazo prescricional da pena de multa, em ambos os casos acima listados, em 1/3.

Ter menos de 21 anos de idade no momento da conduta ou mais de 70 no momento em que a sentença transite em julgado, reduz os prazos de prescrição da pena de multa pela metade.

Em relação à prescrição da pretensão punitiva da pena de multa, aplicam-se as mesmas causas suspensivas e interruptivas da PPP propriamente dita. Em relação à PPE, as causas suspensivas e interruptivas são as previstas nas normas da legislação relativa à dívida ativa da Fazenda Pública (art. 8.º, § 2.º, da Lei 6.830/1980 – despacho do juiz que manda citar o réu para pagar a multa).

Durante o período de prova do *sursis* ou do livramento condicional, o prazo prescricional da pena de multa também não correrá.

DICA:

Para lembrar: PPP (prescrição da pretensão punitiva ou perda do prazo para punir) e PPE (prescrição da pretensão executória ou perda do prazo para executar).

12.2.5 Decadência e perempção

A *decadência* significa a perda do direito de propor a ação penal privada em face da inércia do seu titular, o ofendido, que não a intenta dentro do prazo legal de seis meses, contados a partir do dia em que o ofendido descobriu a autoria do crime.

Pode ocorrer na ação penal privada, na ação penal pública condicionada à representação do ofendido e na ação penal privada subsidiária. Jamais se manifestará na ação penal pública incondicionada e na condicionada à requisição do Ministro da Justiça.

Ressalte-se que o prazo decadencial é interrompido na data do oferecimento da queixa (e não na data do seu recebimento) e, também, com a entrega da representação em cartório. A instauração de inquérito policial, vale ressaltar, não interrompe o prazo decadencial.

A perempção é sanção aplicada ao querelante consistente na perda do direito de prosseguir na ação penal devido à sua inércia ou negligência. Só é cabível na ação penal exclusivamente privada (a ação privada subsidiária da pública será assumida pelo Ministério Público quando o querelante se mantiver inerte).

Conforme o art. 60 do CPP, nos casos em que somente se procede mediante queixa, considerar-se-á perempta a ação penal:

I – quando, iniciada esta, o querelante deixar de promover o andamento do processo durante 30 dias seguidos;

II – quando, falecendo o querelante, ou sobrevindo sua incapacidade, não comparecer em juízo, para prosseguir no processo, dentro do prazo de 60 dias, qualquer das pessoas a quem couber fazê-lo, ressalvado o disposto no art. 36 do CPP;

III – quando o querelante deixar de comparecer, sem motivo justificado, a qualquer ato do processo a que deva estar presente, ou deixar de formular o pedido de condenação nas alegações finais;

IV – quando, sendo o querelante pessoa jurídica, essa se extinguir sem deixar sucessor.

Caso ocorra a morte do querelante nos crimes de ação penal privada personalíssima a punibilidade do agente será extinta pela perempção. A perempção não se confunde com a preclusão, que é o impedimento de se praticar determinado ato processual.

12.2.6 Renúncia do direito de queixa

A renúncia é causa de extinção da punibilidade por meio da qual o querelante manifesta expressamente (pelo ofendido, por seu representante legal ou procurador com poderes especiais) ou tacitamente (pela prática de ato incompatível com a vontade de processar o autor do crime) a sua vontade de não ajuizar a ação penal exclusivamente privada. Só pode ocorrer, portanto, antes do oferecimento da queixa (após o seu oferecimento, haverá perdão do ofendido). Observe-se que há autores, dentre eles Mirabete, que informam ser possível a renúncia antes do recebimento da queixa. A renúncia não é admitida nos casos de ação penal privada subsidiária, pois esta, mesmo promovida pelo ofendido, continua tendo natureza pública, o que a torna indisponível.

Essa renúncia configura-se como ato unilateral, pois independe da manifestação de vontade ou autorização por parte do sujeito ativo do delito e não precisa de fundamentação para ser realizada. É também ato indivisível, pois a renúncia ao exercício do direito de queixa, em relação a um dos autores do crime, a todos se estenderá, extinguindo a punibilidade em relação aos demais.

Nos Juizados Especiais Criminais o recebimento da indenização pelo dano resultante de crime de menor potencial ofensivo, decorrente de acordo homologado pelo juiz, extingue a punibilidade do agente. Trata-se de uma exceção à regra estampada no art. 104, parágrafo único, do CP, pelo qual o recebimento da aludida indenização não caracteriza renúncia tácita.

Quando exercida pelo menor de 18 anos a renúncia será apresentada pelo representante legal. A renúncia do representante legal do menor que houver completado 18 anos não privará este do direito de queixa.

12.2.7 Retratação do agente

A retratação é ato de retirar, ou desdizer, uma afirmação anteriormente feita. Trata-se de uma confissão do erro pelo agente que determina, nas excepcionais hipóteses em que for admitida pela lei, a extinção da punibilidade do fato. Não depende da aceitação do ofendido.

Deve ser feita pelo próprio ofensor, ou por seu procurador com poderes especiais, e antes da prolação de sentença penal na primeira instância (no júri deve ser feita até a pronúncia).

As poucas hipóteses em que a retratação é admitida existem em relação aos crimes contra a honra (art. 143) – salvo no crime de injúria em que a retratação só era admitida nos crimes de imprensa – e ao crime de falso testemunho ou falsa perícia (art. 342, § 2.º), ambos previstos no CP.

No crime de falso testemunho ou falsa perícia, o § 2.º do art. 342 do CP determina que o fato deixe de ser punível se, antes da sentença no processo em que ocorreu o ilícito, o agente se retratar ou declarar a verdade. A redação desse dispositivo permite que a extinção da punibilidade pela retratação (circunstância de caráter pessoal) comunique-se aos demais coautores e partícipes.

Nos crimes contra a honra, entretanto, os efeitos da retratação não se comunicam aos demais ofensores.

12.2.8 Perdão judicial e perdão do ofendido

O *perdão judicial* consiste no ato do juiz que, na sentença, deixa de aplicar a pena ao réu nas hipóteses expressamente previstas na lei penal. A sua natureza jurídica é a de direito subjetivo do agente, não podendo o juiz deixar de concedê-lo diante do preenchimento dos requisitos.

A decisão que concede o perdão judicial não depende da vontade do réu e, de acordo com a Súmula 18 do STJ, tem a natureza jurídica de *decisão declaratória de extinção da punibilidade* (o réu não é sequer declarado culpado). Por ser uma circunstância de caráter pessoal (subjetiva), o perdão judicial não se comunica aos coautores e partícipes do crime. Os crimes conexos são alcançados também pelo perdão judicial.

Segundo reza o art. 120 do CP, o perdão judicial não gera reincidência.

As hipóteses legais que admitem perdão judicial são as seguintes:

- no homicídio culposo em que as consequências da infração atinjam o agente de forma tão grave que a sanção penal se torna desnecessária (art. 121, § 5.º, do CP);
- na lesão corporal culposa com as mesmas consequências da hipótese anterior (art. 129, § 8.º, do CP);
- na injúria em que o ofendido, de forma reprovável, tenha provocado diretamente a ofensa, ou no caso de retorsão imediata (art. 140, § 1.º, I e II, do CP);
- sujeito que toma refeições ou se hospeda sem dispor de recursos para o pagamento ("pindura") (art. 176, parágrafo único, do CP);
- na receptação culposa em que o criminoso seja primário (art. 180, § 5.º, do CP);
- na subtração de incapazes de quem tenha a guarda, se o menor ou interdito for restituído sem ter sofrido maus-tratos ou privações (art. 249, § 2.º, do CP);
- no parto suposto ("adoção à brasileira") (art. 242, parágrafo único, do CP);
- na apropriação indébita previdenciária (art. 168-A, § 3.º, do CP);
- no crime ambiental de guarda doméstica de espécie silvestre não considerada ameaçada de extinção (art. 29, § 2.º, da Lei 9.605/1998);
- outros.

O *perdão do ofendido*, previsto no art. 105 do CP, é a manifestação da vontade do querelante em perdoar, desculpar o autor do fato criminoso. É cabível somente nas ações privadas.

O perdão deve ocorrer desde o recebimento da queixa até o trânsito em julgado da sentença. Antes da propositura da ação o ofendido manifesta a sua vontade por meio da renúncia do direito de queixa. Após o trânsito em julgado o ofendido não poderá dispor da ação porque não detém a titularidade da pretensão executória, que é exclusiva do Estado. O perdão pode ser, ainda, expresso ou tácito (extraprocessual).

Sendo um negócio jurídico bilateral, o perdão só produz efeitos quando for aceito pelo autor do fato criminoso, pois ele poderá ter o eventual interesse em demonstrar judicialmente a sua inocência. O perdão concedido a um dos querelados aproveitará a todos, sem que produza, todavia, efeito em relação ao que o recusar (art. 51 do CPP).

Se o querelado for mentalmente enfermo ou retardado mental e não tiver representante legal, ou colidirem os interesses deste com os do querelado, a aceitação do perdão caberá ao curador que o juiz lhe nomear.

DICA:

Um dos principais motivos que levaria o acusado a não aceitar o perdão do ofendido seria o fato de a sentença absolutória transitada em julgado tornar-se título executivo para a ação civil *ex delicto*, não se discutindo mais o mérito indenizatório, mas apenas o valor da indenização a ser estabelecido a título de perdas e danos.

12.3 QUESTÕES

1. **(OAB/SP 133) João, em 20 de maio de 2000, culposamente atirou em sua mulher que veio a falecer em 23 de maio de 2000. Em 23 de maio de 2004, o juiz recebeu a denúncia contra João. A sentença transitada em julgado condenou João à pena privativa de liberdade de 2 anos de detenção. Levando-se em conta que a pena privativa de liberdade de 2 anos prescreve em 4 anos e que o termo inicial do prazo prescricional se inicia no dia em que o crime se consumou, assinale a alternativa correta.**

   a) O fato se deu em 20 de maio de 2000. Entre o fato e o recebimento da denúncia (23 de maio de 2004), passaram-se mais de quatro anos. Assim, temos a prescrição da pretensão punitiva *in abstracto*.

   b) O fato se deu em 20 de maio de 2000. Entre o fato e o recebimento da denúncia (23 de maio de 2004), passaram-se mais de quatro anos. Assim, temos a prescrição da pretensão punitiva retroativa.

   c) O fato se deu em 23 de maio de 2000. Entre o fato e o recebimento da denúncia (23 de maio de 2004), passaram-se mais de quatro anos. Assim, temos a prescrição da pretensão punitiva *in abstracto*.

   d) O fato se deu em 23 de maio de 2000. Entre o fato e o recebimento da denúncia (23 de maio de 2004), passaram-se mais de quatro anos. Assim, temos a prescrição da pretensão punitiva retroativa.

2. (OAB/NACIONAL 2008_1) A respeito da prescrição, assinale a opção correta.

a) Nas infrações permanentes, assim como na bigamia e na falsificação, a prescrição da pretensão punitiva começa a correr a partir do primeiro dia em que o crime ocorreu.

b) No caso de o condenado evadir-se, a prescrição da pretensão executória deve ser regulada pelo tempo que resta da pena.

c) A prescrição começa a correr a partir do dia em que transita em julgado, para a defesa, a sentença condenatória.

d) O curso da prescrição interrompe-se pelo oferecimento da denúncia e pela sentença condenatória ou absolutória recorrível.

3. (OAB 2010.2 – FVG) Paula Rita convenceu sua mãe adotiva, Maria Aparecida, de 50 anos de idade, a lhe outorgar um instrumento de mandato para movimentar sua conta bancária, ao argumento de que poderia ajudá-la a efetuar pagamento de contas, pequenos saques, pegar talões de cheques etc., evitando assim que a mesma tivesse que se deslocar para o banco no dia a dia. De posse da referida procuração, Paula Rita compareceu à agência bancária onde Maria Aparecida possuía conta e sacou todo o valor que a mesma possuía em aplicações financeiras, no total de R$ 150.000,00 (cento e cinquenta mil reais), apropriando-se do dinheiro antes pertencente a sua mãe. Considerando tal narrativa, assinale a alternativa correta.

a) Paula Rita praticou crime de estelionato em detrimento de Maria Aparecida e, pelo fato de ser sua filha adotiva, é isenta de pena.

b) Paula Rita praticou crime de furto mediante fraude em detrimento de Maria Aparecida e, pelo fato de ser sua filha adotiva, é isenta de pena.

c) Paula Rita praticou crime de estelionato em detrimento de Maria Aparecida e, apesar de ser sua filha adotiva, não é isenta de pena.

d) Paula Rita praticou crime de furto mediante fraude em detrimento de Maria Aparecida e, apesar de seu sua filha adotiva, não é isenta de pena.

4. (OAB/PR 02/2006) Sobre as causas extintivas da punibilidade, assinale a alternativa INCORRETA:

a) a perempção consiste na perda do direito de ação pela inércia do querelante.

b) a decadência consiste na perda do direito de ação pelo decurso do tempo.

c) a renúncia do direito de queixa ocorre quando a vítima deixa de comunicar à autoridade policial a ocorrência do delito, impossibilitando a *persecutio criminis*.

d) é possível a concessão do perdão pelo ofendido a qualquer tempo, desde que não haja sentença condenatória transitada em julgado.

5. (OAB/SP 130.°) A respeito da prescrição, assinale a alternativa incorreta.

a) A pena de multa cumulada com pena privativa de liberdade prescreverá em 2 anos, não se levando em conta o tempo de prescrição da pena privativa de liberdade.

b) Se o criminoso era, na data da sentença, maior de setenta anos, os prazos prescricionais devem ser reduzidos de metade.

c) Quando se tratar de crime continuado, a prescrição regula-se pela pena imposta na sentença, não se computando o acréscimo decorrente da continuação.

d) A decisão confirmatória da pronúncia constitui causa interruptiva da prescrição.

6. (OAB/SP 131.°) Sobre a reincidência, é correto afirmar que, segundo súmula do Superior Tribunal de Justiça,

a) a reincidência penal pode ser considerada como circunstância agravante e, simultaneamente, como circunstância judicial.

b) a incidência da reincidência pode conduzir ao aumento da pena acima do máximo legal.

c) em caso de reincidência, não é possível o livramento condicional.

d) a reincidência não influi no prazo da prescrição da pretensão punitiva.

7. (OAB/RJ 33.° – CESPE) Na hipótese do crime de falso testemunho, a retratação do agente

a) é causa extintiva de punibilidade, caso seja feita antes da prolação da sentença no processo em que foi prestado o falso testemunho.

b) não é causa de extinção de punibilidade.

c) é causa extintiva de punibilidade, caso seja feita antes da prolação da sentença do processo criminal relativo ao crime de falso testemunho.

d) feita a qualquer momento é causa extintiva de punibilidade.

8. (OAB/Nacional CESPE 2007.I) No crime de apropriação indébita previdenciária, o pagamento integral dos débitos oriundos da falta de recolhimento de contribuições sociais, efetuado posteriormente ao recebimento da denúncia, é

a) causa de exclusão da tipicidade.

b) causa de extinção da punibilidade.

c) indiferente penal.

d) circunstância atenuante.

9. (OAB/CESPE 2006.III) Assinale a opção correta a respeito da prescrição.

a) O prazo de prescrição da pretensão punitiva é regulado pela quantidade de pena imposta na sentença condenatória.

b) No caso de evadir-se o condenado, a prescrição é regulada pelo tempo que resta da pena.

c) Se, entre a data da sentença e a data do recebimento da denúncia, houver ocorrido o lapso de tempo de prescrição regulado pela pena in concreto, dar-se-á a prescrição intercorrente.

d) O curso da prescrição é suspenso pela reincidência.

10. (OAB/CESPE 2006.I) Assinale a opção correta, considerando a jurisprudência do STJ e do STF.

a) O STJ não admite a aplicação do princípio da bagatela no crime de furto, ainda que seja insignificante o valor dos bens furtados.

b) O STF nega a possibilidade de se atribuir à pessoa jurídica capacidade para a prática de crime ambiental.

c) O uso de arma de brinquedo justifica aumento de pena no caso de roubo.

d) O STJ não admite extinção da punibilidade pela prescrição em perspectiva.

11. (CESPE/DELEGADO RN/2008) Em relação ao concurso de crimes e à extinção de punibilidade, julgue os itens subsequentes.

I – Ocorre o concurso material quando o agente, mediante mais de uma conduta, pratica dois ou mais crimes, idênticos ou não, situação em que as penas são cumuladas.

II – A pena unificada para atender ao limite de trinta anos de cumprimento, determinada pelo CP, não é considerada para a concessão de outros benefícios, como o livramento condicional ou regime mais favorável de execução.

III – Havendo um concurso formal de crimes, quanto à pena de multa, aplica-se o sistema de cumulação material, ou seja, são elas impostas distinta e integralmente, sem que se fale no sistema da exasperação, que é voltado apenas para as penas privativas de liberdade.

IV – Quando se tratar de crime continuado, a prescrição regula-se pela pena imposta na sentença, não se computando o acréscimo decorrente da continuação.

V – No caso de concurso de crimes, a extinção da punibilidade incidirá sobre a pena de cada um, isoladamente.

VI – No concurso de infrações, executar-se-á primeiramente a pena mais grave. Porém, no que se refere à prescrição, as penas mais leves prescrevem com as mais graves.

A quantidade de itens certos é igual a:

a) 2.
b) 3.
c) 4.
d) 5.
e) 6.

12. (CESPE/DELEGADO PB/2008) Não leva à extinção da punibilidade do agente:

a) a retroatividade de lei que não mais considera o fato como criminoso.
b) a prescrição, a decadência ou a perempção.
c) a renúncia do direito de queixa ou o perdão aceito, nos crimes de ação privada.
d) o casamento do agente com a vítima, nos crimes contra os costumes.
e) a retratação do agente, nos casos em que a lei a admite.

GABARITO: As respostas destes testes encontram-se no final do livro.

Parte Especial

1

CRIMES CONTRA A PESSOA

1.1 CRIMES CONTRA A VIDA

1.1.1 Homicídio (art. 121 do CP)

Tipo – Matar Alguém

O homicídio é a eliminação da vida de uma pessoa praticada por outra. Para a tipificação desse delito, exige-se que a vida humana eliminada seja extrauterina (rompimento da bolsa), pois, caso fosse intrauterina, o crime é o de aborto. O homicídio apresenta as seguintes espécies:

- Simples
- Privilegiado
- Qualificado
- Culposo
- Culposo agravado ou com aumento de pena
- Doloso agravado ou com aumento de pena

Simples (*caput*) – Pena de seis a 20 anos de reclusão.

Privilegiado (§ 1.º) – O motivo pode reduzir a pena de 1/6 a 1/3 na hipótese em que o agente comete o crime impelido por motivo de relevante valor social (algo de extrema importância para determinado núcleo social) ou moral (algo de extrema importância para os sentimentos do agente) ou sob o domínio de violenta emoção (reação sentimental violenta a injusta provocação por parte da vítima), logo em seguida a injusta provocação da vítima.

DICA IMPORTANTE:

Cuidado para não confundir:

> "Art. 121, § 1.º, do CP: Se o agente comete o crime impelido por motivo de relevante valor social ou moral, ou sob o domínio de violenta emoção, logo em seguida a injusta provocação da vítima, o *juiz pode reduzir a pena de um sexto a um terço*".

> "Art. 65, do CP: *São circunstâncias que sempre atenuam a pena:*
> III – ter o agente:
> a) cometido o crime por motivo de relevante valor social ou moral".

Nas hipóteses previstas para o homicídio privilegiado, a redução de pena de um sexto a um terço pode ser aplicada pelo juiz, baseado na análise do caso concreto, desde que este entenda ser necessário, a título de mensuração de pena, realizar esta redução. Na hipótese prevista no art. 65 do Código Penal, a presença do relevante valor moral ou social, obrigatoriamente, promoverá uma redução de pena, não sendo este atenuante ato discricionário do magistrado (juízo de valor), ou seja, não cabe a este, entendendo ter manifestado-se as condições elencadas em lei, decidir se fará ou não esta redução, obrigando-se a aplicar o atenuante previsto na letra da lei.

É válido ressaltar que o domínio de violenta emoção, logo em seguida à injusta provocação da vítima, embora possa privilegiar o crime de homicídio, não poderá excluir a aplicação da pena, pois o Código Penal estabelece taxativamente que a paixão e a emoção não excluem a imputabilidade penal.

DICA:

– **Relevante valor social:** circunstância que ofende ao indivíduo enquanto membro de uma coletividade, atingindo sua honra social. Exemplo: o cidadão que mata um agente criminoso que acabou de executar uma criança, a sangue frio, em via pública;

– **Relevante valor moral:** circunstância que ofende ao indivíduo no que tange a sua honra pessoal e subjetiva. Exemplo: o pai que mata o estuprador da própria filha;
– **Violenta emoção, logo em seguida à injusta provocação da vítima:** circunstância em que a provocação realizada pela vítima de homicídio desestabilizou o agressor, provocando-lhe uma reação de fúria ou um destemperamento. Exemplo: indivíduo que mata pessoa que lhe proferiu uma série de impropérios verbais.

Qualificado (§ 2.º) – Pena de 12 a 30 anos de reclusão.

O homicídio pode ser qualificado por quatro fatores distintos, a saber:

I – Quanto ao motivo:

a) *Mediante paga ou promessa de recompensa*: também denominado de homicídio pecuniário ou homicídio mercenário, em que a motivação para o cometimento do crime reside em uma recompensa ou promessa desta. É importante ressaltar que esta vantagem não precisa ser necessariamente de natureza material, podendo ser também de natureza pessoal ou social. De acordo com jurisprudência dominante, esta qualificadora também atinge os intermediários do crime, principalmente quando estes tiverem interesse de natureza econômica na empreitada;

b) *Por motivo torpe*: ou seja, quando a motivação do crime reside em um motivo vil, barato, vulgar, desprezível ou repugnante, demonstrando a maldade do agente agressor. É importante destacar que grande parte da jurisprudência não admite que a vingança e o ciúme possam ser considerados qualificadores do crime de homicídio. Exemplo: o namorado que mata a companheira em decorrência de rompimento de relacionamento amoroso;

c) *Por motivo fútil*: quando a morte se deu por motivo frívolo, irrisório, sem importância, de valor ínfimo. É importante não confundir o homicídio qualificado pelo motivo fútil com o homicídio sem motivação. Como bem disciplinou a Ministra do Superior Tribunal de Justiça, Laurita Vaz: "Fútil é o motivo insignificante, apresentando desproporção entre o crime e sua causa moral. Não se pode confundir ausência de motivo, com futilidade. Assim, se o sujeito pratica o fato sem razão alguma, não incide esta qualificadora, à luz do princípio da reserva legal". Exemplo: o patrão que mata a empregada porque esta queimou uma camisa.

II – Quanto ao meio empregado:

a) com emprego de veneno, fogo, explosivo, asfixia, tortura ou outro meio insidioso ou cruel, ou de que possa resultar perigo comum.

DICAS IMPORTANTES:

– Só é aceita a qualificadora baseada no emprego de veneno quando esta é introduzida de forma que a vítima não perceba que está sendo envenenada.

– Meio insidioso: é o meio preparado sem o conhecimento da vítima, com emprego de fraude, da qual resulta a morte de vítima. Exemplo: soltar os parafusos da roda de um veículo.

III – Quanto ao modo de execução:

a) à traição, de emboscada, ou mediante dissimulação ou outro recurso que dificulte ou torne impossível a defesa do ofendido.

DICAS IMPORTANTES:

– **Emboscada**: ficar escondido aguardando a passagem da vítima para atingi-la.

– **Traição**: é o ataque sorrateiro à confiança da vítima; matar em um ato de deslealdade de modo a dificultar ou impossibilitar a reação da vítima à conduta do agente.

– **Dissimulação**: dissimular é esconder o real propósito, disfarçar a vontade real do agente.

IV – Por Conexão:

a) para assegurar a ocultação, a impunidade ou vantagem de outro crime.

DICA IMPORTANTE:

– Neste caso, o crime de homicídio está conexo com a prática de outro delito penal, em que o agente delituoso mata a vítima objetivando garantir sua impunidade, vantagem ou ocultação em relação às demais condutas praticadas. Exemplo: o assaltante de um banco que mata o vizinho que ameaçava denunciá-lo à autoridade policial.

Só para não esquecer:

FORMAS QUALIFICADORAS DO HOMICÍDIO

Culposo (§ 3.º) – Pena de um a três anos de detenção.

Ocorre quando a morte resulta de uma imprudência, negligência ou imperícia por parte do agente delituoso. Nessa hipótese, o juiz poderá deixar de aplicar a pena se as consequências da infração atingirem o próprio agente de forma tão grave que a sanção penal se torne desnecessária. Este instituto é conhecido como perdão judicial e configura-se como uma das causas extintivas de punibilidade previstas no art. 107 do CP.

Culposo agravado ou com aumento de pena (§ 4.º – 1.ª parte) – no homicídio culposo, a pena é aumentada de 1/3, se o crime resulta de inobservância de regra técnica de profissão, arte ou ofício, ou se o agente deixa de prestar imediato socorro à vítima, não procura diminuir as consequências do seu ato, ou foge para evitar prisão em flagrante.

Doloso agravado ou com aumento de pena (§ 4.º – 2.ª parte e § 6.º) – sendo doloso o homicídio, a pena é aumentada de 1/3 se o crime é praticado contra pessoa menor de 14 ou maior de 60 anos. Se o crime for praticado por milícia privada, sob o pretexto de prestação de serviço de segurança, ou por grupo de extermínio, a pena é aumentada de 1/3 até a metade.

Só para não esquecer:

AUMENTO DE PENA EM 1/3

Culposo		Doloso
Inobservância de regra técnica de profissão, arte ou ofício	Deixar de prestar socorro a vítima ou fugir para evitar flagrante	Contra menor de 14 ou maior de 60 anos

DICAS IMPORTANTES:

I – Questiona-se a possibilidade de o homicídio ser privilegiado e qualificado ao mesmo tempo. Doutrina e jurisprudência majoritária têm entendido pela possibilidade desde que as qualificadoras não sejam motivacionais (que são incompatíveis com os motivos do privilégio). Exemplo: pai que mata o estuprador da filha por emboscada ou estrangulando.

II – São considerados hediondos o homicídio qualificado (qualquer qualificadora) e o simples quando praticado em atividade típica de grupo de extermínio, ainda que cometido por um só agente (ex.: ato de justiceiro). Quando da elaboração da Lei dos Crimes Hediondos (Lei 8.072/1990) o homicídio não era considerado crime hediondo. Com a Lei 8.930/1994 é que tal tipo penal passou à condição de hediondez. Trata-se, por outro lado, de crime material (traz consequências no mundo fático), de efeitos permanentes e admite tentativa quando doloso. O candidato deve ficar atento à Lei dos Crimes Hediondos, que pode sofrer alterações a qualquer momento.

III – Se o homicídio for qualificado e privilegiado ao mesmo tempo não será hediondo.

IV – De acordo com entendimento jurisprudencial do STJ, a transmissão dolosa do vírus HIV, provocador da Síndrome da Imunodeficiência Adquirida (AIDS), poderá ser caracterizada como tentativa de homicídio, caso o infectado não venha a falecer, ou como homicídio consumado, existindo a morte da vítima. Tal entendimento encontra-se bem explícito nas palavras do Ministro Hamilton Carvalhido: "... Havendo dolo de matar, a relação sexual dirigida à transmissão do vírus da AIDS é idônea para a caracterização da tentativa de homicídio...". Recentemente, no julgamento do HC 160.982, a 6.ª Turma do STJ contrariou por unanimidade esse entendimento, decidindo que a transmissão consciente do vírus HIV caracteriza lesão corporal grave.

V – Ocorre a consumação do homicídio quando está presente a morte encefálica.

VI – A materialidade do homicídio é comprovada com a perícia realizada no cadáver, que recebe o nome de exame necroscópico.

1.1.2 Participação em suicídio (art. 122 do CP)

Crime caracterizado pelo auxílio, induzimento ou instigação à prática de suicídio. É importante diferenciarmos as três condutas que caracterizam o tipo penal:

I – auxílio: constitui-se como o meio de ajuda material prestado pelo agente delituoso ao suicida. Nesta hipótese presume-se que a vítima já tinha a ideia de se matar bem estabelecida em sua mente e a participação do criminoso resumiu-se a fornecer, facilitar ou criar as condições materiais para que o ato pudesse ser praticado. Exemplo: o fornecimento de uma arma ao suicida, para que este se mate;

II – induzimento: constitui-se como a conduta de criar, gerar ou plantar a ideia suicida no intelecto da vítima. Nesta hipótese, presume-se que a vítima não tinha elencado previamente a possibilidade de se matar, devendo esta ideia ter chegado até ela em decorrência das condutas do agente delituoso. Exemplo: o psicólogo que induz seu paciente a se matar como forma de parar de sofrer em decorrência de uma desilusão amorosa, desde que o paciente não tivesse elencado previamente esta possibilidade;

III – instigação: consiste na conduta de aumentar a ideia suicida que já existe no intelecto do suicida. Neste caso a vítima já pretendia se matar e o agente delituoso busca ampliar esta vontade. Exemplo: o marido que, pretendendo se matar, busca conforto intelectual com a sogra e esta o aconselha a seguir adiante com seu intento já que, segundo ela, a morte seria a melhor escolha naquela situação.

É importante destacar que só é punível a participação se o suicídio se consumar ou se dos atos resultarem lesão grave ou gravíssima na vítima.

Interessante situação é a do "pacto de morte", na qual duas ou mais pessoas combinam de se matar ao mesmo tempo. Nesse caso, deve ser observada a conduta individual dos agentes pactuantes, pois, com o pacto, cada um instiga o outro e por isso o sobrevivente responderá por participação em suicídio. Por outro lado, aquele que acionou o gás letal, acelerou o carro contra ribanceira etc. (exemplos) responderá por homicídio.

É imperioso que o suicida tenha discernimento sobre seus atos. Nesse sentido, aquele que induz, instiga ou auxilia o menor de 14 anos, o deficiente mental ou aquele que tem capacidade de resistência reduzida (bêbado, drogado etc.) a cometer suicídio responderá por homicídio.

A pena do crime será duplicada caso a conduta delituosa seja cometida por motivo egoístico, sendo a vítima menor ou tendo reduzida ou diminuída, por qualquer motivo, sua capacidade de resistência.

A participação em suicídio tem que ser exercida diretamente sobre a vítima de modo objetivo, sendo fato atípico, p. ex., o texto genérico (não direcionado) em livro ou *site*.

1.1.3 Infanticídio (art. 123 do CP)

Por vezes a mãe mata o filho nascente por estar em estado puerperal. Há de se observar que nem sempre o puerpério produz perturbações psíquicas à mulher, pelo que é exigível relação de causalidade.

Deve-se entender por puerpério o estado de alteração biopsicológico que a mulher pode apresentar no momento do parto ou nos momentos seguintes, podendo este estado ser provocado por vários elementos, tais como alterações hormonais, químicas, contrações involuntárias, dores excessivas, entre outros, desde que estas alterações estejam diretamente relacionadas ao parto e à parturiente.

Esse estado não retira a capacidade de discernimento da parturiente, pois, caso contrário, a mesma teria excluída a sua culpabilidade.

Para a tipificação do infanticídio, é necessário que a criança esteja nascendo ou já tenha nascido. A mãe que busca matar o filho ainda em estágio intrauterino, não responderá por este crime, mas, sim, por aborto.

É importante lembrar que o estado puerperal, necessário à manifestação do infanticídio, não pode ser confundido com depressão pós-parto. O puerpério pós-parto não pode funcionar como causa de exclusão de imputabilidade na conduta da mãe que mata o próprio filho, pois existe tipificação própria na letra da lei, para a conduta delituosa praticada mediante este estado de alteração que a mulher pode estar submetida. A depressão pós-parto configura-se como patologia psiquiátrica, podendo ser enquadrada como doença mental, prevista no art. 26 do Código Penal como causa de isenção de pena, desde que esta depressão torne o agente delituoso, no momento da conduta, inteiramente incapaz de entender o caráter ilícito do seu feito.

Segundo a doutrina majoritária (Damásio), aquele que, de alguma forma, contribui com a mãe que está em estado puerperal, responderá também pelo delito de infanticídio, pois as condições pessoais não se comunicam, salvo se forem elementares do crime, o que é o caso.

Se a mãe, estando em estado puerperal, vai ao berçário e, querendo matar o seu próprio filho, mata outra criança, responderá por infanticídio diante do erro de tipo acidental (sobre a pessoa) que cometeu.

1.1.4 Aborto (arts. 124 a 128 do CP)

De forma genérica, o crime de aborto configura-se com a interrupção da gestação. Portanto, é necessário que primeiro seja estabelecido o momento de início e de término da proteção do tipo legal do aborto sobre a gestação. Embora muito se discuta em termos doutrinários e jurisprudenciais o momento inicial da vida, para fins de aborto deve-se entender que o momento inicial da gestação será o da nidação, ou seja, o momento em que o óvulo fecundado se prende ao endométrio, membrana que envolve o útero. Este processo de nidação ocorre em média 14 dias depois de realizada a fecundação do óvulo pelo espermatozoide, fato manifestado normalmente nas trompas de falópio. Esta gestação estende-se até o início da expulsão do feto.

Em decorrência deste entendimento, a ingestão da pílula do dia seguinte não pode ser considerada como conduta abortiva, pois esta vai atuar sobre o endométrio, tentando evitar que a nidação ocorra. Como não existiu nidação ainda, não se pode falar em aborto. Da mesma forma, caso o parto já tenha sido iniciado, não se pode mais arguir a possibilidade de aborto, mas sim de homicídio ou infanticídio, dependendo do caso concreto.

Uma das discussões mais proeminentes atualmente sobre o aborto seria sobre a necessidade de o feto apresentar vida viável ou não para fins de materialização do crime. Esta forma de interrupção da gravidez é denominada aborto eugênico ou eugenésico, ou seja, a possibilidade de realização de aborto de forma lícita nos casos em que o feto ou embrião não possuam condições de sobreviverem forem do meio intrauterino. A licitude de tal questão foi discutida no julgamento da ADPF 54, no qual o STF decidiu que a interrupção da gestação de fetos anencéfalos é uma conduta atípica.

Inicialmente, a possibilidade de interrupção legítima da gestação, em casos que a vida fora do meio intrauterino seja inviável, não encontra previsão expressa em lei, que só tutelou a possibilidade de interrupção lícita da gravidez nos casos em que esta gestação coloque em risco a vida da gestante ou nos casos em que seja decorrência de um ato de violência sexual como o estupro. Assim sendo, a lei não externou taxativamente que só teremos o crime de aborto caso a gestação seja de vida viável, tipificando simplesmente o crime como o ato de interromper a gestação.

Em uma segunda análise, o conceito de vida viável assume uma conotação de natureza essencialmente subjetiva. Para alguns, estar preso por toda a vida a uma situação de tetraplegia seria uma vida inviável. Para outros, a simples manutenção da capacidade cognitiva, ou seja, de entendimento, já constitui mérito pelo qual vale a pena lutar. Logo, o entendimento passaria a ser discricionário e contigenciado, ferindo, em nossa opinião, a segurança jurídica tão necessária à preservação de um bem elementar como a vida. Assim sendo, para fins de cometimento do crime de aborto, não é necessário que a gestação seja de vida viável.

Observe-se, portanto, que, no caso de inviabilidade do feto, para a exclusão do crime, o aborto deve ser precedido de autorização judicial.

As principais espécies de aborto são:

I – Aborto provocado pela gestante ou com seu consentimento:

Ocorre quando a gestante, por seus próprios meios ou com a ajuda de terceiros, busca a interrupção da gestação.

II – Aborto provocado por terceiros:

Ocorre quando a gestação é interrompida por conduta de uma terceira pessoa que não a gestante. Pode ocorrer em duas modalidades:

a) sem o consentimento da gestante – pena de reclusão de 3 a 10 anos;
b) com o consentimento da gestante – pena de reclusão de 1 a 4 anos.

A pena para o aborto praticado com o consentimento da gestante será também de reclusão de 3 a 10 anos caso a gestante seja menor de 14 anos, débil mental ou alienada ou se o consentimento resultar de fraude, grave ameaça ou violência.

As penas para o aborto praticado com e sem o consentimento da gestante serão aumentadas em 1/3 se em razão do aborto ou dos meios empregados a gestante vier a sofrer lesão corporal grave. Caso a conduta resulte na morte da gestante, a pena será duplicada.

É importante destacar que, embora não previsto taxativamente em lei, a razoabilidade jurídica nos permite admitir que o aumento de pena de 1/3 aplica-se, também, aos casos em que o aborto ou os meios empregados para praticá-lo resultarem em lesão corporal gravíssima.

III – Aborto praticado por médico:

Ocorre quando o médico produz o aborto por não existir outro meio de salvar a vida da gestante. Configura-se como uma hipótese de estado de necessidade, não configura crime. Existe discussão doutrinária se o aborto nesta hipótese seria crime, configurando-se a conduta como exclusão de imputabilidade penal, ou se não existiria a figura delituosa. Tal discussão deriva do fato de que o Código Penal utiliza-se da expressão "não se pune o aborto praticado por médico se não há outro meio de salvar a vida da gestante". Para fins de prova, principalmente da OAB, devemos entender que neste caso não existe crime, manifestando-se uma causa de exclusão de ilicitude e não de imputabilidade.

IV – Aborto no caso de gravidez resultante de violência sexual:

Ocorre quando o aborto destina-se a interromper uma gravidez resultante de violência sexual (estupro).

1.2 LESÕES CORPORAIS (ART. 129 DO CP)

Devemos entender por lesão corporal toda e qualquer ofensa causada à integridade física ou à saúde de outrem, desde que o objetivo não seja a prática de outro crime. O sujeito passivo deve obrigatoriamente ser pessoa humana viva e que se encontra fora do meio intrauterino. Assim sendo, não teremos lesão corporal contra cadáveres, podendo subsistir neste caso outros delitos, como o de vilipêndio a cadáver ou, se a lesão for provocada contra embriões e fetos, pode restar configurada a tentativa de aborto.

Existem basicamente seis tipos de lesão corporal:

Lesão Corporal	Lesão Corporal Grave	Lesão Corporal Gravíssima
Lesão Corporal seguida de morte	Lesão Corporal Culposa	Violência doméstica

1 – Lesão corporal: denominada, apenas para critério de diferenciação das demais, de lesão corporal leve ou simples, corresponde à ofensa à integridade física ou à saúde de outrem que não venha a acarretar maiores danos ou consequências à vítima, não trazendo nenhuma das circunstâncias que permitiriam caracterizar a conduta, por exemplo, como lesão grave ou gravíssima.

2 – Lesão corporal grave: impede a vítima das ocupações habituais por mais de 30 dias, causa debilidade permanente de membro, sentido ou função; causa aceleração de parto ou causa risco de morte no ofendido.

3 – Lesão corporal gravíssima: causa incapacidade permanente para o trabalho, perda ou inutilização de membro, sentido ou função; aborto, enfermidade incurável ou deformidade permanente.

4 – Lesão corporal seguida de morte: nesta hipótese, a intenção do agente estava direcionada a provocar o resultado da lesão corporal, todavia, sua conduta acaba por trazer o resultado morte que não fora pretendido antecipadamente pelo agente delituoso. Este tipo de lesão corporal configura-se como um crime preterdoloso, em que existe dolo no antecedente (provocar lesão) e culpa no consequente (a morte da vítima).

5 – Lesão corporal culposa: é aquela em que o agente não objetiva o resultado delituoso, tampouco assume o risco de produzi-lo, mas acaba provocando dano à integridade física ou à saúde de outrem em decorrência de uma imprudência, negligência ou imperícia.

6 – Lesão corporal decorrente de violência doméstica: espécie de lesão corporal prevista na Lei 11.340/2006, mais conhecida como Lei Maria da Penha, criada para coibir e prevenir a violência doméstica e familiar contra as mulheres. Neste caso,

seria considerada lesão corporal, punível com pena de detenção de três meses a três anos, a lesão praticada contra ascendente, descendente, irmão, cônjuge ou companheiro, ou com quem conviva ou tenha convivido, ou, ainda, prevalecendo-se o agente delituoso, das relações domésticas, de coabitação ou de hospitalidade.

A lesão corporal poderá ter sua pena agravada em 1/3, quando esta resultar de inobservância de regra técnica de profissão, arte ou ofício, ou se o agente deixa de prestar imediato socorro à vítima, ou ainda não procura diminuir as consequências do seu ato. Esta agravante também está presente na hipótese de o agente fugir para evitar prisão em flagrante. Sendo a lesão corporal de natureza dolosa, o mesmo aumento de pena (1/3) estará presente caso o crime seja praticado contra menor de 14 anos ou maior de sessenta anos. Da mesma forma, a pena será aumentada de 1/3 até a metade se o crime for praticado por milícia privada, sob o pretexto de prestação de serviço de segurança, ou por grupo de extermínio

Nos casos de lesão corporal culposa, o juiz poderá deixar de aplicar a pena, caso entenda que as consequências da conduta atingiram o agente infrator de forma tão séria, grave ou danosa que a aplicação da pena se torna desnecessária.

É imperioso verificar que à lesão insignificante aplica-se o Princípio da Insignificância (não sendo punível o ato). A equimose (rouxidão sob a pele) e o hematoma (equimose com inchaço) constituem lesão corporal. Já o corte de cabelo em calouros (trote), eritemas (vermelhidão passageira) e a simples provocação de dor não constituem lesão corporal (Princípio da Insignificância).

Na hipótese de lesão corporal culposa (exemplo: acidente causado por excesso de velocidade – imprudência), a graduação da lesões não será considerada, mesmo que tenha consequências graves. No caso, são consideradas lesões corporais culposas.

As lesões corporais leves e as culposas, a seu turno, pela regra do art. 88 da Lei 9.099/1995 (Juizados especiais), procedem-se mediante representação (ação penal pública condicionada à representação).

Por propositura da ADI 4.424 pelo Procurador-Geral da República, o Supremo Tribunal Federal decidiu, no dia 09.02.2012, que o crime de lesões corporais, quando proveniente de violência doméstica e familiar contra a mulher, deve seguir ação pública incondicionada. Dessa forma, a regra estampada no art. 16 da Lei 11.340/2006, que cita a possibilidade de retratação por parte da vítima (e, portanto, ação pública condicionada), deixa de ter aplicabilidade para esse tipo de crime

A Lei 10.886/2004 incluiu a lesão corporal decorrente de violência doméstica, sendo aquela praticada contra ascendente, descendente, irmão, cônjuge ou companheiro, ou com quem conviva ou tenha convivido, ou, ainda, prevalecendo-se o agente das relações domésticas, de coabitação ou de hospitalidade (art. 129, § 9.º, do CP). Para essa hipótese a pena é de detenção de 3 meses a 3 anos (a pena foi aumentada pela Lei 11.340/2006). Se da violência doméstica decorrer lesão corporal grave, gravíssima ou morte, o novo § 10 do art. 129 determina o aumento da pena em 1/3. Caso a vítima seja portadora de deficiência, a pena será aumentada de um terço (§ 11 do art. 129 do CP incluído pela Lei 11.340/2006).

Por fim, é muito importante ressaltar que na hipótese de lesão corporal praticada com violência doméstica, o processo não correrá perante os juizados especiais criminais e sim perante os Juizados de Violência Doméstica e Familiar contra a Mulher (instituídos pela Lei 11.340/2006 – enquanto não estruturados, as varas criminais acumularão as competências cível e criminal para conhecer e julgar as causas decorrentes da prática de violência doméstica e familiar contra a mulher), não se aplicando, ainda, a Lei 9.099/1995.

Ressalte-se que existe violência doméstica não só para o relacionamento doméstico atual, como para o futuro relacionamento (namoro) e ex-relacionamento (ex-marido, ex-companheiro).

1.3 PERICLITAÇÃO DA VIDA E DA SAÚDE

1.3.1 Perigo

Alguns crimes espalhados pelo Código Penal são classificados como crimes de perigo. Nesses casos, só o fato de a conduta trazer consigo perigo para a vítima, independentemente do resultado, já é considerado crime.

Tenha-se em vista, entretanto, que, se o perigo é exclusivo para a vítima, o crime será de periclitação de vida e saúde (crime contra a pessoa) e, se o perigo abrange a coletividade, será crime contra a incolumidade pública (art. 250 e seguintes do CP).

Para efeitos didáticos poderemos aglutiná-los e dizer que são eles:

- **Perigo de contágio venéreo** (art. 130 do CP) – expor alguém a perigo ou contaminar, por meio de relações sexuais ou qualquer ato libidinoso, a contágio de moléstia venérea, de que sabe ou deve saber que está contaminado. Para a consumação basta o contato sexual, não necessitando da efetiva transmissão.
- **Perigo de contágio de moléstia grave** (art. 131 do CP) – praticar, com o fim de transmitir a outrem moléstia grave de que está contaminado, ato capaz de produzir o contágio. A medicina define o que é moléstia. Para a consumação basta o ato capaz de contagiar, não necessitando da efetiva transmissão.
- **Perigo para a vida ou saúde de outrem** (art. 132 do CP) – trata-se de qualquer meio que seja capaz de expor alguém a perigo de morte concretamente. Exemplo: na condução de veículo, por negar autorização para transfusão de sangue etc. O disparo de arma de fogo em local habitado ou em suas adjacências, em via pública ou em direção a ela, desde que essa conduta não tenha como finalidade a prática de outro crime, configura o crime do art. 15 da Lei 10.826/2003 – Estatuto do Desarmamento (que revogou a Lei 9.437/1997).
- **Perigo de inundação** (art. 255 do CP) – para configurar esse delito, o agente deverá praticar qualquer ato que, de alguma forma, possa vir a dar causa a inundação, ou seja, deverá remover, destruir ou inutilizar obstáculo natural ou obra destinada a impedir inundação. Não se trata de periclitação de vida, e sim contra a incolumidade pública.
- **Perigo de desastre ferroviário** (art. 260 do CP) – quando o agente de alguma forma impede ou perturba serviço de estrada de ferro, destruindo, danificando, desarranjando, colocando obstáculo, transmitindo falso aviso ou qualquer outro ato incidente sobre a linha férrea que possa causar desastre, comete a infração de Perigo de Desastre Ferroviário. Não se trata de periclitação de vida, e sim contra a incolumidade pública.

1.3.2 Abandono

Existem crimes na sistemática do Código Penal em que alguém que é responsável por outra pessoa a abandona, em violação ao seu dever de assistência. Tais crimes, também aglutinados para efeito didático, são:

- **Abandono de incapaz** (art. 133 do CP) – trata-se de crime de periclitação de vida e saúde (objeto protegido). A conduta deve ser a de abandonar pessoa que está sob seu cuidado, guarda, vigilância ou autoridade, e, por qualquer motivo, incapaz de defender-se dos riscos resultantes do abandono. É importante frisar que o crime só se consuma quando, em razão do abandono, a vítima é exposta à situação de risco concreto. Não há que se falar em crime na hipótese em que o próprio assistido se afasta daquele que tem o dever de assisti-lo. Abandonar pessoa de idade (maior de 60 anos) que se tem a seus cuidados também configura o delito (§ 3.º, III, incluído pela Lei 10.741/2003 – Estatuto do Idoso).
- **Abandono de recém-nascido** (art. 134 do CP) – trata-se de crime de periclitação de vida e saúde (objeto protegido). Deixar o recém-nascido sem assistência, largá-lo só, desprotegido, para ocultar desonra própria. Nesse caso, também é necessário o perigo concreto.

  O crime de abandono de recém-nascido, conforme ensina Mirabete (Manual de Direito Penal, Ed. Atlas, São Paulo, 14.ª Ed. pág. 134) "trata-se também de crime próprio, podendo não só ser cometido pela mãe na gravidez extra matrimonium, como pelo pai de filho adulterino ou incestuoso". Desse modo, terceiro não responde pelo crime (da mesma forma é o entendimento para o abandono de incapaz).
- **Abandono material** (art. 244 do CP) – trata-se de crime contra assistência à família. Aquele que tem o dever de assistir deixa, sem justa causa, de prover a subsistência do cônjuge, ou de filho menor de 18 anos ou inapto para o trabalho, ou de ascendente inválido ou maior de 60 anos, não lhes proporcionando os recursos necessários ou faltando ao pagamento de pensão alimentícia judicialmente acordada, fixada ou majorada; ou deixa, sem justa causa, de socorrer descendente ou ascendente, gravemente enfermo.
- **Abandono intelectual** (art. 246 do CP) – trata-se de crime contra assistência à família. Aquele que tem o dever de assistir deixa de prestar a devida instrução primária de filho em idade escolar.
- **Abandono moral** (art. 247 do CP) – trata-se de crime contra assistência à família. Caracteriza-se quando o agente permitir que o menor de 18 anos, a ele confiado por guarda ou vigilância, frequente casa de jogo, mal-afamada, conviva com pessoa

viciosa, frequente espetáculo capaz de pervertê-lo, resida ou trabalhe em casa de prostituição, mendigue ou sirva a mendigo.

1.3.3 Omissão de socorro (art. 135 do CP)

A omissão de socorro estará configurada quando o agente deixar de prestar assistência quando é possível fazê-lo sem riscos pessoais, à criança abandonada ou extraviada, ou à pessoa inválida ou ferida, ao desamparado ou em grave e iminente perigo; ou não pedir, nesses casos, o socorro da autoridade pública.

Existe tipo especial no novo Código de Trânsito Brasileiro (Lei 9.503/1997 – art. 304: Deixar o condutor do veículo, na ocasião do acidente, de prestar imediato socorro à vítima, ou, não podendo fazê-lo diretamente, por justa causa, deixar de solicitar auxílio da autoridade pública – Pena: detenção, de seis meses a um ano, ou multa, se o fato não constituir crime mais grave).

Em virtude das novas hipóteses de omissão de socorro trazidas pelo Código de Trânsito Brasileiro, é importante conhecer as seguintes situações:

- pessoa que, agindo culposamente na condução de veículo, causou lesões corporais e não socorreu a vítima: responde pelo art. 303, parágrafo único, III, da Lei 9.503/1997;
- pessoa que não agiu de forma culposa na condução de veículo envolvido em acidente e não prestou socorro à vítima: responde pelo art. 304 da Lei 9.503/1997;
- qualquer outra pessoa que não tenha prestado socorro à vítima, podendo fazê-lo sem risco: responde pelo art. 135 do CP.

1.3.4 Condicionamento de atendimento médico-hospitalar emergencial (art. 135-A do CP)

Caracteriza-se pela exigência de cheque-caução, nota promissória ou qualquer garantia, bem como o preenchimento prévio de formulários administrativos como condição para o atendimento médico-hospitalar emergencial. Trata-se de um novo tipo penal, incluído pela Lei 12.653/2012, e visa coibir práticas de hospitais e operadoras de planos de saúde que, a cada dia, impõem novas condições para prestação de atendimento a seus beneficiários.

A pena é aumentada de metade, se da omissão resulta lesão corporal de natureza grave; e triplicada, se resulta a morte.

1.3.5 Maus-tratos (art. 136 do CP)

O crime de maus-tratos configura-se quando o agente expõe quem está sob sua tutela a perigo de sua vida ou de sua saúde, privando de alimentação ou cuidados, expondo a trabalho excessivo ou inadequado ou abusando dos meios disciplinares. Se a vítima sofrer intenso sofrimento físico ou mental, o agente poderá responder pelo crime do art. 1.º, II, da Lei 9.455/1997 (Lei de Tortura).

1.4 RIXA (ART. 137 DO CP)

Consiste na briga de um grupo indeterminado contra outro também indeterminado, com atitudes indefinidas em cada grupo. Há de se ter no mínimo três rixosos (não importando se no número contam menores ou mortos) e, tendo em vista a responsabilidade objetiva prevista para o crime, se houver morte, quem matou será processado por homicídio e todos os outros, independentemente da atitude que tomaram, responderão por rixa qualificada pela morte.

Interessante é a rixa qualificada por lesões corporais graves ou gravíssimas: quem lesionou responde pelas lesões e todos os outros (inclusive o lesionado) respondem por rixa qualificada pelas lesões.

Quem toma parte em rixa será autor do crime (por praticar o núcleo do tipo – participar). O crime admite participação (quem não entra na briga, mas fica de fora, p. ex., instigando os rixosos).

1.5 CRIMES CONTRA A HONRA

Os crimes contra a honra são aqueles que atacam diretamente a moral da vítima, sua reputação, sua dignidade. Podem ser:

- **Calúnia** (art. 138 do CP) – imputar inveridicamente a alguém um fato (algo concreto) que seja tido como crime. Também é punido quem sabe da inverdade dos fatos e a propaga. O objeto jurídico desse crime é a honra objetiva, que significa a reputação da vítima na sociedade (ou seja, tudo aquilo que os outros pensam sobre a vítima). O crime consuma-se no momento em que o fato imputado chega ao conhecimento de terceiros (crime formal).

- **Difamação** (art. 139 do CP) – imputar a alguém um fato (algo concreto) que não seja crime, mas que seja ofensivo à reputação, à dignidade, ao decoro. A partir da difamação, a vítima adquire "má-fama" e também tem a honra objetiva ofendida. Este crime se consuma quando o fato chega ao conhecimento de terceiros.
- **Injúria** (art. 140 do CP) – é a conduta do agente que ofende a honra subjetiva da vítima, que significa tudo aquilo que a pessoa pensa de si mesma, ou seja, a sua dignidade ou o seu decoro. O crime consuma-se no momento em que a ofensa chega ao conhecimento do ofendido. Dá-se o nome de injúria real à conduta ofensiva do agente praticada mediante violência ou vias de fato, que, por sua natureza ou pelo meio empregado, se considerem aviltantes.

Ao contrário do que ocorre na injúria, onde os fatos são vagos e imprecisos, na calúnia e na difamação há imputação de fato determinado.

Somente é possível a exceção da verdade (***exceptio veritatis***) na calúnia e na difamação. No último caso, somente quando a vítima for funcionário público e a ofensa ocorrer em razão da função, sendo vedada na injúria.

Se quaisquer dos crimes forem praticados contra o Presidente da República, chefe de governo estrangeiro, funcionário público no exercício de sua função, na presença de terceiros ou contra pessoa maior de 60 anos ou portadora de deficiência, exceto no caso de injúria (incluído pela Lei 10.741/2003), a pena será agravada em 1/3. Se o crime foi cometido por paga ou promessa de recompensa, aplica-se a pena em dobro.

A ação penal nos crimes contra a honra está regulada pelo art. 145 do CP. Em regra geral a ação penal é privada, mas admite exceções. Será pública condicionada à requisição do Ministro da Justiça no caso de crime contra o Presidente da República ou chefe de governo estrangeiro, e pública condicionada a representação do ofendido no caso de crime cometido contra funcionário público, em razão de suas funções, e também se a injúria consiste na utilização de elementos referentes a raça, cor, etnia, religião, origem ou a condição de pessoa idosa ou portadora de deficiência (art. 145, parágrafo único, com redação dada pela Lei 12.033/2009). Será pública incondicionada nos casos de injúria real com lesões graves ou gravíssimas (art. 145, *caput*, do CP).

Destaque-se também o entendimento da Súmula 714 do STF, que dispõe existir uma legitimidade concorrente entre o Ministério Público, mediante ação penal pública condicionada à representação do ofendido, e a vítima, mediante ação penal privada, nos casos de crime contra a honra de servidores públicos, praticado em razão das funções que este desempenha.

Por outro vértice, exclui-se a difamação ou a injúria pela ofensa: irrogada em juízo ou em defesa de processo administrativo; pela opinião desfavorável da crítica literária, artística ou científica; pelo conceito desfavorável emitido por funcionário público no uso de suas atribuições (incluindo o vereador, que não tem imunidade parlamentar. Já os deputados e senadores possuem imunidade parlamentar pela função).

Cabe retratação (causa de extinção da punibilidade – art. 107, VI, do CP) na calúnia e na difamação. Antes da revogação pelo STF, a Lei de Imprensa (Lei 5.250/1967) admitia retratação também para a injúria.

1.6 CRIMES CONTRA A LIBERDADE INDIVIDUAL

1.6.1 Constrangimento ilegal (art. 146 do CP)

Crime que se configura quando o agente constrange alguém, mediante violência ou grave ameaça, ou depois de lhe haver reduzido, por qualquer outro meio, a capacidade de resistência, a não fazer o que a lei determina, ou a fazer o que ela não manda. A vantagem tem que ser moral e não patrimonial (extorsão) podendo o agente utilizar *vis absoluta* (coação física) ou *vis compulsiva* (coação psicológica, moral).

Para caracterização do constrangimento ilegal, devem estar presentes, no caso concreto, alguns elementos. O primeiro deles é que o constrangimento pode ser baseado em violência, grave ameaça, entorpecimento, hipnose, entre outros. Todavia, não pode ser meio utilizado para prática de outro crime, pois, caso o seja, estará absorvido por este. Ex.: o constrangimento mediante violência da mulher à prática do ato sexual configura estupro, estando o constrangimento absorvido.

Existe uma discussão doutrinária se seria necessário o dolo específico de obrigar a vítima a não fazer o que a lei permite ou a fazer o que ela não manda, ou se bastaria o dolo genérico do constrangimento para caracterização do crime. À luz da jurisprudência dominante, percebe-se que basta o dolo genérico.

DICAS IMPORTANTES:

1 – O crime de constrangimento ilegal consuma-se com a efetiva conduta da vítima e é admissível a forma tentada.

2 – Em tese, qualquer pessoa que possua capacidade de discernimento pode ser sujeito passivo do crime. No entanto, estão excluídos as crianças, os doentes mentais, os que possuem desenvolvimento mental incompleto ou retardado, os toxicomaníacos, entre outros.

3 – Nos termos expressos da lei, não se configura como constrangimento ilegal a intervenção médica ou cirúrgica, sem o consentimento do paciente ou de seu representante legal, se justificada por iminente perigo de vida, e a coação exercida para impedir suicídio.

MUITO CUIDADO COM ESTAS SITUAÇÕES:

1. Qual crime pratica quem constrange alguém com emprego de violência ou grave ameaça, causando-lhe grave sofrimento físico e mental, a agir criminosamente?

Resposta: Crime de tortura

Lei 9.455/1997: "Art. 1.º Constitui crime de tortura:

I – constranger alguém com emprego de violência ou grave ameaça, causando-lhe sofrimento físico ou mental:

(...)

b) para provocar ação ou omissão de natureza criminosa".

2. Qual crime pratica quem se utiliza de grave ameaça para obrigar inquilino a desocupar imóvel, visto não receber o aluguel há mais de seis meses?

Resposta: Exercício arbitrário das próprias razões

Código Penal: "Art. 345. Fazer justiça pelas próprias mãos, para satisfazer pretensão, embora legítima, salvo quando a lei o permite:

Pena – detenção, de quinze dias a um mês, ou multa, além da pena correspondente à violência."

1.6.2 Ameaça (art. 147 do CP)

Considerado outro crime contra a liberdade pessoal, sendo que a conduta antinormativa "ameaça" é constituída pela intimidação, a promessa de mal para a vítima (algo verossímil, concretizável) e, sendo crime formal (de mera conduta), independe de resultado naturalístico. Também é espécie de crime que pode ser absorvido por outro mais grave. A *ação penal na ameaça* é pública, condicionada à representação.

A ameaça em questão deve ser de mal futuro, plausível, injusto e grave, capaz de infundir temor na vítima. As simples bravatas proferidas em momentos de briga, confusão ou vias de fato podem não ser suficientes para caracterizar o crime, visto entender a jurisprudência dominante que, mesmo sendo um crime de natureza formal, deve-se analisar no caso concreto se a vítima sentiu-se efetivamente ameaçada.

Pelo mesmo raciocínio, ameaças proferidas por pessoas entorpecidas ou de natureza supersticiosa devem ser avaliadas casuisticamente para configuração do delito.

O sujeito ativo do crime pode ser qualquer pessoa, pois se trata de crime comum. O sujeito passivo será qualquer pessoa com uma mínima capacidade de entendimento, podendo abranger, inclusive, as crianças.

Não existe crime de ameaça contra pessoa indeterminada, nem tampouco ameaça de mal indeterminado.

1.6.3 Sequestro ou cárcere privado (art. 148 do CP)

No sequestro ou cárcere privado a intenção do agente é privar a vítima de sua liberdade, sem visar vantagem econômica (patrimonial), mas obtendo vantagem moral. O sequestro é mais brando, dando certa liberdade territorial para a vítima. O cárcere privado é mais rígido, deixando a vítima imobilizada ou com pouco espaço de movimentação.

A Lei 11.106/2005 acrescentou ao art. 148, § 1.º, I, do CP a expressão "companheiro" tornando o crime qualificado quando a vítima possuir essa qualidade em relação ao agente. Alguns doutrinadores, antes do acréscimo, equiparavam a figura do companheiro à do cônjuge, a nosso ver de forma equivocada, uma vez que no âmbito penal os elementos descritivos dos tipos penais incriminadores devem ser considerados em seu sentido estrito, em obediência ao princípio da legalidade. Destarte, a equiparação agora é possível por força do acréscimo legislativo.

O aludido diploma acrescentou, ainda, os incisos IV e V ao § 1.º do aludido tipo, passando a ter as seguintes qualificadoras:

> I – se a vítima é ascendente, descendente, cônjuge ou companheiro do agente ou maior de 60 (sessenta) anos;
>
> II – se o crime é praticado mediante internação da vítima em casa de saúde ou hospital;
>
> III – se a privação da liberdade dura mais de 15 (quinze) dias;

IV – se o crime é praticado contra menor de 18 (dezoito) anos;
V – se o crime é praticado com fins libidinosos.

É importante ressaltar que o inciso V *supra* foi acrescentado em razão da revogação do art. 219 do Código Penal (rapto violento ou mediante fraude), também pela aludida lei.

1.6.4 Redução à condição análoga à de escravo (art. 149 do CP)

Quando a vítima é cerceada de sua liberdade, não podendo deixar determinado local, servindo a outrem, prestando serviço sem a regular contraprestação, pode estar caracterizada a figura da redução à condição análoga à de escravo.

O crime pode ser praticado por meio da submissão da vítima a trabalhos forçados ou a jornada exaustiva, quer sujeitando-o a condições degradantes de trabalho, quer restringindo, por qualquer meio, sua locomoção em razão de dívida contraída com o empregador ou preposto.

O crime abrange ainda as condutas de cercear o uso de qualquer meio de transporte por parte do trabalhador e de manter vigilância ostensiva no local de trabalho ou se apoderar de documentos ou objetos pessoais do trabalhador, ambas com o fim de reter a vítima no local de trabalho. A pena é aumentada de metade se o crime tiver sido cometido contra criança ou adolescente ou por motivo de preconceito de raça, cor, etnia, religião ou origem.

1.6.5 Crimes de violação

Existem, conforme já verificamos, os chamados crimes formais, que independem de resultado naturalístico, em que a simples atitude do agente já consuma o crime. Vejamos:

- ***Violação de domicílio*** (art. 150 do CP): é a conduta daquele que entra ou permanece, clandestina ou astuciosamente, ou contra a vontade expressa ou tácita de quem de direito, em casa alheia ou em suas dependências. A expressão "casa" compreende qualquer compartimento habitado, aposento ocupado de habitação coletiva, e qualquer compartimento não aberto ao público, onde alguém exerce profissão ou atividade. Por outro lado, a expressão não abrange hospedaria, estalagem ou qualquer outra habitação coletiva, enquanto aberta (salvo, nesta hipótese, o aposento ocupado de habitação coletiva), as tavernas, casa de jogos e outras do mesmo gênero.

- ***Violação de correspondência*** (art. 40 da Lei 6.538/1978): pune-se a conduta daquele que devassar indevidamente o conteúdo de correspondência fechada, dirigida a outrem. Incorre nas mesmas penas quem se apossa indevidamente de correspondência alheia, embora não fechada, para sonegá-la ou destruí-la, no todo ou em parte (§ 1.º).
- ***Violação de comunicação telegráfica, radioelétrica ou telefônica*** (art. 151, § 1.º, II do CP): pune-se a conduta do agente que se apossa indevidamente de correspondência alheia, embora não fechada e, no todo ou em parte, a sonega ou destrói; que indevidamente divulga, transmite a outrem ou utiliza abusivamente comunicação telegráfica ou radioelétrica dirigida a terceiro, ou conversação telefônica entre outras pessoas; que impede a comunicação ou a conversação referidas no número anterior; e que instala ou utiliza estação ou aparelho radioelétrico, sem observância de disposição legal.
- ***Divulgação de segredo*** (art. 153 do CP): é a conduta daquele que divulga, sem justa causa, conteúdo de documento particular ou de correspondência confidencial, de que é destinatário ou detentor, e cuja divulgação possa produzir dano a outrem. Na hipótese em que as informações forem sigilosas ou reservadas, assim definidas em lei, e estiverem contidas ou não nos sistemas de informações ou banco de dados da Administração Pública, o crime será qualificado.
- ***Violação de segredo profissional*** (art. 153 do CP): pune-se a conduta do agente que revela, sem justa causa, segredo, de que tem ciência em razão de função, ministério, ofício ou profissão, e cuja revelação possa produzir dano a outrem.
- ***Violação de direito autoral*** (art. 184 do CP) – é uma das espécies de crime contra a propriedade imaterial.

Por outro lado, temos alguns crimes que necessitam, para a sua existência, de um resultado. São crimes materiais. Sobre correspondência o Código Penal prevê as condutas:

- ***Correspondência comercial*** (art. 152 do CP) – é a conduta do agente que abusa da sua condição de sócio ou empregado de estabelecimento comercial ou industrial para, no todo ou em parte, desviar, sonegar, subtrair ou suprimir correspondência, ou revelar a estranho seu conteúdo.

- ***Invasão de dispositivo informático*** (art. 154-A do CP) – pratica o crime quem invadir dispositivo informático alheio, conectado ou não à rede de computadores, mediante violação indevida de mecanismo de segurança e com o fim de obter, adulterar ou destruir dados ou informações sem autorização expressa ou tácita do titular do dispositivo ou instalar vulnerabilidades para obter vantagem ilícita. Essa figura foi recém-criada pela Lei 12.737/2012 (apelidada de "Lei Carolina Dieckmann").

1.7 QUESTÕES

1. (OAB/NACIONAL 2009.I) Ana e Bruna desentenderam-se em uma festividade na cidade onde moram e Ana, sem intenção de matar, mas apenas de lesionar, atingiu levemente, com uma faca, o braço esquerdo de Bruna, a qual, ao ser conduzida ao hospital para tratar o ferimento, foi vítima de acidente de automóvel, vindo a falecer exclusivamente em razão de traumatismo craniano.

Acerca dessa situação hipotética, é correto afirmar, à luz do CP, que Ana:

a) não deve responder por delito algum, uma vez que não deu causa à morte de Bruna.
b) deve responder apenas pelo delito de lesão corporal.
c) deve responder pelo delito de homicídio consumado.
d) deve responder pelo delito de homicídio na modalidade tentada.

2. (OAB 2010.2 - FVG) Assinale a alternativa que preencha corretamente as lacunas do texto:

"para a ocorrência de __________, não basta a imputação falsa de crime, mas é indispensável que em decorrência de tal imputação seja instaurada, por exemplo, investigação policial ou processo judicial. A simples imputação falsa de fato definido como crime pode constituir __________, que, constitui infração penal contra a honra, enquanto a __________ é crime contra a Administração da Justiça".

a) denunciação caluniosa, calúnia, denunciação caluniosa.
b) denunciação caluniosa, difamação, denunciação caluniosa.
c) comunicação falsa de crime ou de contravenção, calúnia, comunicação falsa de crime ou de contravenção.
d) comunicação falsa de crime ou de contravenção, difamação, comunicação falsa de crime ou de contravenção.

3. (OAB/NACIONAL 2009.I) Acerca dos crimes contra a honra, assinale a opção correta.

a) Não constituem injúria ou difamação punível a ofensa não excessiva praticada em juízo, na discussão da causa, pela parte ou por seu advogado e a opinião da crítica literária sem intenção de injuriar ou difamar.
b) Em regra, a persecução criminal nos crimes contra a honra processa-se mediante ação pública condicionada à representação da pessoa ofendida.
c) Caracterizado o crime contra a honra de servidor público, em razão do exercício de suas funções, a ação penal será pública incondicionada.
d) O CP prevê, para os crimes de calúnia, de difamação e de injúria, o instituto da exceção da verdade, que consiste na possibilidade de o acusado comprovar a veracidade de suas alegações, para a exclusão do elemento objetivo do tipo.

4. **(OAB 2010.2 – FVG) Arlete, em estado puerperal, manifesta a intenção de matar o próprio filho recém-nascido. Após receber a criança no seu quarto para amamentá-la, a criança é levada para o berçário. Durante a noite, Arlete vai até o berçário, e, após conferir a identificação da criança, a asfixia, causando a sua morte. Na manhã seguinte, é constatada a morte por asfixia de um recém-nascido, que não era o filho de Arlete. Diante do caso concreto, assinale a alternativa que indique a responsabilidade penal da mãe.**

   a) Crime de homicídio, pois, o erro acidental não a isenta de responsabilidade.
   b) Crime de homicídio, pois, uma vez que o art. 123 do CP trata de matar o próprio filho sob influência do estado puerperal, não houve preenchimento dos elementos do tipo.
   c) Crime de infanticídio, pois houve erro quanto à pessoa.
   d) Crime de infanticídio, pois houve erro essencial.

5. **(VIII Exame de Ordem Unificado – FGV) Analise detidamente as seguintes situações:**

   Casuística 1: Amarildo, ao chegar a sua casa, constata que sua filha foi estuprada por Terêncio. Imbuído de relevante valor moral, contrata Ronaldo, pistoleiro profissional, para tirar a vida do estuprador. O serviço é regularmente executado.

   Casuística 2: Lucas concorre para um infanticídio auxiliando Julieta, parturiente, a matar o nascituro – o que efetivamente acontece. Lucas sabia, desde o início, que Julieta estava sob a influência do estado puerperal.

   Levando em consideração a legislação vigente e a doutrina sobre o concurso de pessoas (*concursus delinquentium*), é correto afirmar que

   a) no exemplo 1, Amarildo responderá pelo homicídio privilegiado e Ronaldo pelo crime de homicídio qualificado por motivo torpe. No exemplo 2, Lucas e Julieta responderão pelo crime de infanticídio.
   b) no exemplo 1, Amarildo responderá pelo homicídio privilegiado e Ronaldo pelo crime de homicídio simples (ou seja, sem privilégio pelo fato de não estar imbuído de relevante valor moral). No exemplo 2, Lucas, que não está influenciado pelo estado puerperal, responderá por homicídio, e Julieta pelo crime de infanticídio.
   c) no exemplo 1, Amarildo responderá pelo homicídio privilegiado e Ronaldo pelo crime de homicídio simples (ou seja, sem privilégio pelo fato de não estar imbuído de relevante valor moral). No exemplo 2, tanto Lucas quanto Julieta responderão pelo crime de homicídio (ele na modalidade simples, ela na modalidade privilegiada em razão da influência do estado puerperal).
   d) no exemplo 1, Amarildo responderá pelo homicídio privilegiado e Ronaldo pelo crime de homicídio qualificado pelo motivo fútil. No exemplo 2, Lucas, que não está influenciado pelo estado puerperal, responderá por homicídio e Julieta pelo crime de infanticídio.

6. **(OAB/NACIONAL 2008_2) Assinale a opção correta com base na legislação penal.**

   a) Pratica o crime de latrocínio o agente que subtrai uma bolsa mediante violência a pessoa, em face da qual resulta morte da vítima.
   b) O agente que mata alguém, sob o domínio de violenta emoção, logo após injusta provocação da vítima, está legalmente acobertado pela excludente da legítima defesa.
   c) Não pratica crime ou contravenção penal o agente que, no intuito de provocar alarme, afirma, inveridicamente, que há uma bomba em determinado prédio.
   d) Pratica o crime de sequestro em concurso formal com furto o agente que, no intuito de obter senha de cartão bancário, priva a vítima de liberdade e, obtendo êxito, a liberta.

7. **(VIII Exame de Ordem Unificado – FGV) José conversava com Antônio em frente a um prédio. Durante a conversa, José percebe que João, do alto do edifício,**

jogara um vaso mirando a cabeça de seu interlocutor. Assustado, e com o fim de evitar a possível morte de Antônio, José o empurra com força. Antônio cai e, na queda, fratura o braço. Do alto do prédio, João vê a cena e fica irritado ao perceber que, pela atuação rápida de José, não conseguira acertar o vaso na cabeça de Antônio. Com base no caso apresentado, segundo os estudos acerca da teoria da imputação objetiva, assinale a afirmativa correta.

a) José praticou lesão corporal culposa.

b) José prat'icou lesão corporal dolosa.

c) O resultado não pode ser imputado a José, ainda que entre a lesão e sua conduta exista nexo de causalidade.

d) O resultado pode ser imputado a José, que agiu com excesso e sem a observância de devido cuidado.

8. (X Exame de Ordem Unificado – FGV) João, com intenção de matar, efetua vários disparos de arma de fogo contra Antônio, seu desafeto. Ferido, Antônio é internado em um hospital, no qual vem a falecer, não em razão dos ferimentos, mas queimado em um incêndio que destrói a enfermaria em que se encontrava. Assinale a alternativa que indica o crime pelo qual João será responsabilizado.

a) Homicídio consumado.

b) Homicídio tentado.

c) Lesão corporal.

d) Lesão corporal seguida de morte.

9. (X Exame de Ordem Unificado – FGV) José e Maria estavam enamorados, mas posteriormente vieram a descobrir que eram irmãos consanguíneos, separados na maternidade. Extremamente infelizes com a notícia recebida, que impedia por completo qualquer possibilidade de relacionamento, resolveram dar cabo à própria vida. Para tanto, combinaram e executaram o seguinte: no apartamento de Maria, com todas as portas e janelas trancadas, José abriu o registro do gás de cozinha. Ambos inspiraram o ar envenenado e desmaiaram, sendo certo que somente não vieram a falecer porque os vizinhos, assustados com o cheiro forte que vinha do apartamento de Maria, decidiram arrombar a porta e resgatá-los. Ocorre que, não obstante o socorro ter chegado a tempo, José e Maria sofreram lesões corporais de natureza grave. Com base na situação descrita, assinale a afirmativa correta.

a) José responde por tentativa de homicídio e Maria por instigação ou auxílio ao suicídio.

b) José responde por lesão corporal grave e Maria não responde por nada, pois sua conduta é atípica.

c) José e Maria respondem por instigação ou auxílio ao suicídio, em concurso de agentes.

d) José e Maria respondem por tentativa de homicídio.

10. (XI Exame de Ordem Unificado – FGV) Débora estava em uma festa com seu namorado Eduardo e algumas amigas quando percebeu que Camila, colega de faculdade, insinuava-se para Eduardo. Cega de raiva, Débora esperou que Camila fosse ao banheiro e a seguiu. Chegando lá e percebendo que estavam sozinhas no recinto, Débora desferiu vários tapas no rosto de Camila, causando-lhe lesões corporais de natureza leve. Camila, por sua vez, atordoada com o acontecido, somente deu por si quando Débora já estava saindo do banheiro, vangloriando-se da surra dada. Neste momento, com ódio de sua algoz, Camila levanta-se

do chão, agarra Débora pelos cabelos e a golpeia com uma tesourinha de unha que carregava na bolsa, causando-lhe lesões de natureza grave. Com relação à conduta de Camila, assinale a afirmativa correta.

a) Agiu em legítima defesa.

b) Agiu em legítima defesa, mas deverá responder pelo excesso doloso.

c) Ficará isenta de pena por inexigibilidade de conduta diversa.

d) Praticou crime de lesão corporal de natureza grave, mas poderá ter a pena diminuída.

11. (OAB/NACIONAL 2008.I) Assinale a opção correta acerca dos crimes contra a honra.

a) Tratando-se do delito de injúria, admite-se a exceção da verdade caso o ofendido seja funcionário público, e a ofensa, relativa ao exercício de suas funções.

b) Caso o querelado, antes da sentença, se retrate cabalmente da calúnia ou da difamação, sua pena será diminuída.

c) Caracterizado o delito de injúria, o juiz pode deixar de aplicar a pena, no caso de retorção imediata, que consista em outra injúria.

d) O pedido de explicações em juízo é cabível nos delitos de calúnia e difamação, mas não se aplica ao de injúria.

12. (OAB/SP 135º) Assinale a opção correta acerca da imunidade judiciária.

a) Caso um advogado militante, na discussão da causa, acuse o promotor de justiça de prevaricação durante uma audiência, o crime de calúnia estará amparado pela imunidade judiciária.

b) Uma advogada que, ao redigir uma petição, difame terceira pessoa que não é parte no processo judicial estará amparada pela imunidade judicial.

c) Considere que o advogado da empresa X, na redação de uma petição, injurie um de seus ex-empregados, ora reclamante, sem que tal injúria tivesse relação com a reclamação trabalhista em curso. Nesse caso, para o reconhecimento da referida imunidade, é dispensável que as imputações ofensivas tenham relações de pertinência com o *thema decidium*.

d) Caso um advogado, em razão do ardor com que defende os interesses de seus clientes, eventualmente, faça alusões ofensivas à honra da parte contrária, desprovidas de animus ofendendi, ele estará amparado pela imunidade judiciária, prevista no Código Penal, visto que não constitui injúria ou difamação punível a ofensa irrogada em juízo, na discussão da causa, pela parte ou por seu procurador.

GABARITO: As respostas destes testes encontram-se no final do livro.

2

CRIMES CONTRA O PATRIMÔNIO

2.1 FURTO

Conduta que consiste em subtrair ou assenhorear-se, para si ou para outrem, de coisa alheia móvel, em outras palavras, daquilo que não lhe pertence. É importante destacar que este ilícito só atinge bens móveis, ou seja, que podem ser deslocados de um lugar para outro, adotando-se, neste caso, o sentido real do termo e não o seu significado jurídico.

A partir da interpretação da lei, em consonância com o entendimento jurisprudencial dominante, podemos destacar algumas espécies elementares do crime:

- **Furto de uso:** não constitui crime a hipótese em que o agente devolve o bem nas mesmas condições em que retirou, sem que a vítima tenha percebido a subtração. Se a vítima percebeu, poderá ser considerado o arrependimento posterior.
- **Furto famélico:** é aquele praticado em estado de necessidade (para saciar a própria fome ou de terceiro), excluindo-se, portanto, a antijuridicidade da conduta.
- **Furto de bagatela:** é aquele em que o objeto subtraído possui valor econômico insignificante (como um passe de ônibus). Não é punido.
- **Furto privilegiado (§ 2.º):** não se confunde com o furto de bagatela. Aqui se exige que, além de o objeto ser de pequena

monta (a jurisprudência aponta que o objeto furtado deve ter um valor econômico de até um salário mínimo), o réu seja primário. Pune-se o crime, porém com benefícios na pena (substituição da pena de reclusão pela de detenção, diminuição de um a dois terços, ou aplicação somente de pena de multa).

- **Abigeato:** é o furto de gado (semoventes).
- **Furto de energia elétrica (§ 3.º):** pune-se, assim como o furto de sinal de televisão a cabo, sêmen de gado, ou qualquer outra energia que tenha expressão econômica. Pode ser praticado na modalidade de crime permanente (ex.: "gato" realizado em rede pública de energia elétrica – enquanto o agente mantiver a ligação clandestina poderá ser preso em flagrante).
- **Furto noturno (§ 1.º):** é aquele praticado durante o repouso noturno. É causa de aumento de pena. No entanto, não será aplicada quando o furto for qualificado (o aumento decorrente do furto noturno está previsto no § 1.º do art. 155, enquanto que as qualificadoras estão previstas no § 4.º, prevalecendo sobre o aumento).
- **Subtrair coisa própria:** não configura o crime de furto. Constitui erro de tipo, que exclui o dolo. Na hipótese de o agente furtar algo dado em garantia pignoratícia, a sua conduta não configurará furto (poderá, dependendo, caracterizar fraude).
- **Subtrair coisa de ninguém ou abandonada:** também não configura furto a subtração de *res nullius* (coisa de ninguém) ou de *res derelicta* (coisa abandonada).
- **Subtrair coisa achada:** nessa hipótese, pratica o crime de apropriação indébita de coisa achada, previsto no art. 169, II, do CP, todo aquele que acha coisa alheia perdida e dela se apropria, total ou parcialmente, deixando de restituí-la ao dono ou legítimo possuidor ou de entregá-la à autoridade competente, dentro no prazo de 15 dias.
- **Subtrair coisa esquecida:** na hipótese em que o agente sabe quem é ou viu o dono, trata-se de furto.
- **Furto de coisa comum (art. 156 do CP):** é aquele em que o agente subtrai a coisa comum, por ele detida legitimamente, em prejuízo do condômino, coerdeiro ou sócio. O crime deixa de ser punível se a coisa comum for fungível (isto é, aquela que pode ser substituída por outra de mesma qualidade, quantidade e espécie) e o seu valor não exceder a quota a que tem direito o agente.

- **Furto qualificado (art. 155, § 4.º, do CP):** furto mais grave (com penas mais altas). Ocorrerá quando o crime é cometido se o crime é cometido: I – com destruição ou rompimento de obstáculo à subtração da coisa (exemplo: quebrar uma porta); II – com abuso de confiança (a vítima tem que deixar o objeto à disposição do agente por confiar nela), ou mediante fraude (enganar a vigilância da vítima), escalada (agente que empreende esforço físico para conseguir subtrair a coisa. Exemplo: pular um muro) ou destreza (habilidade especial do agente para subtração); III – com emprego de chave falsa; ou IV – mediante concurso de duas ou mais pessoas.
- **Furto de veículo com destino a outro Estado ou ao Exterior (art. 155, § 5.º):** a Lei 9.426/1996 criou outra hipótese de crime qualificado, cominando uma pena de reclusão de 3 a 8 anos, se a subtração for de veículo automotor que venha a ser transportado para outro Estado ou para o exterior.

DICAS IMPORTANTES:

1 – Furto durante o repouso noturno:

A lei objetiva referir-se ao período de recolhimento e descanso da população de uma determinada localidade, devendo esta causa de aumento de pena ser analisada caso a caso, adotando como parâmetro o entendimento do STJ.

É válido ressaltar que este aumento de pena só incidirá na hipótese de furto simples, não se manifestando na hipótese de furto qualificado.

> "Para a incidência da causa especial de aumento prevista no § 1.º do art. 155 do Código Penal é suficiente que a infração ocorra durante o repouso noturno, período de maior vulnerabilidade para as residências, lojas e veículos. É irrelevante o fato de se tratar de estabelecimento comercial ou de residência, habitada ou desabitada, bem como o fato de a vítima estar, ou não, efetivamente repousando" (STJ, *Habeas Corpus* 29.153, MS 2003/0118253-0, Rel. Min. Gilson Dipp).

> "Penal. Recurso Especial. Furto qualificado. Causa especial de aumento. **Repouso noturno**. Estabelecimento comercial. Impossibilidade.
>
> I – Incide a majorante prevista no art. 155, § 1.º, do Código Penal se o delito é praticado durante o repouso noturno, período de maior

vulnerabilidade inclusive para estabelecimentos comerciais, como ocorreu *in casu* (Precedentes).

II – Entretanto, a causa especial de aumento de pena do repouso noturno é aplicável somente às hipóteses de furto simples, sendo incabível no caso do delito qualificado (Precedente)" (REsp 940.245, RS 2007/0075823-1, Rel. Min. Felix Fischer).

2 – Momento consumativo do furto:

Também de acordo com a jurisprudência dominante no STJ, o momento consumativo do furto, bem como do roubo, acontecerá no momento da subtração da coisa, ainda que o agente não consiga a posse pacífica desta ou venha a efetivamente evadir-se do local da subtração.

Mais uma vez, citamos a jurisprudência:

> "Considera-se consumado o crime de furto, bem como o de roubo, no momento em que o agente se torna possuidor da *res subtraída*, ainda que não obtenha a posse tranquila do bem, sendo prescindível que saia da esfera de vigilância da vítima" (REsp 668.857-RS, Rel. Min. Laurita Vaz).

> "O delito de furto, assim como o de roubo, consuma-se com a simples posse, ainda que breve, da coisa alheia móvel subtraída clandestinamente, sendo desnecessário que o bem saia da esfera de vigilância da vítima" (REsp 671.781–RS, Rel. Min Gilson Dipp).

3 – Furto qualificado por destruição de obstáculo:

Neste caso, o obstáculo deve ser considerado como tudo que se destine a impedir a ação delitiva de subtração da coisa, protegendo-a. No entanto, não estão incluídos neste instituto os obstáculos da própria coisa.

Traduzindo: caso o agente arrombe o vidro do carro para furtar objetos que se encontrem no interior do veículo, teremos furto qualificado, visto que o vidro representa um obstáculo à subtração da coisa, ou seja, dos objetos que estão dentro do carro. Na hipótese de o agente arrombar o vidro do veículo para subtrair o próprio veículo, teremos furto simples, pois o vidro neste caso representa um ***obstáculo da*** coisa subtraída e não um obstáculo ***à subtração da coisa***.

4 – Furto qualificado por abuso de confiança, mediante fraude, escalada ou destreza:

Confiança é um sentimento interior de credibilidade, representando um vínculo subjetivo de respeito e consideração entre agente e vítima. A simples relação empregatícia, por exemplo, não é suficiente para configurar a relação de confiança, sendo indispensável um vínculo subjetivo. Existindo pluralidade de agentes e sendo do conhecimento de todos a existência de uma relação de confiança entre um dos agentes e a vítima, esta qualificadora será estendida a todos os demais agentes.

Fraude é a utilização de artifício, estratagema ou ardil para vencer a confiança da vítima. Ou seja, é criar uma situação que consiga enganar a vítima e facilitar ou permitir a subtração da coisa por parte do sujeito ativo do delito. Ex.: fazer-se passar por funcionário da Fundação Nacional de Saúde, em campanha de combate ao mosquito da dengue, para conseguir adentrar a casa da vítima e de lá, sem que esta perceba, subtrair objetos.

Escalada é a penetração no local do furto por meio que demande um esforço incomum. Não implica necessariamente subir, podendo estar configurada com a conduta de saltar fossos, rampas ou adentrar subterrâneos.

Destreza é a habilidade especial destinada a impedir que a vítima perceba a subtração da coisa. É o que faz o batedor de carteira, pois muitas vezes consegue subtrair a coisa sem que a vítima sequer perceba que a conduta está sendo praticada.

5 – Furto qualificado por emprego de chave falsa:

Para fins de manifestação desta qualificadora, considera-se como chave falsa qualquer instrumento que sirva para o agente abrir fechaduras ou assemelhados, tais como cadeados, tendo ou não o formato de chave propriamente dita, incluindo, inclusive, gazuas, mixas e arames. O uso da chave verdadeira (original) ou de cópia idêntica à original não manifesta a modalidade qualificada.

2.2 ROUBO (ART. 157 DO CP)

O tipo de roubo tem a característica de ser um furto com um componente a mais (elementar) que é o emprego de violência ou grave ameaça (trata-se, portanto, de crime complexo). Pode ser classificado como *instantâneo* (a sua consumação não se prolonga no tempo e tem o seu efeito reversivo), *comissivo* (depende de uma atitude, fazer algo), *unissubjetivo* (pode ser praticado por um único agente) e *material* (traz consigo uma mudança no mundo fático – inversão de patrimônio).

A simulação de estar armado ou a utilização de arma de brinquedo, quando desconhecida ou não percebida pela vítima, constituem grave ameaça, suficiente para caracterizar o crime de roubo.

Equipara-se à grave ameaça a utilização de todo e qualquer meio que objetiva reduzir ou abstrair as chances de defesa da vítima, tais como: soníferos, narcóticos, hipnose, superioridade numérica, entre outros, podendo o crime ser praticado, inclusive, por meio da utilização de animais ou de incapazes.

São espécies de roubo:

- **Roubo próprio (*caput*):** é aquele em que o agente emprega violência ou grave ameaça para praticar a subtração, sendo esta o objetivo elementar da conduta. É o que se chama popularmente de assalto.
- **Roubo impróprio (§ 1.º):** é aquele em que o agente pratica a subtração da coisa (furto), mas, em um momento seguinte, utiliza-se da violência ou grave ameaça a fim de assegurar a impunidade do crime ou a detenção da coisa para si ou para terceiro (de furto o delito se transforma em roubo).
- **Roubo qualificado por circunstâncias (§ 2.º):** a pena será aumentada em um terço até a metade se a violência ou grave ameaça é exercida com emprego de arma, se há o concurso de duas ou mais pessoas, se a vítima está a serviço de transporte de valores e o agente conhece tal circunstância, se a subtração for de veículo automotor que venha a ser transportado para outro Estado ou para o exterior ou se o agente mantém a vítima em seu poder, restringindo sua liberdade.
- **Roubo qualificado pelas lesões graves ou gravíssimas (§ 3.º – 1.ª parte):** os parâmetros para a pena de roubo se alteram quando a vítima sofre lesões graves ou gravíssimas (pena de sete a 15 anos de reclusão e multa).
- **Roubo qualificado pela morte – Latrocínio (§ 3.º – 2.ª parte):** o chamado latrocínio é crime hediondo (art. 1.º, II, da Lei 8.072/1990). Os parâmetros da pena são alterados quando ocorrer a morte da vítima (pena de 20 a 30 anos de reclusão e multa). Há de se destacar que o latrocínio não é julgado pelo Tribunal do Júri, pois não é crime doloso contra a vida, e sim contra o patrimônio (Súmula 603 do STF). De acordo

com a Súmula 610 do STF, "há crime de latrocínio, quando o homicídio se consuma, ainda que não se realize o agente a subtração de bens da vítima". Porém, deve saber o candidato que, em eventual segunda fase, poderá sustentar outra tese mais favorável à defesa. Também merece atenção o fato de que o latrocínio é o roubo com morte, que não precisa ser necessariamente da vítima (pode ser, p. ex., de um transeunte ou da polícia), desde que a morte tenha sido causada pelo agente.

DICA IMPORTANTE:

Momento consumativo do furto e do roubo:

Uma das discussões doutrinárias mais proeminentes atualmente diz respeito ao momento no qual poderíamos considerar o roubo e o furto consumados. Para tentar solucionar esta celeuma, a doutrina elencou quatro teorias:

1 – *Contrectatio*: teoria segundo a qual os crimes de furto e roubo estariam consumados quando o agente tocava na coisa com a finalidade de subtraí-la, mesmo sem removê-la do local;

2 – *Illactio*: os crimes estariam consumados quando o agente conseguisse levar a coisa ao local que desejava;

3 – *Amotio*: os crimes estariam consumados quando a posse da coisa passasse ao poder do agente, ainda que não fosse pacífica ou que existisse perseguição;

4 – *Ablatio*: os crimes estariam consumados quando a posse da coisa passasse ao poder do agente de forma pacífica e segura, podendo ser transportada de um lugar para outro.

Como já citado anteriormente, no tópico sobre furto, a jurisprudência atual e dominante dispensa, para a consumação do furto ou do roubo, o critério da saída da coisa da chamada "esfera de vigilância da vítima" e se contenta com a verificação de que, cessada a clandestinidade ou a violência, o agente tenha tido a posse da "res furtiva", ainda que retomada, em seguida, pela perseguição imediata. Adota, portanto, a *Teoria da Amotio*, em que o delito de furto, bem como o de roubo, consuma-se com a simples posse, ainda que breve, da coisa alheia móvel subtraída clandestinamente, sendo desnecessário que o bem saia da vigilância da vítima.

DICAS:

1 – Roubo impróprio → presume que a coisa já foi subtraída sem que tenha sido empregada violência ou grave ameaça, mas que o agente está se utilizando destes vetores para assegurar a detenção da coisa para si ou para outrem, ou ainda a impunidade em relação ao crime anteriormente praticado.

2 – Roubo qualificado pelo emprego de arma → é necessário o emprego efetivo da arma, sendo insuficiente o simples portar. Destaque-se que arma de brinquedo, ou sem qualquer potencial lesivo, não é suficiente para qualificar o crime.

Cuidado, pois a Súmula 174 do STJ foi ***revogada***:

> "No crime de roubo, a intimidação feita com arma de brinquedo autoriza o aumento da pena" (julgando o REsp 213.054-SP, na sessão de 24.10.2001, a Terceira Seção deliberou pelo *cancelamento* da Súmula 174).

O entendimento atual da jurisprudência é:

> "(...) IV. É ilegal o aumento de pena pelo uso de arma no cometimento do roubo, se o objeto encontrar-se desmuniciado, sendo instrumento incapaz de gerar situação de perigo real à integridade da vítima.
>
> V. O emprego de arma desmuniciada no delito de roubo não se presta para fazer incidir a causa especial de aumento prevista no Código Penal (...)" (HC 47.995–SP (2005/0154215-3), Rel. Min. Gilson Dipp).

3 – Roubo qualificado pelo fato de a vítima estar a serviço de transporte de valores e o agente conhecer tal situação → não há necessidade de que o serviço praticado pela vítima seja especificamente de transportar valores, como ocorre com o carro-forte. Um *office boy* que sempre leva valores arrecadados no seu local de trabalho para depósito bancário, desempenha, naquele momento, serviço de transporte de valores. É importante destacar que esta majorante não atinge o acusado quando a vítima é o próprio proprietário dos valores que estão sendo transportados.

4 – Roubo qualificado pela morte (latrocínio) → no latrocínio, a morte deve acontecer em decorrência do emprego da violência durante

a conduta de subtração da coisa. Caso a morte derive da utilização da grave ameaça, não existirá latrocínio em decorrência de falta de previsão expressa na lei para tal fato. Destaque-se a letra da lei:

> Código Penal: Art. 157, "§ 3.º Se da **violência** resulta lesão corporal grave, a pena é de reclusão, de sete a quinze anos, além da multa; se **resulta morte**, a reclusão é de vinte a trinta anos, sem prejuízo da multa".

O crime de latrocínio é preterdoloso, ou seja, o agente desempenha uma conduta dolosa – subtrair coisa móvel alheia com emprego de violência –, mas acaba gerando uma consequência culposa não pretendida originalmente – a morte de outrem, existindo dolo no antecedente e culpa no consequente. Assim sendo, não se admite a modalidade tentada para o crime.

É importante destacar que, de acordo com a Súmula 610 do STF, o crime de latrocínio consuma-se com a morte da vítima, independentemente da subtração da coisa.

2.3 EXTORSÃO E SEQUESTRO RELÂMPAGO

Configura-se o crime de extorsão quando o agente constrange alguém, mediante violência ou grave ameaça, com a finalidade de obter vantagem patrimonial. Diferencia-se do roubo pelo fato de que na extorsão existe uma participação decisiva da vítima que irá fazer ou deixar de fazer algo. Em outras palavras, se a vítima não quiser, mesmo que o agente venha a matá-la, não irá receber a vantagem patrimonial. A extorsão poderá ser:

- **Extorsão simples (comum – art. 158 do CP):** para a configuração deste crime basta que agente tenha atitude de constrangimento sendo violento ou fazendo ameaça verossímil. É crime formal, pelo que sua consumação independe do recebimento de qualquer vantagem patrimonial. Se o crime é praticado por duas ou mais pessoas ou com o emprego de arma a pena será aumentada em um terço (§ 1.º).
- **Extorsão comum qualificada (art. 158, § 2.º, do CP):** aplica-se à extorsão praticada mediante violência o disposto no § 3.º do art. 157 do CP, referente ao latrocínio.

- **Extorsão mediante sequestro (art. 159 do CP):** nessa modalidade o agente, para extorquir, sequestra a vítima para que essa, privada da liberdade e com o amparo da família, possa prestar vantagem patrimonial para a soltura. Trata-se de crime permanente cuja consumação se inicia com o arrebatamento da vítima e se protrai no tempo enquanto a vítima estiver privada da liberdade, Existem hipóteses de alteração do parâmetro de pena. São elas: **1)** se o sequestro dura mais de 24 horas, se o sequestrado é menor de 18 anos ou maior de 60 anos, ou se o crime é cometido por bando ou quadrilha [atual associação criminosa] (reclusão de 12 a 20 anos); **2)** se do fato resulta lesão corporal de natureza grave ou gravíssima (reclusão de 16 a 24 anos); e **3)** se resulta a morte (reclusão de 24 a 30 anos). Existe, para a extorsão mediante sequestro o instituto chamado **"Delação Premiada"** (§ 4.º) que reduz a pena de um a dois terços, se o crime é cometido em concurso de agentes e o concorrente denunciar à autoridade, facilitando a liberação do sequestrado (o delator será premiado).
- **Extorsão indireta (art. 160 do CP):** nessa modalidade o agente inicialmente constrange a vítima não para obter vantagem patrimonial, mas sim para receber, como garantia de dívida, documento que possa dar causa a procedimento criminal contra a vítima ou contra terceiro. No primeiro momento o "chantagista" não adquirirá vantagem patrimonial, mas de posse do documento, em um segundo momento, irá extorquir a vítima.

O art. 158, § 3.º, do CP, com a redação dada pela Lei 11.923, de 17.04.2009, tipifica o crime de **sequestro-relâmpago**, que não fazia parte do ordenamento jurídico, mas era prática comum enquadrada, para a corrente majoritária, como roubo qualificado.

Nesse diapasão, pune-se a conduta do agente que comete a extorsão mediante a restrição da liberdade da vítima, e essa condição é necessária para a obtenção da vantagem econômica. A pena é de reclusão, de 6 a 12 anos, além da multa, e, se resulta lesão corporal grave ou morte, aplicam-se as penas previstas no art. 159, §§ 2.º e 3.º, respectivamente (extorsão mediante sequestro).

Traduzindo: no crime de sequestro relâmpago, o sujeito ativo do delito não teria como ter acesso à vantagem econômica pretendida sem a efetiva participação da vítima, não teria como simplesmente subtrair a coisa, necessitando da vítima para conseguir o que deseja. Assim sendo, mantém a vítima sob seu poder, restringindo sua liberdade para que esta, temerosa, intimidada, desejando reaver o seu direito de ir e vir, ceda à extorsão. Ex.: o agente delituoso mantém a vítima sob seu poder para que esta vá com ele até o caixa do banco realizar um saque vultoso de sua conta-corrente (da vítima) e entregue os valores ao criminoso.

Observe que, no exemplo acima, o sujeito ativo do delito não teria como, sem a participação da vítima, obter a vantagem econômica pretendida. Ele não poderia simplesmente realizar o saque ou subtrair os valores. A participação da vítima foi imprescindível para alcançar o fim delituoso pretendido. E, para conseguir que a vítima participasse, o agente a manteve sob seu poder, restringindo sua liberdade.

CUIDADO PARA NÃO CONFUNDIR:

1– Roubo qualificado pelo fato de o agente manter a vítima em seu poder, restringindo a sua liberdade (art. 157, § 2.º, V, do CP) → nesta hipótese, o sujeito ativo do delito pode ter acesso ao bem, independentemente da participação ou ajuda da vítima. A coisa encontra-se em uma situação que pode ser subtraída mediante o emprego de violência ou grave ameaça. A restrição da liberdade da vítima não se configura como pré-condição para obtenção da coisa.

Ex.: Em um assalto a uma residência, após a subtração de valores, os agentes levam consigo um dos filhos do proprietário, para terem certeza de que não serão seguidos ou interceptados, liberando a vítima algum tempo depois. Perceba que a restrição da liberdade da vítima em nada se destinou a promover a subtração da coisa, visto já ter sido esta subtraída com emprego de violência ou grave ameaça. A vítima teve sua liberdade tolhida como forma de garantir que os agentes conseguissem empreender fuga sem serem obstados.

2 – Extorsão mediante sequestro (art. 159, caput, do CP) → neste caso, a restrição da liberdade da vítima destina-se a funcionar como moeda de troca para que o sujeito ativo do delito consiga obter vantagem a título de resgate. Não existe o objetivo direto de que a própria vítima desempenhe a conduta necessária para obtenção da vantagem pretendida, mas sim que alguém ceda a vantagem para reaver a liberdade do sequestrado.

Ex.: Manter uma criança em cativeiro e exigir do pai desta o pagamento de resgate em troca da libertação do filho. Perceba que não é a própria vítima quem está sendo pressionada a ceder à vantagem, mas sim o pai desta, sendo a restrição da liberdade da criança utilizada como forma de coagir terceiro a entregar a vantagem almejada.

2.4 USURPAÇÃO

O Código Penal trata especificamente de crimes contra o patrimônio, que envolvam imóveis. Esses delitos são:

– **Alteração de limites** (art. 161 do CP) – suprimir ou deslocar tapume, marco ou qualquer outro sinal indicativo de linha divisória ou apropriar-se no todo ou em parte de coisa imóvel alheia.
– **Esbulho possessório** (art. 161, II, do CP) – invadir edifício ou terreno, com intuito de esbulho, utilizando-se de violência ou grave ameaça.

Também, relacionado a imóveis, especialmente os rurais, o legislador previu o crime de **usurpação de águas** (art. 161, I, do CP), que se concretiza quando alguém desvia ou represa águas alheias em proveito próprio. Em relação a animais, o Código trata do crime de **supressão ou alteração de marca em animais** (art. 162 do CP), relacionado à marca ou sinal indicativo de propriedade alheia em gado ou rebanho.

2.5 DANO

Existem crimes contra o patrimônio diretamente relacionados com danos que a vítima poderá vir a sofrer. Esses delitos são os seguintes:

Dano (art. 163 do CP)

O crime de dano é punido somente a título doloso, quando alguém destrói, inutiliza ou deteriora coisa alheia (ação penal privada). Será qualificado (parágrafo único – muda o parâmetro das penas) se houver o emprego de violência a pessoa ou grave ameaça, emprego de substância inflamável ou explosiva, se o crime é contra o patrimônio da União, Estado ou Município, empresa concessionária de serviço público ou sociedade de economia mista (casos em que a ação penal será pública incondicionada) ou se cometido por motivo egoístico ou com prejuízo considerável para a vítima (ação penal privada). O Supremo Tribunal Federal (*RT* 555/445) em decisão inovadora considerou que se houver a reparação do dano antes do oferecimento da denúncia ou queixa haverá a extinção da punibilidade do agente.

Introdução ou abandono de animais em propriedade alheia (art. 164 do CP)

É a conduta do agente que levar para dentro ou abandona animais em propriedade alheia, sem consentimento de quem de direito, desde que o fato resulte prejuízo. O crime somente se consuma com o efetivo prejuízo para a vítima (crime material). Não admite a modalidade culposa. A ação penal é privada. Se a intenção é a de danificar a propriedade alheia, o crime é o do art. 163 do CP.

Dano em coisa de valor artístico, arqueológico ou histórico (art. 165 do CP)

Pune-se a conduta do agente que destrói, inutiliza ou deteriora coisa tombada pela autoridade competente em virtude de valor artístico, arqueológico ou histórico. Pouco importa se o tombamento é provisório ou definitivo para a tipificação da conduta. Exige sempre o dolo (não admite modalidade culposa). A subtração de bem móvel tombado tipifica o delito do art. 155 do CP.

Alteração de local especialmente protegido (art. 166 do CP)

O crime estará configurado quando o agente alterar, sem licença da autoridade competente, o aspecto de local especialmente protegido por lei. A expressão "*aspecto*" significa a aparência, a fisionomia exterior; por "*local*" deve ser entendido o lugar, sítio, que deve ser protegido por lei. Também exige como elemento subjetivo o dolo.

2.6 APROPRIAÇÃO INDÉBITA (ART. 168 DO CP)

Quando o agente se recusa a devolver coisa alheia móvel que tem a posse ou detenção pratica o delito de apropriação indébita. A pena é aumentada em um terço (causa de aumento de pena) quando o agente recebeu a coisa em depósito necessário, na qualidade de tutor, curador, síndico, liquidatário, inventariante, testamenteiro ou depositário judicial, ou em razão de ofício, emprego ou profissão.

Ressalve-se que a posse ou detenção da coisa móvel deve começar de forma lícita e posteriormente converter-se em posse ilícita. Ex.: O agente aluga um veículo mediante contrato, por cinco dias, mas, depois de vencido o prazo de locação, recusa-se a devolver o bem e a realizar novo contrato. Inicialmente, o sujeito ativo detinha a coisa (o veículo) de forma lícita, visto ter sido realizada uma locação. Quando, findo o prazo, o bem não é devolvido ao seu proprietário, a posse lícita converte-se em apropriação indébita.

2.6.1 Apropriação indébita previdenciária (art. 168-A do CP)

Trata-se de uma forma especial do crime de apropriação indébita previsto no art. 168 do CP, que se configura quando o agente deixa de repassar à previdência social as contribuições recolhidas dos contribuintes. Se o agente, antes do início da ação fiscal, espontaneamente declara, confessa e efetua o pagamento das verbas devidas, terá extinta a sua punibilidade. Em alguns casos (réu primário, de bons antecedentes, que tenha efetuado o pagamento do tributo antes do recebimento da denúncia), o juiz poderá conceder o perdão judicial.

É uma espécie de crime comissivo e omissivo ao mesmo tempo (comissivo quando o agente se apropria da contribuição e omissivo quando o agente deixa de fazer o recolhimento ao INSS).

2.6.2 Apropriação de coisa havida por erro, caso fortuito ou força da natureza (art. 169 do CP)

Ocorre quando o agente se vê na posse de determinada coisa, que chegou em suas mãos por erro, caso fortuito ou força da natureza e, então, se faz de dono.

2.6.3 Apropriação de tesouro (art. 169, I, do CP)

Aqui, pune-se a conduta do agente que acha tesouro em prédio alheio e se apropria da quota que tem direito o proprietário. É importante observar que o que se incrimina não é a apreensão, em si, do tesouro, mas a posterior apropriação da parte pertencente ao proprietário do prédio.

2.6.4 Apropriação de coisa achada (art. 169, II, do CP)

Conforme já verificamos, a coisa perdida que é encontrada deve ser devolvida ao dono ou à autoridade no prazo de quinze dias, sob pena de o agente responder por Apropriação de Coisa Achada.

Observação sobre todas as apropriações – Se o réu for primário e a coisa apropriada for de pequeno valor, poderá haver diminuição de pena, a troca de reclusão por detenção ou a condenação apenas à pena de multa.

2.7 ESTELIONATO (ART. 171 DO CP)

No estelionato o agente engana a vítima com o objetivo de conseguir vantagem patrimonial indevida em prejuízo alheio. Para isso o agente utiliza-se de um artifício (meio material de enganar), ardil (lábia, desfaçatez) ou outro meio fraudulento.

Se o agente é primário e é de pequeno valor o prejuízo, o juiz poderá diminuir a pena de um terço a dois terços, substituir a pena de reclusão pela de detenção ou aplicar somente a pena de multa.

São espécies de estelionato:

- **Disposição de coisa alheia como própria (inciso I):** é a conduta daquele que vende, permuta, dá em pagamento, em locação ou em garantia coisa alheia como própria, ou seja, utiliza-se da coisa alheia obtendo vantagem, sem a devida autorização.
- **Alienação ou oneração fraudulenta de coisa própria (inciso II):** refere-se à conduta daquele que vende, permuta, dá em pagamento ou em garantia coisa própria inalienável, gravada de ônus ou litigiosa, ou imóvel que prometeu vender a terceiro, mediante pagamento em prestações, silenciando sobre qualquer dessas circunstâncias. Nesse crime o agente dispõe de coisa própria que não podia dispor.
- **Defraudação de penhor (inciso III):** nessa modalidade de estelionato, o agente defrauda, mediante alienação não consentida pelo credor ou por outro modo, a garantia pignoratícia, quando tem a posse do objeto empenhado.
- **Fraude na entrega de coisa (inciso IV):** é a conduta do agente que defrauda substância, qualidade ou quantidade de coisa que deve entregar a alguém.
- **Fraude para recebimento de indenização ou valor de seguro (inciso V):** é a conduta consistente em destruir, total ou parcialmente, ou ocultar coisa própria, ou lesionar o próprio corpo ou a saúde, ou agravar as consequências da lesão ou doença, com o intuito de haver indenização ou valor de seguro.

- **Fraude no pagamento por meio de cheque sem fundo (inciso VI):** significa enganar a vítima que acredita que receberá o valor do cheque, que volta sem fundos. Se o agente paga o cheque antes do recebimento da denúncia ou queixa, terá extinta a sua punibilidade (Súmula 554 do STF). Não haverá crime, por descaracterização de sua natureza, se o cheque tiver sido dado em garantia (pré ou pós-datado).

2.7.1 Duplicata simulada (art. 172 do CP)

O agente, nesse caso, emite fatura, duplicata ou nota de venda que não corresponda à mercadoria vendida, ou altera ou falsifica escrituração em livro.

2.7.2 Abuso de incapazes (art. 173 do CP)

O incapaz (menor, deficiente mental, alienado) é induzido a praticar algo em prejuízo próprio ou alheio. A conduta consiste em abusar, em proveito próprio ou alheio, de necessidade, paixão ou inexperiência de menor, ou da alienação ou debilidade mental de outrem, induzindo qualquer deles à prática de ato suscetível de produzir efeito jurídico, em prejuízo próprio ou de terceiro.

2.7.3 Induzimento à especulação

O delito estará configurado quando alguém abusar, em proveito próprio ou alheio, da inexperiência ou da simplicidade ou inferioridade mental de outrem, induzindo-o à prática de jogo ou aposta, ou à especulação com títulos ou mercadorias, sabendo ou devendo saber que a operação é ruinosa.

2.7.4 Fraude no comércio (art. 175 do CP)

Configura o delito de fraude no comércio a conduta consistente em enganar no exercício de atividade comercial o adquirente ou consumidor, vendendo mercadoria danificada ou falsificada ou entregando uma mercadoria por outra.

Se o agente alterar, em obra que lhe é encomendada, a qualidade, peso de metal ou substituir pedra verdadeira por falsa ou outra de menor valor, os parâmetros de pena são alterados para maior.

Se o agente é primário e é de pequeno valor o prejuízo, poderá ter a sua pena diminuída de um terço a dois terços, ter a pena trocada de reclusão para detenção ou ser condenado somente à pena de multa.

2.7.5 Outras fraudes (art. 176 do CP)

O legislador instituiu como outras fraudes a prática do "pindura" (se alimentar, se hospedar, ou utilizar-se de transporte sem condições de pagar). Tal crime é passível de perdão judicial.

2.7.6 Fraudes e abusos na fundação ou administração de sociedade por ações (art. 177 do CP)

Quando o agente promove a fundação de sociedade por ações, fazendo, em prospecto ou em comunicação ao público ou à assembleia, afirmação falsa sobre a constituição da sociedade, ou oculta fraudulentamente fato a ela relativo, comete esse delito.

Excluído o chamado "crime contra a economia popular", serão punidos os diretores, gerentes, fiscais e liquidantes de sociedade por ações, que, em prospecto, relatório, parecer, balanço ou comunicação ao público ou à assembleia, fizerem afirmação falsa sobre as condições econômicas da sociedade ou ocultarem fraudulentamente, no todo ou em parte, fato a elas relativo, promoverem falsa cotação das ações, tomarem empréstimo à sociedade em proveito próprio ou de terceiro, comprarem ou venderem contas fora dos casos permitidos, aceitarem em penhor ou caução cotas nos casos não permitidos, distribuírem dividendos ou lucros fictícios, ou por interposta pessoa conseguirem aprovação em conta ou parecer.

O cotista ou acionista que negocia voto para obter vantagem perante a assembleia-geral também terá pena, em outros parâmetros. Em termos gerais, é a fraude na administração dessas sociedades.

2.7.7 Emissão irregular de conhecimento de depósito ou *warrant* (art. 178 do CP)

Trata-se de fraude no comércio em que o agente emite (põe em circulação) conhecimento de depósito ou *warrant* em desacordo com disposição legal. Consuma-se esse delito com a simples circulação independentemente do prejuízo que a vítima possa sofrer.

2.7.8 Fraude à execução (art. 179 do CP)

Configura-se quando o devedor frauda a execução por meio da alienação, desvio, destruição ou danificação aos bens, ou da simulação de dívidas. Quem comete tal crime é o devedor que está sendo demandado na esfera cível. Porém, se o agente for empresário poderá configurar crime falimentar. Ressalte-se que o simples fato de alienar bens não configura o delito, exigindo-se alienação a preço injusto ou com sensível diminuição do ativo patrimonial.

2.8 RECEPTAÇÃO (ART. 180 DO CP)

O crime de receptação estará configurado quando o agente adquirir, receber, transportar, conduzir ou ocultar produto de crime – que não precisa ser produto de crime contra o patrimônio para caracterizar a receptação (exemplo: produto de peculato). Se o sujeito ativo for comerciante ou industrial a forma é qualificada (§ 1.º). Equipara-se à atividade comercial, para efeito do parágrafo anterior, qualquer forma de comércio irregular ou clandestino, inclusive o exercício em residência (§ 2.º). Existe a figura culposa, quando o agente não sabia se tratar produto de crime, mas poderia saber se tivesse maior atenção (§ 3.º). Nesse caso, se o criminoso for primário, o juiz poderá conceder o perdão judicial, reduzir a pena de um a dois terços, trocar reclusão por detenção ou condenar apenas a pena de multa (§ 5.º).

Doutrinariamente é chamada de **receptação indireta** a atitude do receptador que influencia a terceiro de boa-fé para que adquira produto de crime. É importante observar que a receptação é punível, ainda que desconhecido ou isento de pena o autor do crime de que proveio a coisa (§ 4.º).

Observe-se, também, que se o "ladrão" combinar com outra pessoa o repasse do produto do crime antes mesmo de este acontecer, a terceira pessoa responderá pelo crime a ser praticado (furto, roubo, etc.) e não pela receptação.

Por fim, é interessante verificar que se o agente guardar o produto do crime para ajudar o criminoso a burlar a justiça, responderá por favorecimento real (art. 349 do CP).

2.9 DISPOSIÇÕES GERAIS DOS CRIMES CONTRA O PATRIMÔNIO

Tendo em vista a proteção e o intuito de preservação da família, foram inseridas no sistema as regras dos arts. 181, 182 e 183 do CP, que preveem que quando o crime contra o patrimônio for cometido sem violência ou grave ameaça entre ascendentes e descendentes ou entre cônjuges, o agente está isento de pena. Já quando o crime for praticado entre tio e sobrinho que morem na mesma casa, irmãos ou cônjuges separados, a ação penal é pública condicionada à representação. Tal disposição não se aplica ao terceiro que eventualmente participa do crime (pois se trata de condição pessoal), se o crime é de roubo ou de extorsão, ou, em geral, quando haja emprego de grave ameaça ou violência à pessoa; ou ainda se o crime é praticado contra pessoa com idade igual ou superior a 60 anos.

2.10 PRINCIPAIS DIFERENÇAS E OBSERVAÇÕES RELACIONADAS A CRIMES CONTRA O PATRIMÔNIO

- **Furto e roubo** – no roubo há emprego de violência ou grave ameaça contra a pessoa. No furto pode existir violência apenas contra a coisa.
- **Furto e apropriação indébita** – na apropriação há prévia detenção da *res* pelo agente que, num segundo momento, decide inverter a posse passando a agir como se fosse seu dono (o dolo na apropriação surge depois que o agente está de posse da coisa). No furto o agente não detém previamente a coisa.
- **Furto com fraude e estelionato** – no furto com fraude há a utilização do engodo ou outro meio fraudulento para diminuir a vigilância sobre a coisa (a vítima nem percebe que está sendo furtada). No estelionato a fraude é empregada para iludir a vítima, que entrega a coisa para o agente por estar iludida.
- **Roubo próprio e impróprio** – a diferença reside no momento da utilização da violência ou grave ameaça. No roubo próprio ela é empregada antes da subtração enquanto no roubo impróprio o emprego é posterior, mas imediato, à consumação.
- **Extorsão e roubo** – na extorsão mesmo que o agente mate a vítima, não vai conseguir obter vantagem econômica, ou seja, só se caracteriza a extorsão quando a própria vítima entrega a vantagem (o agente não poderá por si só retirá-la).

- **Extorsão direta e indireta** – na extorsão direta o agente constrange alguém, mediante violência ou grave ameaça, e com o intuito de obter para si ou para outrem indevida vantagem econômica, a fazer, tolerar que se faça ou deixar fazer alguma coisa (o agente, de início, quer a vantagem patrimonial) e na indireta o agente exige ou recebe, como garantia de dívida, abusando da situação de alguém, documento que pode dar causa a procedimento criminal contra a vítima ou contra terceiro (art. 160 do CP).
- **Extorsão mediante sequestro e sequestro ou cárcere privado** – a diferença se restringe ao objetivo que no primeiro é patrimonial e no segundo é privar a vítima da liberdade.

2.11 QUESTÕES

1. (OAB/NACIONAL 2009.I) Acerca dos crimes contra o patrimônio, assinale a opção correta.

a) O crime de latrocínio só se consuma quando o agente, após matar a vítima, realiza a subtração dos bens visados no início da ação criminosa.

b) O crime de extorsão é consumado quando o agente, mediante violência ou grave ameaça, obtém, efetivamente, vantagem econômica indevida, constrangendo a vítima a fazer alguma coisa ou a tolerar que ela seja feita.

c) Quem falsifica determinado documento exclusivamente para o fim de praticar um único estelionato não responderá pelos dois delitos, mas apenas pelo crime contra o patrimônio.

d) O crime de apropriação indébita de contribuição previdenciária é delito material, exigindo-se, para a consumação, o fim específico de apropriar-se da coisa para si (*animus rem sibi habendi*).

2. (OAB/NACIONAL 2009_1) Constitui conduta criminosa:

a) deixar o pai de prover, sem justa causa, a instrução primária do filho em idade escolar.

b) cometer adultério.

c) emitir cheque pré-datado, sabendo-o sem provisão de fundos.

d) destruir culposamente a vidraça de prédio pertencente ao departamento de polícia civil.

3. (OAB Nacional 2010 – I) Com relação aos crimes contra o patrimônio, assinale a opção correta.

a) A conduta da vítima não é fator de distinção entre os delitos de roubo e extorsão.

b) O crime de extorsão mediante sequestro consuma-se no momento em que o resgate é exigido, independentemente do momento da privação da liberdade da vítima.

c) Ocorre crime de extorsão indireta quando alguém, abusando da situação de outro, exige, como garantia de dívida, documento que pode dar causa a procedimento criminal contra a vítima ou terceiro.

d) No crime de apropriação indébita, o fato de o agente praticá-lo em razão de ofício, emprego ou profissão não interfere na imposição da pena, por se tratar de elementar do tipo.

4. (OAB 2010.2 - FVG) Paula Rita convenceu sua mãe adotiva, Maria Aparecida, de 50 anos de idade, a lhe outorgar um instrumento de mandato para movimentar sua conta bancária, ao argumento de que poderia ajudá-la a efetuar pagamento de contas, pequenos saques, pegar talões de cheques etc., evitando assim que a mesma tivesse que se deslocar para o banco no dia a dia. De posse da referida procuração, Paula Rita compareceu à agência bancária onde Maria Aparecida possuía conta e sacou todo o valor que a mesma possuía em aplicações financeiras, no total de R$ 150.000,00 (cento e cinquenta mil reais), apropriando-se do dinheiro antes pertencente a sua mãe. Considerando tal narrativa, assinale a alternativa correta.

a) Paula Rita praticou crime de estelionato em detrimento de Maria Aparecida e, pelo fato de ser sua filha adotiva, é isenta de pena.

b) Paula Rita praticou crime de furto mediante fraude em detrimento de Maria Aparecida e, pelo fato de ser sua filha adotiva, é isenta de pena.

c) Paula Rita praticou crime de estelionato em detrimento de Maria Aparecida e, apesar de ser sua filha adotiva, não é isenta de pena.

d) Paula Rita praticou crime de furto mediante fraude em detrimento de Maria Aparecida e, apesar de seu sua filha adotiva, não é isenta de pena.

5. (OAB/NACIONAL 2008_1) Júlio, empresário, deixou de recolher, no prazo legal, contribuição destinada à previdência social que ele havia descontado de pagamento efetuado a segurado. Considerando a situação hipotética descrita, assinale a opção correta.

a) Caso Júlio, espontaneamente, confesse e efetue o pagamento integral das contribuições à previdência social, antes do início da ação fiscal, ele terá direito à suspensão condicional da pena.

b) O juiz deve conceder o perdão judicial ou aplicar somente a pena de multa, caso Júlio seja primário e tenha bons antecedentes.

c) O crime praticado por Júlio constitui espécie de apropriação indébita, que deve ser processado na justiça federal mediante ação penal pública incondicionada.

d) O crime, consumado no momento em que Júlio decidiu deixar de recolher as contribuições, depois de ultrapassado o prazo legal, admite tentativa e a modalidade culposa.

6. (OAB/PE 2007.1) No crime de apropriação indébita previdenciária, o pagamento integral dos débitos oriundos da falta de recolhimento de contribuições sociais, efetuado posteriormente ao recebimento da denúncia, é

a) causa de exclusão da tipicidade.

b) causa de extinção da punibilidade.

c) indiferente penal.

d) circunstância atenuante.

7. (OAB/MG - Agosto-2008) O artigo 163 do Código Penal brasileiro assim define o crime de dano: "Destruir, inutilizar ou deteriorar coisa alheia: Pena - detenção, de 1 (um) a 6 (seis) meses, ou multa". Com relação ao referido crime, tendo em vista o Direito Penal brasileiro, assinale a alternativa INCORRETA:

a) a ação penal é, em regra, privada.

b) Se o crime de dano for praticado por motivo egoístico ou com prejuízo considerável para a vítima, a ação penal será pública incondicionada.

c) Se o crime de dano for praticado contra o patrimônio da União, Estado, Município, empresa concessionária de serviços públicos ou sociedade de economia mista, a ação penal será pública incondicionada.

d) A competência para processo e julgamento do crime de dano previsto no caput do artigo 163 do Código Penal é dos Juizados Especiais Criminais.

8. (OAB/MG – Agosto-2008) O artigo 155 do Código Penal brasileiro assim define o crime de furto: "Subtrair, para si ou para outrem, coisa alheia móvel: Pena – reclusão, de 1 (um) a 4 (quatro) anos, e multa." Com relação ao referido crime, tendo em vista o Direito Penal brasileiro, assinale a alternativa INCORRETA:

a) Se o criminoso é primário, e é de pequeno valor a coisa furtada, o juiz pode substituir a pena de reclusão pela de detenção, diminuí-la de um a dois terços, ou aplicar somente a pena de multa.

b) O tipo subjetivo consiste no dolo e no especial fim de agir especificado na norma.

c) Equipara-se à coisa móvel a energia elétrica ou qualquer outra que tenha valor econômico.

d) Não pode a pessoa jurídica ser sujeito passivo do delito.

9. (OAB/Nacional CESPE 2007.I) O agente que, na qualidade de servidor do INSS, obtém de forma indevida a concessão de benefício previdenciário junto ao INSS, em favor de terceiro, pratica o crime de

a) peculato-furto.

b) apropriação indébita.

c) estelionato.

d) corrupção passiva.

10. (OAB/MS 78.º) Assinale abaixo o tipo penal em que a ação penal é pública incondicionada:

a) receptação dolosa.

b) difamação.

c) calúnia.

d) lesões corporais leves.

11. (Defensor Público SP/2008/Cespe) João emprestou uma máquina fotográfica a Paulo. Paulo começou a correr, olhando para João, com um sorriso irônico, levando a máquina fotográfica. Logo depois, João telefonou para Paulo questionando o comportamento do colega, que informou que resolvera, depois de se despedirem, não mais devolver a máquina fotográfica. Considerando a situação hipotética apresentada, assinale a opção correta.

a) Paulo praticou o crime de apropriação indébita, pois tinha a posse legítima da máquina fotográfica derivada do contrato de comodato quando deliberou inverter a posse.

b) Paulo praticou o crime de furto qualificado por fraude, uma vez que saiu correndo do local, enganando a vítima.

c) O fato é atípico porque se trata de mero inadimplemento contratual.

d) Paulo praticou estelionato, pois cometeu uma fraude posterior para conseguir a posse da máquina fotográfica.

12. (CESPE/DELEGADO PB/2008) Considera-se famulato o furto:

a) praticado em estado de extrema miserabilidade, para evitar perigo maior decorrente da ausência de alimentação, situação em que há estado de necessidade, não se incluindo no conceito, entretanto, o furto de bens supérfluos.

b) de gados pertencentes a terceira pessoa, espalhados por currais, com ânimo de assenhoramento definitivo pelo autor do crime.

c) praticado pelo empregado, aproveitando-se de tal situação, de bens pertencentes ao empregador.

d) de energia elétrica.

e) de bens de uso comum do povo, que possam ter algum valor econômico.

13. (CESPE/DELEGADO PB/2008) Assinale a opção correta com referência aos crimes contra o patrimônio.

a) No crime de roubo, se a arma não é apreendida e, consequentemente, não pode ser submetida a perícia, o autor do crime responde por roubo simples, pois, tratando-se de crime não transeunte, a prova testemunhal não supre a ausência da perícia, mesmo que tenha havido disparo da arma de fogo.

b) A jurisprudência tem aplicado analogicamente o entendimento já consolidado quanto ao crime de furto, para fins de afastar a tipicidade do roubo de uso.

c) Inexiste concurso material entre os delitos de quadrilha armada e o roubo qualificado pelo emprego de arma, devendo o porte ou a posse da arma de fogo ser considerado uma única vez, sob pena de bis in idem.

d) Ocorre crime de latrocínio se, logo após a subtração da coisa pretendida, por *aberractio ictus*, o agente atinge seu comparsa, querendo matar a vítima.

e) Se o agente, após subtrair os pertences da vítima com grave ameaça, obriga-a a entregar o cartão do banco e a fornecer a respectiva senha, há concurso formal entre os crimes de extorsão e roubo, pois são crimes da mesma espécie, isto é, contra o patrimônio.

GABARITO: As respostas destes testes encontram-se no final do livro.

3

CRIMES CONTRA A PROPRIEDADE IMATERIAL (ART. 184 DO CP)

O capítulo do CP referente aos crimes contra a propriedade material foi objeto de recente reforma pelo legislador com o intuito de tornar mais rigoroso o combate à "pirataria" de produtos. A Lei 10.695/2003 trouxe nova redação aos arts. 184 e 186 e revogou o art. 185, todos do CP (crime de *usurpação de nome ou pseudônimo alheio*). No campo processual, a nova lei também trouxe nova disciplina em relação à ação penal, inserindo os arts. 530-A a 530-I no CPP.

De acordo com o art. 184 do CP, viola direitos do autor e os que lhe são conexos a conduta do agente que consistir na reprodução total ou parcial, com intuito de lucro direto ou indireto, por qualquer meio ou processo, de obra intelectual, interpretação, execução ou fonograma, sem autorização expressa do autor, do artista intérprete ou executante, do produtor, conforme o caso, ou de quem os represente, sendo-lhe cominada a pena de reclusão de dois a quatro anos, e multa.

Nessa mesma pena incorre quem, com o intuito de lucro direto ou indireto, distribui, vende, expõe à venda, aluga, introduz no País, adquire, oculta, tem em depósito, original ou cópia de obra intelectual ou fonograma reproduzido com violação do direito de autor, do direito de artista intérprete ou executante ou do direito do produtor de fonograma, ou, ainda, aluga original ou cópia de obra intelectual ou fonograma, sem a expressa autorização dos titulares dos direitos ou de quem os represente.

Na hipótese em que a violação consistir no oferecimento ao público, mediante cabo, fibra ótica, satélite, ondas ou qualquer outro sistema que permita ao usuário realizar a seleção da obra ou produção para recebê-la em um tempo e lugar previamente determinados por quem formula a demanda, com intuito de lucro, direto ou indireto, sem autorização expressa, conforme o caso, do autor, do artista intérprete ou executante, do produtor de fonograma, ou de quem os represente, a pena também será de reclusão de dois a quatro anos, e multa.

O § 4.º do art. 184 do CP dispõe que não haverá crime quando se tratar de exceção ou limitação ao direito de autor ou os que lhe são conexos, em conformidade com o previsto na Lei 9.610/1998, nem a cópia de obra intelectual ou fonograma, em um só exemplar, para uso privado do copista, sem intuito de lucro direto ou indireto.

A propriedade industrial e marcas industriais são protegidas por lei especial (Lei 9.279/1996). Esta lei também regula a concorrência desleal (que o Código Penal não mais trata).

Segundo a regra do art. 529 do CPP, nos crimes contra a propriedade imaterial, de ação privativa do ofendido, não será admitida queixa com fundamento em apreensão e em perícia, se decorrido o prazo de 30 dias após a homologação do laudo (prazo decadencial).

Apesar de o tema, até o presente momento, só ter sido questionado uma única vez em exame de ordem, reservamos esse capítulo em virtude da modificação do Código Penal pela Lei 10.695/2003, que pode despertar o interesse do examinador.

3.1 QUESTÕES

1. (OAB/GO I 2005) Assinale a alternativa correta, referente a Direitos Autorais:

a) Violar direitos de autor e os que lhe são conexos não é crime;

b) Violar direitos de autor e os que lhe são conexos é apenas ilícito civil;

c) Violar direitos de autor e os que lhe são conexos é contravenção penal;

d) Violar direitos de autor e os que lhe são conexos é crime previsto no Código Penal Brasileiro.

2. (Nossa) O agente que reproduz, total ou parcialmente, com o intuito de lucro direto ou indireto, por qualquer meio ou processo, obra intelectual, sem a expressa autorização do autor, comete o crime de:

a) estelionato.

b) receptação.

c) fraude no comércio.

d) violação de direito autoral qualificada.

3. (Nossa) Quanto ao momento consumativo do crime de violação de direito autoral, este ocorre:

a) Quando o agente for surpreendido tentando obter a vantagem patrimonial decorrente da violação.

b) Quando ocorrer a violação (compra, cópia, divulgação, etc.) de direito autoral ou conexo, independentemente de haver a efetiva perda patrimonial.

c) Quando ficar comprovada a perda patrimonial por parte da vítima, sem a qual o crime se torna atípico.

d) Assim que o agente termina a violação, caso contrário, o crime não se consumará.

GABARITO: As respostas destes testes encontram-se no final do livro.

4

CRIMES CONTRA A ORGANIZAÇÃO DO TRABALHO

O Código Penal, em título próprio, cuida de condutas consideradas criminosas na relação de trabalho. São elas:

- **Atentado contra a liberdade de trabalho, de associação ou contrato** – trata-se do constrangimento ao trabalhador mediante violência ou grave ameaça a trabalhar, se associar a sindicato ou a celebrar contrato de trabalho, regulados pelos arts. 197, 198 e 199 do CP.
- **Paralisação de trabalho seguida de violência ou perturbação da ordem** (art. 200 do CP) – pune-se a conduta do agente que participa de suspensão ou abandono coletivo, com violência a pessoa ou coisa ou provoca a interrupção de obra ou serviço de interesse público, ressalvado o direito de greve. Para que se considere coletivo o abandono de trabalho é indispensável o concurso de, pelo menos, três empregados.
- **Invasão de estabelecimento industrial, comercial ou agrícola. Sabotagem** (art. 202 do CP) – é a conduta do agente consistente em invadir ou ocupar estabelecimento industrial, comercial ou agrícola, com o intuito de impedir ou embaraçar o curso normal do trabalho, ou com o mesmo fim danificar o estabelecimento ou as coisas nele existentes ou delas dispor.
- **Frustração de direito trabalhista ou nacionalização do trabalho** (arts. 203 e 204 do CP) – trata-se de norma penal em branco, pois os direitos que visa proteger devem ser buscados

nas leis trabalhistas. A conduta é frustrar, mediante fraude ou violência. Também é punido quem obriga ou coage alguém a usar mercadorias de determinado estabelecimento, para impossibilitar o desligamento de serviço por dívida, ou retém documentos pessoais ou contratuais com a mesma finalidade. A pena é aumentada de um sexto a um terço se a vítima é menor de 18 anos, idosa, gestante, indígena ou portadora de deficiência física ou mental.

- **Exercício de atividade com infração de decisão administrativa** (art. 205 do CP) – trata-se do exercício (prática, desempenho) de atividade que o agente está impedido por decisão administrativa.

  Trata-se de crime de mera conduta que independe de resultado naturalístico.
- **Aliciamento emigratório ou migratório** (arts. 206 e 207 do CP) – é o recrutamento irregular de trabalhadores para o trabalho no exterior ou em outro Estado dentro do território nacional.

Já se questionou, na segunda fase do exame de ordem, se a greve em serviços públicos essenciais poderia ser crime.

Muita atenção a essa questão deve ser tomada pelo candidato, pois, embora o art. 201 do CP diga que é crime a **paralisação de trabalho de interesse coletivo** ("Participar de suspensão ou abandono coletivo de trabalho, provocando a interrupção de obra pública ou serviço de interesse coletivo"), essa regra não foi recepcionada pela Constituição Federal de 1988.

Por fim, saliente-se que os crimes contra a organização do trabalho são processados perante a Justiça Federal (art. 109, VI, da CF).

Embora não tenham sido aplicadas, até o momento, questões objetivas sobre o assunto, reservamos esse capítulo para deixar a obra o mais completa possível evitando surpresas, caso o examinador venha a se interessar pelo assunto.

4.1 QUESTÕES

1. (OAB/SP 127.º) Considere o seguinte crime:

"Art. 205. Exercer atividade, de que está impedido por decisão administrativa."

a) Trata-se de crime de mera conduta.

b) Trata-se de crime de forma vinculada.

c) Não se trata de crime próprio.
d) Não é crime comissivo.

2. (Nossa) O ato de constranger trabalhador mediante violência ou grave ameaça a exercer ou não, arte, ofício, profissão ou indústria, ou a trabalhar ou não durante certo período ou em determinados dias, tipifica o crime de:

a) Atentado contra a liberdade de trabalho.
b) Paralisação de trabalho, seguida de violência ou perturbação da ordem.
c) Constrangimento ilegal.
d) Atentado contra a liberdade de trabalho e boicotagem violenta.

GABARITO: As respostas destes testes encontram-se no final do livro.

5

CRIMES CONTRA O SENTIMENTO RELIGIOSO E CONTRA O RESPEITO AOS MORTOS

5.1 CRIMES CONTRA O SENTIMENTO RELIGIOSO

São normas que visam proteger o direito constitucional ao culto religioso (que é livre). Aliás, mais do que a religião, deve ser respeitado o "sentimento" religioso, ou seja, toda a crença e esperança nutrida pelo cidadão em determinada religião. O Código Penal prevê o **ultraje a culto e impedimento de ato a ele relativo** (art. 208 do CP), que é a frustração ao culto religioso, a atitude desrespeitosa. O agente praticará a infração se, publicamente, escarnecer de alguém, vilipendiar objeto de culto ou impedir ou perturbar a cerimônia, sempre relacionado a motivo de crença ou função religiosa. Tal crime se agrava se houver o emprego de violência.

5.2 CRIME CONTRA O RESPEITO AOS MORTOS

São consideradas antinormativas as seguintes figuras:

- **Impedir ou perturbar cerimônia funerária** (art. 209 do CP) – consiste na conduta do agente que atrapalha ou impede efetivamente o ritual fúnebre (enterro, cremação etc.) (trata-se de crime material que depende de resultado naturalístico).
- **Violação de sepultura** (art. 210 do CP) – pune-se a conduta do agente que viola ou profana sepultura ou urna funerária. Violar significa abrir, devassar; profanar significa ultrajar, macular.

- **Destruição, subtração ou ocultação de cadáver** (art. 211 do CP) – é a conduta que destrói (eliminar), subtrai (tira do local) ou oculta (esconde) cadáver ou parte dele. Não se consideram cadáver, para os fins deste crime, os restos humanos em estado de quase completa esqueletização.
- **Vilipendiar cadáver ou suas cinzas** (art. 212 do CP) – vilipendiar significa a conduta do agente consistente em aviltar, ultrajar um cadáver ou suas cinzas. O crime pode ser praticado por meio de palavras, escritos ou gestos.

Embora o tema só tenha sido questionado em uma única prova, reservamos esse capítulo para deixar a obra o mais completa possível, evitando surpresas, caso o examinador venha a se interessar novamente pelo assunto.

5.3 QUESTÕES

1. (VII Exame de Ordem Unificado – FGV) Assinale a alternativa correta.

a) Aquele que, desejando subtrair ossadas de urna funerária, viola sepultura, mas nada consegue obter porque tal sepultura estava vazia, não pratica o crime descrito no art. 210 do Código Penal: crime de violação de sepultura.

b) O crime de infanticídio, por tratar-se de crime próprio, não admite coautoria.

c) O homicídio culposo, dada a menor reprovabilidade da conduta, permite a compensação de culpas.

d) Há homicídio privilegiado quando o agente atua sob a influência de violenta emoção.

2. (Nossa) O agente que, com gestos, escritos ou palavras, vem a ultrajar um cadáver, comete o crime de:

a) Violação de sepultura.

b) Destruição de cadáver.

c) Vilipêndio a cadáver.

d) Não comete crime algum, pois o fato é atípico.

3. (Nossa) Marcos, católico, zombou publicamente de Pedro pelo fato de este ser judeu. A conduta de Marcos tipifica o crime de:

a) Injúria

b) Difamação

c) Constrangimento ilegal

d) Ultraje a culto e impedimento de ato a ele relativo

GABARITO: As respostas destes testes encontram-se no final do livro.

6

CRIMES CONTRA A DIGNIDADE SEXUAL

Com o advento da Lei 12.015, de 07.08.2009, o Título VI da Parte Especial do Código Penal deixou de ser nominado como "Crimes contra os Costumes" e passou a ser intitulado de "Crimes contra a Dignidade Sexual".

Essa mesma lei trouxe mudanças profundas em relação aos crimes de natureza sexual do Código Penal. Vejamos:

6.1 CRIMES CONTRA A LIBERDADE SEXUAL

6.1.1 Estupro (art. 213 do CP)

O estupro sempre foi o constrangimento exercido contra a mulher para manter com ela a conjunção carnal.

Ocorre que, segundo a Lei 12.015/2009, doravante o estupro ganhou contornos mais abrangentes. Agora, estuprar significa constranger **alguém** – homem ou mulher –, mediante violência ou grave ameaça, a ter conjunção carnal ou a praticar ou permitir que com ele se pratique outro ato libidinoso.

Os atos libidinosos em si integravam o crime de "Atentado Violento ao Pudor", mas, com a reforma, esse crime deixou de existir e a sua conduta passou a integrar o crime de "Estupro".

Assim, a relação sexual forçada, obrigada, seja ela conjunção carnal ou qualquer outro ato libidinoso, é prática de estupro.

Na regra geral, passa o estupro a ser crime comum, podendo ser praticado por homens e mulheres, e o sujeito passivo também poderá ser um homem ou uma mulher, admitindo-se o concurso de agentes. Este tipo penal almeja proteger a liberdade sexual das pessoas, em sentido estrito, e a dignidade sexual, em sentido *lato*. Carece do dolo como elemento subjetivo, ou seja, não existe a possibilidade de manifestação, neste crime, da modalidade culposa.

O estupro será qualificado quando resultar em lesão corporal de natureza grave ou se a vítima for menor de 18 ou maior de 14 anos. Se da conduta resultar a morte da vítima, a figura também será qualificada, com pena majorada.

6.1.2 Atentado violento ao pudor (art. 214 do CP)

O art. 214 do CP foi revogado pela Lei 12.015/2009, e a antiga conduta de "Atentado Violento ao Pudor" passou a integrar o crime de "Estupro".

Diante disso, é importante a análise da aplicação da lei mais benéfica a fatos anteriores – *novatio legis in melius*.

Se o agente estiver sendo processado por crime de "Atentado Violento ao Pudor" quando da entrada em vigor da Lei 12.015/2009, será necessário o aditamento da inicial para constar o correto enquadramento legal, pois, embora o crime esteja extinto, a conduta criminosa não está, eis que integrante do art. 213 do CP.

Porém, se o agente estiver sendo processado ou mesmo condenado por "estupro" e "atentado violento ao pudor" em concurso de crimes, deverá responder apenas e tão somente pelo crime de "estupro", afigurando-se crime único, com a aplicação da lei posterior mais benéfica, que sempre retroage.

6.1.3 Violação sexual mediante fraude (art. 215 do CP)

O crime de "posse sexual mediante fraude", com a alteração realizada pela Lei 12.015/2009, passou a ser chamado de "Violação sexual mediante fraude" e se caracteriza quando o agente tiver conjunção carnal ou praticar outro ato libidinoso com alguém – homem ou mulher –, mediante fraude ou outro meio que impeça ou dificulte a livre manifestação de vontade da vítima.

Seguindo a mesma sistemática utilizada para a nova figura do "Estupro", que agora abrange a conjunção carnal e atos libidinosos diversos da conjunção carnal, o crime de "Violação sexual mediante fraude" veio substituir os crimes de "Posse sexual mediante fraude" (conjunção carnal) e "Atentado ao pudor mediante fraude" (atos libidinosos).

Estará configurado quando o agente praticar **conjunção carnal ou qualquer ato libidinoso** com alguém se utilizando de ardil, engodo, engano ou qualquer outro meio capaz de enganá-lo.

Para esse novo crime, aplica-se a mesma regra da *novatio legis in melius*, explicada no item anterior.

Ressalte-se que se o crime é cometido com o fim de obter vantagem econômica, aplica-se também multa.

6.1.4 Assédio sexual (art. 216-A do CP)

Configura-se quando se constrange alguém, na condição de superior hierárquico ou em razão de ascendência decorrente de emprego ou função, para obter vantagem ou favorecimento sexual. O agente pode ser homem ou mulher que, aproveitando-se da condição de superior hierárquico (condições pessoais), assedia o subordinado (que pode ser qualquer pessoa).

A caracterização do crime se dá com a simples demonstração por parte do superior hierárquico ou da pessoa com ascendência sobre o sujeito passivo de sua intenção de obter favores sexuais do subordinado, afigurando-se uma imposição, ainda que velada, não sendo necessário que a relação sexual efetivamente aconteça (crime formal).

A pena será aumentada em até um terço se a vítima é menor de 18 anos.

6.2 DOS CRIMES SEXUAIS CONTRA VULNERÁVEL

6.2.1 Estupro de vulnerável (art. 217-A do CP)

A Lei 12.015/2009 criou um crime que não existia no nosso ordenamento jurídico, o "Estupro de Vulnerável", que, inclusive, é considerado crime hediondo, por força da modificação realizada na Lei 8.072/1990.

Configura-se o "Estupro de Vulnerável" quando o agente tiver conjunção carnal ou praticar qualquer ato libidinoso com menor de 14 anos ou quando a vítima, por enfermidade ou deficiência mental, não tiver o necessário discernimento para a prática do ato ou quando, por qualquer outra causa, não puder oferecer resistência.

Trata-se de uma proteção especial à vítima que tem capacidade de resistência reduzida, quer por ser menor de 14 anos, deficiente, enferma ou por algum motivo não puder oferecer resistência (alcoolizada, drogada etc.).

Antes da reforma, o Código trazia no art. 224 as formas de presunção de violência (artigo esse revogado pela Lei 12.015/2009). Presumia-se a violência quando a vítima não fosse maior de 14 anos, fosse alienada ou débil mental e o agente conhecesse essa circunstância ou ainda quando a vítima não pudesse, por qualquer outra causa, oferecer resistência.

A criação do crime de "Estupro de Vulnerável" praticamente substituiu a presunção de violência.

Critica-se, no entanto, a falta de técnica legislativa, pois, no "Estupro de Vulnerável", a lei fala em ter a relação sexual com o menor de 14 anos. Dessa forma, se a vítima está completando 14 anos (data de seu aniversário) e tiver relação sexual por sua vontade, não há de se falar em "Estupro de Vulnerável". Por outro vértice, na legislação anterior, tal atitude era considerada crime de "Estupro" por violência presumida, pois a lei mencionava vítima que não fosse maior de 14 anos, portanto, incluía o dia do seu aniversário.

Saliente-se, também, que, de acordo com a lei anterior, o agente que tivesse relação sexual com pessoa alienada ou débil mental só seria punido por presunção de violência se soubesse do estado em que a vítima se encontrava. Já para o "Estupro de Vulnerável", a relação sexual com o deficiente ou enfermo mental, independente do conhecimento dessa situação, configura o delito.

O crime será qualificado em duas hipóteses, quando da conduta resultar lesão corporal grave ou a morte da vítima, casos em que as penas são majoradas.

6.2.2 Corrupção de menores (art. 218 do CP)

Considera-se "Corrupção de Menores" a conduta de induzir alguém menor de 14 anos a satisfazer a lascívia de outrem.

A Lei 12.015/2009 alterou o tipo do crime de "Corrupção de Menores", pois desmembrou as condutas anteriormente previstas em mais de um crime (Corrupção de Menores, Satisfação de Lascívia etc.) como poderemos verificar adiante.

Observe-se que a Lei 2.252, de 1.º.07.1954 (Lei de Corrupção de Menores), que tratava da Corrupção do Menor para a prática de crime, foi revogada pela Lei 12.015/2009.

6.2.3 Satisfação de lascívia mediante presença de criança ou adolescente (art. 218-A do CP)

Crime também inexistente na legislação anterior, a "Satisfação de lascívia mediante a presença de criança ou adolescente" se configura quando o agente praticar, na presença de alguém menor de 14 anos, ou induzi-lo a presenciar conjunção carnal ou outro ato libidinoso, a fim de satisfazer lascívia própria ou de outrem.

Por lascívia entenda-se a luxúria, o interesse incansável por prazeres carnais, a satisfação sexual.

6.2.4 Favorecimento da prostituição ou outra forma de exploração sexual de vulnerável (art. 218-B do CP)

Se o agente submeter, induzir ou atrair à prostituição ou outra forma de exploração sexual alguém menor de 18 anos ou que, por enfermidade ou deficiência mental, não tem o necessário discernimento para a prática do ato, facilitá-la, impedir ou dificultar que a abandone, pratica o crime descrito no art. 218-B do CP, com redação inovadora.

O objetivo da criação deste crime é combater a prostituição infantil crescente no Brasil e que, já com a Lei 9.975/2000, alterou o Estatuto da Criança e do Adolescente para inserir o art. 244-A, punindo aquele que submeter criança ou adolescente à prostituição ou à exploração sexual.

Se o crime do art. 218-B é praticado com o fim de obter vantagem econômica, aplica-se também multa, cumulada com a pena privativa de liberdade.

Quem pratica conjunção carnal ou outro ato libidinoso com alguém menor de 18 e maior de 14 anos incide no crime de exploração sexual (§ 2.º, I).

Também será punido o proprietário, o gerente ou o responsável pelo local em que se verifiquem as práticas de exploração sexual, que terá como efeito obrigatório da condenação a cassação da licença de localização e de funcionamento do estabelecimento (§ 2.º, II).

6.3 AÇÃO PENAL E AS CAUSAS DE AUMENTO

Com o advento da Lei 12.015/2009, houve mudança no art. 225 do CP e, com isso, a ação penal para os crimes contra a dignidade sexual precedentes passou a ser pública condicionada à representação.

Será, no entanto, ação penal pública incondicionada, se a vítima for menor de 18 anos ou pessoa vulnerável.

Com isso, não há mais que se falar em ação penal privada para esses casos.

Para a preservação das vítimas desses crimes, que por conta da publicidade da ação poderiam ser levadas a constrangimento desnecessário, segundo a Lei 12.015/2009, as ações propostas por crimes cometidos contra a dignidade sexual devem correr em segredo de justiça (art. 234-B do CP).

Por outro lado, a Lei 11.106/2005 deu nova redação ao art. 226 do CP, que trata de causas de aumento de pena aplicáveis aos Capítulos 1 e 2 do Título VI – Dos Crimes contra a Dignidade Sexual.

> "Art. 226. A pena é aumentada:
>
> I – de quarta parte, se o crime é cometido com o concurso de 2 (duas) ou mais pessoas;
>
> II – de metade, se o agente é ascendente, padrasto ou madrasta, tio, irmão, cônjuge, companheiro, tutor, curador, preceptor ou empregador da vítima ou por qualquer outro título tem autoridade sobre ela."

A causa de aumento referente à condição de o agente ser casado foi revogada, não mais podendo ser aplicada.

6.4 DO LENOCÍNIO E DO TRÁFICO DE PESSOA PARA FIM DE PROSTITUIÇÃO OU OUTRA FORMA DE EXPLORAÇÃO SEXUAL

6.4.1 Mediação para servir a lascívia de outrem (art. 227 do CP)

Significa induzir (persuadir) alguém a satisfazer a lascívia (sensualidade, concupiscência) de outrem.

Tanto o homem quanto a mulher podem ser sujeito passivo desse crime.

De acordo com a nova redação do § 1.º do art. 227 do CP, alterada pela Lei 11.106/2005, se a vítima é maior de 14 e menor de

18 anos, ou se o agente é seu ascendente, descendente, cônjuge ou companheiro, irmão, tutor ou curador ou pessoa a quem esteja confiada para fins de educação, de tratamento ou de guarda, a pena será de reclusão de dois a cinco anos. Verifica-se, dessa forma, que a palavra "marido" foi substituída por "cônjuge ou companheiro".

Se houver o emprego de violência, grave ameaça ou fraude, a reclusão será de dois a oito anos, além da pena correspondente à violência. Se houver intuito de lucro aplica-se cumulativamente a pena de multa.

6.4.2 Favorecimento da prostituição ou outra forma de exploração sexual (art. 228 do CP)

O crime de favorecimento à prostituição se caracteriza pelo fato de induzir (persuadir) alguém a se prostituir ou impedir que abandone a prostituição. Aquele que facilita a prostituição também responde por esse crime. Igualmente ao delito anterior, qualquer pessoa pode ser vítima nesse delito, mas tratando-se de maior de 14 e menor de 18 anos, ou se o agente é seu ascendente, descendente, marido, irmão, tutor, curador ou pessoa a que esteja confiada para fins de educação, de tratamento ou de guarda, também há mudança no parâmetro da pena, que de dois a cinco anos de reclusão passa a ser de três a oito anos de reclusão.

Se houver o emprego de violência, grave ameaça ou fraude, a reclusão será de quatro a dez anos, além da pena correspondente à violência. Se houver intuito de lucro, aplica-se cumulativamente a pena de multa.

6.4.3 Casa de prostituição (art. 229 do CP)

O crime de manter casa de prostituição estará configurado quando o agente mantiver, por conta própria ou de terceiro, estabelecimento em que ocorra exploração sexual (exemplo: falsos hotéis, pensões etc.), com ou sem o intuito de lucro ou mediação direta do proprietário ou gerente. Trata-se de crime habitual (requer reiteração de atos para a caracterização).

6.4.4 Rufianismo (art. 230 do CP)

É o ato do rufião (cafetão), que se aproveita financeiramente da prostituta (obtém lucro ou se sustenta às custas dela). Qualquer pessoa pode ser vítima nesse delito, mas, tratando-se de vítima menor de 18 e maior de 14 anos ou se o crime é cometido por ascendente, padrasto, madrasta, irmão, enteado, cônjuge, companheiro, tutor ou curador, preceptor ou empregador da vítima, ou por quem assumiu, por lei ou outra forma, obrigação de cuidado, proteção ou vigilância (§ 1.º com a redação dada pela Lei 12.015/2009) a pena será majorada; se o crime é cometido mediante violência, grave ameaça, fraude ou outro meio que impeça ou dificulte a livre manifestação da vontade da vítima, a pena poderá ser ainda maior, ressalvada a aplicação da pena independente pela violência empregada.

Trata-se de crime habitual (requer reiteração de atos para a caracterização).

6.4.5 Tráfico internacional de pessoa para fim de exploração sexual (art. 231 do CP)

Visando coibir o tráfico internacional de pessoas, a Lei 11.106/2005 promoveu grandes alterações no art. 231 do CP, antes restrito somente ao tráfico de mulheres.

Posteriormente, o art. 231 do CP foi novamente alterado pela Lei 12.015/2009, que passou a prever a seguinte redação:

> "Art. 231. Promover ou facilitar a entrada, no território nacional, de alguém que nele venha a exercer a prostituição ou outra forma de exploração sexual, ou a saída de alguém que vá exercê-la no estrangeiro.
> Pena – reclusão, de 3 (três) a 8 (oito) anos."

Incorre na mesma pena do *caput* aquele que agenciar, aliciar ou comprar a pessoa traficada, assim como, tendo conhecimento dessa condição, transportá-la, transferi-la ou alojá-la.

A pena é aumentada da metade se a vítima é menor de 18 anos, por enfermidade ou deficiência mental, não tem o necessário discernimento para a prática do ato, se o agente é ascendente, padrasto, madrasta, irmão, enteado, cônjuge, companheiro, tutor ou curador, preceptor ou empregador da vítima, ou se assumiu, por lei ou outra forma, obrigação de cuidado, proteção ou vigilância e se há emprego de violência, grave ameaça ou fraude.

Ainda, se o crime é cometido com o fim de obter vantagem econômica, aplica-se também multa.

6.4.6 Tráfico interno de pessoa para fim de exploração sexual (art. 231-A do CP)

A Lei 11.106/2005 acrescentou ainda o art. 231-A ao Código Penal, prevendo o novo crime de tráfico interno de pessoas, sendo posteriormente alterado pela Lei 12.015/2009. Este artigo incrimina a conduta do agente que promover ou facilitar o deslocamento de alguém dentro do território nacional para o exercício da prostituição ou outra forma de exploração sexual, cominando-se a pena de reclusão de dois a seis anos.

Assim como ocorre em relação ao art. 231 do CP, na hipótese em que a vítima for menor de 18 anos, ou possuir enfermidade ou deficiência mental, ou não tiver o necessário discernimento para a prática do ato; for o agente ascendente, padrasto, madrasta, irmão, enteado, cônjuge, companheiro, tutor ou curador, preceptor ou empregador da vítima, ou se assumiu, por lei ou outra forma, obrigação de cuidado, proteção ou vigilância; ou se há emprego de violência, grave ameaça ou fraude, a pena é aumentada da metade, e, se o crime é cometido com o fim de obter vantagem econômica, aplica-se também multa.

6.5 ULTRAJE PÚBLICO AO PUDOR

6.5.1 Ato obsceno (art. 233 do CP)

O crime configura-se com a prática de ato obsceno em local público, aberto ou exposto ao público. Ato obsceno é aquele que ofende o pudor público, que pode ser real ou simulado, desde que, objetivamente, tenha apelo sexual. O sujeito passivo não é pessoa determinada, e sim a coletividade.

6.5.2 Escrito ou objeto obsceno (art. 234 do CP)

O crime abrange as condutas de importar, exportar, fazer, adquirir ou ter sob sua guarda, para fim de comércio, de distribuição ou de exposição pública, escrito, desenho, pintura, estampa ou qualquer outro objeto obsceno.

Também é punido quem vende, distribui, expõe à venda tais objetos, realiza, em lugar público ou acessível ao público, representação teatral, ou exibição cinematográfica de caráter obsceno, ou qualquer outro espetáculo que tenha o mesmo caráter ou, ainda, realiza em lugar público ou acessível ao público, ou pelo rádio, audição ou recitação de caráter obsceno.

6.6 CAUSA DE AUMENTO DE PENA (LEI 12.015/2009)

Além das mudanças já mencionadas, foi acrescido o art. 234-A, que prevê pena aumentada de metade, se do crime resultar gravidez; e, de um sexto até a metade, se o agente transmite à vitima doença sexualmente transmissível de que sabe ou deveria saber ser portador.

DICAS DE JURISPRUDÊNCIA:

Visto ainda ser o tema deste capítulo um tanto quanto controverso na sua aplicabilidade, principalmente no que se refere ao crime de estupro e estupro de vulnerável, bem como a revogação do art. 214, que tratava do atentado violento ao pudor, elencamos, para melhor situar o leitor, alguns entendimentos jurisprudenciais sobre a nova Lei 12.015/2009.

> "Apelação criminal. Atentado violento ao pudor e estupro. Lei 12.015/2009. Revogação do art. 214 do CP. Nova capitulação (art. 217-A) nova redação não modifica o julgado anterior (...) *Estupro de vulnerável disposto no artigo 217-A da nova lei, apenou mais severamente o ato libidinoso diverso da conjunção carnal, logo, se mais grave a lei, terá aplicação apenas a fatos posteriores à sua entrada em vigor. No presente caso deve ser mantida incólume a condenação uma vez que a sentença foi proferida anteriormente à lei*" (TJ/SE, Apelação 0461/2009, Rel. Des. Netônio Bezerra Machado, Acórdão 9107/2009; grifo nosso).

> "(...) A conduta imputada ao paciente, prática de ato libidinoso com menor que contava seis anos de idade, antes descrita no artigo 214 c/c artigo 224, *a*, ambos do Código Penal, redação antiga, permanece criminalizada após o advento da Lei 12.015/2009, só que em dispositivo diverso, qual seja, o novo artigo 217-A, introduzido pelo artigo 3.º da Lei 12.015/2009. Há continuidade normativo-típica da conduta. Inocorrência de *abolitio criminis*" (TJ/DF, 1.ª Turma Criminal, HC 2009 00 2 009572-9, Rel. Mario Machado).

6.7 QUESTÕES

Até o momento da publicação desta obra, não existiam ainda questões da prova da ordem versando sobre o tema, já adequadas à Lei 12.015/2009.

1. (CESPE/DELEGADO PB/2008) Acerca dos crimes contra os costumes, assinale a opção correta.

a) Tratando-se de crimes de mera conduta, o estupro e o atentado violento ao pudor inadmitem a modalidade tentada.

b) Agente que submete a vítima à prática de coito anal e, em seguida, pratica conjunção carnal com ela, responde por crime único de estupro, ante a aplicação do princípio da consunção, considerando ainda a maior gravidade do crime de estupro.

c) Agente que, sabendo estar acometido de doença venérea, ainda assim mantém relação sexual mediante violência contra a vítima, com a intenção de transmitir a doença e de satisfazer sua lascívia, responde por crime de perigo de contágio de doença venérea e estupro, em concurso formal.

d) Agente que pratica diversos estupros contra a mesma vítima, no mesmo dia e na mesma ocasião, responde pelos vários crimes de estupro praticados, em continuidade delitiva.

e) Ocorre o assédio sexual *quid pro quo* quando, independentemente de superioridade hierárquica, ocorre o assédio no ambiente de trabalho.

2. (Nossa) Sobre os crimes contra a liberdade sexual, indique a única alternativa correta:

a) Constranger alguém, mediante violência ou grave ameaça, a praticar ou permitir que com ele se pratique outro ato libidinoso corresponde ao crime de atentado violento ao pudor.

b) Apenas a mulher pode ser sujeito passivo no crime de estupro.

c) Apenas o homem pode ser sujeito ativo no crime de estupro.

d) No crime de assédio sexual, a pena é aumentada de até um terço se a vítima é menor de 18 anos.

3. (Nossa) Sobre os crimes sexuais contra vulneráveis, indique a única alternativa correta:

a) Constitui estupro de vulnerável ter conjunção carnal ou praticar outro ato libidinoso com menor de 18 anos.

b) Constitui corrupção de menores ter relações sexuais consentidas com menor de 14 anos.

c) Praticar, na presença de alguém menor de 18 anos, ou induzi-lo a presenciar, conjunção carnal ou outro ato libidinoso, a fim de satisfazer lascívia própria ou de outrem, configura-se como crime de satisfação de lascívia mediante presença de criança ou adolescente.

d) Submeter, induzir ou atrair à prostituição ou outra forma de exploração sexual alguém menor de 18 anos ou que, por enfermidade ou deficiência mental, não tem o necessário discernimento para a prática do ato, facilitá-la, impedir ou dificultar que a abandone configura-se como crime de favorecimento da prostituição ou outra forma de exploração sexual de vulnerável.

4. (Nossa) Nos crimes contra a liberdade sexual e nos crimes sexuais contra vulneráveis, a ação penal será:

a) sempre privativa do ofendido.

b) na regra geral, privativa do ofendido ou de seu representante legal.

c) pública incondicionada se a vítima é menor de 18 anos ou pessoa vulnerável.

d) sempre condicionada à representação do ofendido.

5. (Nossa) Sobre os crimes contra a dignidade sexual, indique a única alternativa incorreta:

a) Tirar proveito da prostituição alheia, participando diretamente de seus lucros ou fazendo-se sustentar, no todo ou em parte, por quem a exerça constitui crime de rufianismo.

b) Nas mesmas penas incorre quem realiza tráfico internacional ou interno de pessoa para fim de exploração sexual.

c) Os crimes de rapto foram revogados do ordenamento penal.

d) Os crimes sexuais terão sua pena aumentada de metade se do crime resultar gravidez.

6. (X Exame de Ordem Unificado – FGV) José, rapaz de 23 anos, acredita ter poderes espirituais excepcionais, sendo certo que todos conhecem esse seu "dom", já que ele o anuncia amplamente. Ocorre que José está apaixonado por Maria, jovem de 14 anos, mas não é correspondido. Objetivando manter relações sexuais com Maria e conhecendo o misticismo de sua vítima, José a faz acreditar que ela sofre de um mal espiritual, o qual só pode ser sanado por meio de um ritual mágico de cura e purificação, que consiste em manter relações sexuais com alguém espiritualmente capacitado a retirar o malefício. José diz para Maria que, se fosse para livrá-la daquilo, aceitaria de bom grado colaborar no ritual de cura e purificação. Maria, muito assustada com a notícia, aceita e mantém, de forma consentida, relação sexual com José, o qual fica muito satisfeito por ter conseguido enganá-la e, ainda, satisfazer seu intento, embora tenha ficado um pouco frustrado por ter descoberto que Maria não era mais virgem. Com base na situação descrita, assinale a alternativa que indica o crime que José praticou.

a) Corrupção de menores (Art. 218, do CP).

b) Violência sexual mediante fraude (Art. 215, do CP).

c) Estupro qualificado (Art. 213, § 1º, parte final, do CP).

d) Estupro de vulnerável (Art. 217-A, do CP).

GABARITO: As respostas destes testes encontram-se no final do livro.

7

CRIMES CONTRA A FAMÍLIA

7.1 CRIMES CONTRA O CASAMENTO

- **Bigamia** (art. 235 do CP) – contrair alguém, sendo casado, novo casamento. Aquele que casa com quem já é casado sabendo dessa condição também responde pelo crime, com pena menor. A anulação do segundo casamento pela bigamia não afasta o crime, sendo, por isso, considerado pela doutrina como *crime instantâneo de efeitos permanentes*. Se anulado o primeiro casamento inexiste o crime.
- **Induzimento a erro essencial e ocultação a impedimento** (art. 236 do CP) – ocorre quando o agente contrair casamento enganando (induzindo a erro essencial) o contraente, ou ocultando-lhe impedimento que não seja casamento anterior. A ação penal depende de queixa do contraente enganado (vítima junto com o Estado) e não pode ser intentada senão depois de transitar em julgado a sentença que, por motivo de erro ou impedimento, anule o casamento.

Tal crime tem atualmente a relevância de ser o único em que a ação penal privada é personalíssima (antes contávamos no ordenamento jurídico com o Adultério, revogado pela Lei 11.106/2005).

- **Conhecimento prévio de impedimento** (art. 237 do CP) – pune-se aquele que se atribui falsamente autoridade para celebração de casamento (conhecendo a existência de impedimento que lhe causa nulidade absoluta).

- **Simulação de autoridade para celebração de casamento** (art. 238 do CP) – fazer-se passar por oficial de registro civil ou Juiz de Casamentos. O crime é consumado quando da prática do ato.
- **Simulação de casamento** (art. 239 do CP) – simular casamento para enganar terceiro de boa-fé. Consuma-se com a efetiva simulação.

É importante ressaltar que o art. 240 do CP foi revogado expressamente pelo art. 5.º da Lei 11.106/2005.

7.2 CRIMES CONTRA O ESTADO DE FILIAÇÃO

- **Registro de nascimento inexistente** (art. 241 do CP) – configura-se quando o agente promove no registro civil a inscrição de nascimento inexistente. Não há forma culposa.
- **Supressão ou alteração de direito inerente ao estado civil de recém-nascido** (art. 242 do CP) – é o chamado "parto suposto" ou "adoção à brasileira" em que o agente registra o filho de terceiro como sendo seu. É passível de perdão judicial se o crime for praticado por motivo de reconhecida nobreza (ou reduz os parâmetros da pena).
- **Sonegação do estado de filiação** (art. 243 do CP) – deixar o filho (próprio ou alheio) ao amparo de instituição, mas negando-lhe conhecer o seu verdadeiro estado de filiação, com a finalidade (dolo específico/elemento subjetivo do tipo) de prejudicar direito inerente ao estado civil.

7.3 CRIMES CONTRA A ASSISTÊNCIA FAMILIAR

- **Abandono material** (art. 244 do CP) – Comete o crime o agente que tem o dever de assistir (prover a subsistência) o cônjuge, filho menor de 18 anos ou inapto para o trabalho, ou ascendente inválido ou incapaz para o trabalho ou maior de 60 anos, não lhes proporcionando recursos necessários ou faltando com o pagamento de pensão alimentícia acordada ou ainda deixar de socorrer descendente ou ascendente gravemente enfermo, sempre agindo sem justa causa. Também receberá pena aquele que, sendo solvente, frustrar ou ilidir de qualquer modo o pagamento de pensão alimentícia judicialmente acordada.

- **Abandono intelectual** (art. 246 do CP) – ocorre quando aquele que tem o dever de assistir o filho menor (em idade escolar), deixar de prestar ao mesmo a devida instrução primária. É considerado **abandono moral** (art. 247 do CP) se o agente permitir que o menor de 18 anos, a ele confiado por guarda ou vigilância, frequente casa de jogo, mal-afamada, conviva com pessoa viciosa, frequente espetáculo capaz de pervertê-lo, resida ou trabalhe em casa de prostituição, mendigue ou sirva a mendigo.
- **Entrega de filho menor a pessoa inidônea** (art. 245 do CP) – consiste em entregar o filho a pessoa que não merece confiança por seus hábitos (cuja companhia colocará o menor moral ou materialmente em perigo). Se houver intuito de lucro ou o menor for enviado ao exterior, a pena poderá ser maior (mesmo se excluído o perigo moral ou material).

7.4 CRIMES CONTRA O PÁTRIO PODER, TUTELA OU CURATELA

- **Induzimento à fuga, entrega arbitrária ou sonegação de incapazes** (art. 248 do CP) – induzir menor de 18 anos, ou interdito, a fugir do lugar em que se acha por determinação de quem sobre ele exerce autoridade, em virtude de lei ou de ordem judicial, ou confiar a outrem sem ordem do pai, do tutor ou do curador algum menor de 18 anos ou interdito, ou deixar, sem justa causa, de entregá-lo a quem legitimamente o reclame.
- **Subtração de incapazes** (art. 249 do CP) – configura-se quando o agente subtrai menor de 18 anos ou interdito ao poder de quem o tem sob sua guarda em virtude de lei ou de ordem judicial. É passível de perdão judicial se houver a restituição do menor ou interdito e se este não sofreu maus-tratos e privações.

7.5 QUESTÕES

1. (Nossa) Fernando e Maria fingiram estar se casando para enganar um terceiro de boa-fé. Eles cometeram o crime de:

a) Bigamia

b) Simulação de autoridade para simulação de casamento

c) Induzimento a erro essencial e ocultação a impedimento

d) Simulação de casamento

2. (Nossa) O chamado "parto suposto" ou "adoção à brasileira", na verdade trata-se do crime de:

a) Sonegação do estado de filiação

b) Supressão ou alteração de direito inerente ao estado civil de recém-nascido

c) Registro de nascimento inexistente

d) Subtração de incapazes

3. (Nossa) No que concerne ao crime de subtração de incapazes, assinale a alternativa correta:

a) É passível de perdão judicial se houver a restituição do menor ou interdito e se este não sofreu maus-tratos ou privações

b) Não é passível de perdão judicial

c) A subtração se dá para fins sexuais

d) A subtração se dá com o intuito de obter lucro

4. (CESPE/DELEGADO PB/2008) Acerca dos crimes contra a incolumidade pública e contra a família, assinale a opção correta.

a) O crime de incêndio é de perigo abstrato. Dessa maneira, é típica a conduta do agente que cause incêndio em uma casa em ruínas, inabitada e localizada em local solitário.

b) O crime de explosão é mais severamente punido se a substância utilizada para a explosão for dinamite.

c) No crime de uso de gás tóxico ou asfixiante, se o agente, embora não querendo o resultado morte, ocasioná-lo culposamente, responderá pelos dois crimes: uso de gás tóxico ou asfixiante e homicídio culposo, em concurso formal.

d) O crime de conhecimento prévio de impedimento admite quer o dolo direto, quer o dolo eventual para a sua configuração.

e) O crime de abandono intelectual perfaz-se caso o pai, sem justa causa, deixa de matricular seu filho em idade escolar primária em escola pública ou particular, ainda que forneça instrução em casa à criança.

GABARITO: As respostas destes testes encontram-se no final do livro.

8

CRIMES CONTRA A INCOLUMIDADE PÚBLICA

São crimes que trazem consigo um perigo concretizável para terceiros. Podem ser:

8.1 CRIMES DE PERIGO COMUM

8.1.1 Incêndio (art. 250 do CP)

O crime de incêndio se caracteriza quando o agente causa incêndio que expõe a perigo a vida, a integridade física ou o patrimônio de terceiro. Esse crime poderá ser absorvido por outro mais grave.

Existe, para o mesmo, a modalidade culposa (§ 2.º), bem como causa de aumento de pena (§ 1.º) se o intuito do agente é obter vantagem patrimonial, se o incêndio é em casa habitada ou destinada à habitação, em edifício público ou destinado a uso público ou assistência social ou de cultura, em embarcação, aeronave, comboio ou veículo de transporte coletivo, em estação ferroviária ou aeroviária, em estaleiro, fábrica ou oficina, em depósito de explosivo, combustível ou inflamável, em poço petrolífero ou galeria de mineração ou em lavoura, pastagem, mata ou floresta.

8.1.2 Explosão (art. 251 do CP)

Configura-se quando o agente expõe a perigo a vida, a integridade física ou o patrimônio de outrem, mediante explosão, arremesso ou simples colocação de engenho de dinamite ou de substância de efeitos análogos. Se a substância não for dinamite ou de efeitos análogos, mas tiver efeito explosivo, o parâmetro de pena é menor. Por outro vértice, a pena é aumentada em um terço se ocorrerem as mesmas causas de aumento do crime de incêndio (anterior). Existe a modalidade culposa para esse crime (§ 3.º).

8.1.3 Uso de gás tóxico ou asfixiante (art. 252 do CP)

Comete esse crime o agente que expõe a perigo a vida, a integridade física ou o patrimônio de outrem, usando de gás tóxico ou asfixiante. Existe modalidade culposa para essa infração (parágrafo único).

8.1.4 Fabrico, fornecimento, aquisição, posse ou transporte de explosivos ou gases tóxicos ou asfixiantes (art. 253 do CP)

Aqui, o que se pune não é a colocação de terceiros em perigo, e sim o simples fabrico, fornecimento, aquisição, posse ou transporte de explosivos, gases tóxicos ou asfixiantes ou, ainda, de material destinado à sua fabricação.

8.1.5 Inundação (art. 254 do CP)

O crime de inundação configura-se quando a conduta do agente causar concretamente inundação colocando em risco a vida, a integridade corporal ou o patrimônio de alguém.

8.1.6 Perigo de inundação (art. 255 do CP)

Para configurar esse delito, o agente deverá ter atitude que de alguma forma possa vir a dar causa à inundação (crime de perigo conforme já verificamos anteriormente), ou seja, a conduta deve remover, destruir ou inutilizar, em prédio próprio ou alheio, expondo a perigo a vida, a integridade física ou o patrimônio de outrem, obstáculo natural ou obra destinada a impedir inundação.

8.1.7 Desabamento ou desmoronamento (art. 256 do CP)

A conduta típica refere-se ao ato que causar desabamento ou desmoronamento expondo a perigo, com isso, a vida, a integridade física ou o patrimônio de terceiro. Existe modalidade culposa para o delito (parágrafo único).

8.1.8 Subtração ou ocultação de material de salvamento (art. 257 do CP)

Para configurar esse crime, deve o agente de alguma forma obstaculizar o salvamento de alguém em perigo, com a ocultação ou subtração de material. Também configura o delito a atitude de dificultar ou impedir o serviço de salvamento.

8.1.9 Observações para os crimes de perigo comum (art. 258 do CP)

O art. 258 do CP estabelece que se do crime doloso de perigo comum resulta lesão corporal de natureza grave, a pena privativa de liberdade é aumentada de metade; se resulta morte, é aplicada em dobro. No caso de culpa, se do fato resulta lesão corporal, a pena aumenta-se de metade; se resulta morte, aplica-se a pena cominada ao homicídio culposo, aumentada de um terço.

8.1.10 Difusão de doença ou praga (art. 259 do CP)

Esse tipo penal visa proteger a floresta, plantação ou animais de utilidade econômica. O agente, nesse caso, tem a atitude de propagar doença ou praga que possa vir a causar dano. Também para esse delito é prevista a modalidade culposa.

8.2 CRIMES CONTRA A SEGURANÇA DOS MEIOS DE COMUNICAÇÃO E TRANSPORTE E OUTROS SERVIÇOS PÚBLICOS

8.2.1 Perigo de desastre ferroviário (art. 260 do CP)

Configura-se quando o agente de alguma forma impede ou perturba serviço de estrada de ferro, destruindo, danificando, desarranjando, colocando obstáculo, transmitindo falso aviso ou qualquer outro ato incidente sobre a linha férrea que possa causar desastre (crime de perigo conforme já verificamos).

8.2.2 Desastre ferroviário

Nessa modalidade existe a concretização do perigo do crime anterior, punido também na modalidade culposa de desastre. Para os efeitos deste tipo legal, entende-se por estrada de ferro qualquer via de comunicação em que circulem veículos de tração mecânica, em trilhos ou por meio de cabo aéreo.

8.2.3 Atentado contra a segurança de transporte marítimo, fluvial ou aéreo, ou outro meio de transporte (art. 261 do CP)

Configura-se quando o agente expõe a perigo embarcação ou aeronave, própria ou alheia, ou pratica qualquer ato tendente a impedir ou dificultar navegação marítima, fluvial ou aérea. É a exposição a perigo dos demais meios de transporte que não seja realizado por meio de via férrea. Se houver intenção de lucro o agente também receberá pena de multa e, se o crime for culposo, a pena tem parâmetros menores.

8.2.4 Sinistro em transporte marítimo, fluvial ou aéreo (art. 261, § 1.º, do CP)

É a concretização do perigo do crime anterior, quando ocorre o efetivo sinistro em transporte marítimo, fluvial ou aéreo. Se o agente pratica o crime com intuito de obter vantagem econômica, para si ou para outrem, aplica-se, também, a pena de multa.

8.2.5 Observações para os crimes anteriores

Para os crimes anteriores aplicam-se as mesmas regras das observações para crimes de periclitação. Assim, se do crime doloso de perigo comum resultar lesão corporal de natureza grave, a pena privativa de liberdade é aumentada de metade; se resultar em morte, é aplicada em dobro. No caso de culpa, se do fato resultar lesão corporal, a pena é aumentada pela metade; se resultar morte, aplica-se a pena cominada ao homicídio culposo, aumentada de um terço.

8.2.6 Arremesso de projétil (art. 264 do CP)

Configura-se quando o agente arremessa projétil contra veículo, em movimento, destinado ao transporte público por terra, por água ou pelo ar. Existe mudança no parâmetro da pena se do fato resultar lesão corporal; se resultar morte, aplica-se a pena do homicídio culposo aumentada em um terço.

8.2.7 Atentado contra a segurança de serviço de utilidade pública (art. 265 do CP)

O legislador pretendeu, com esse tipo penal, proteger o regular funcionamento de serviço de água, força, luz, calor ou outra utilidade pública que o agente acaba por perturbar. A pena é aumentada em um terço até a metade se o dano ocorrer em virtude de subtração de material essencial ao funcionamento dos serviços.

8.2.8 Interrupção ou perturbação de serviço telegráfico, telefônico, informático, telemático ou de informação de utilidade pública (art. 266 do CP)

Nos moldes do crime anterior, a conduta criminosa configura-se na hipótese em que o agente interrompe ou perturba serviço telegráfico, radiotelegráfico ou telefônico, impede ou dificulta-lhe o restabelecimento. Incorre na mesma pena quem interrompe serviço telemático ou de informação de utilidade pública, ou impede ou dificulta-lhe o restabelecimento. A pena aplica-se em dobro se o crime for cometido em ocasião de calamidade pública.

8.3 CRIMES CONTRA A SAÚDE PÚBLICA

O legislador, em capítulo especial, visou proteger a saúde pública criminalizando determinadas condutas. São elas:

8.3.1 Epidemia (art. 267 do CP)

O crime de epidemia configura-se quando o agente dá causa à propagação de germes patogênicos, colocando em risco toda a sociedade. A epidemia é o contágio de uma doença infecciosa a um grande número de pessoas em uma mesma região. Se resultar na morte de alguém se trata de crime hediondo com a pena aplicada em dobro. Existe a modalidade culposa para esse delito.

8.3.2 Infração de medida sanitária preventiva (art. 268 do CP)

Por vezes o poder público impõe determinações para que não se propague ou não seja introduzida na sociedade determinada doença contagiosa. Se o agente desrespeitar essas determinações responderá pelo crime em tela. A pena será aumentada de um terço se o agente for funcionário da saúde pública ou exercer a profissão de médico, farmacêutico, dentista ou enfermeiro.

8.3.3 Omissão de notificação de doença (art. 269 do CP)

A conduta punida é a do médico que era obrigado a informar a autoridade competente determinada doença e não o faz. Não admite tentativa. Trata-se de um delito omissivo puro que só o médico pratica (crime omissivo puro é aquele em que o agente não faz algo que, por lei, deveria fazer). É lei penal em branco, pois é a portaria do Ministério da Saúde que esclarecerá quando a informação do médico deverá ser compulsória, complementando, assim, o preceito primário da lei penal.

8.3.4 Envenenamento de água potável ou de substância alimentícia ou medicinal (art. 270 do CP)

O crime configura-se quando o agente envenenar água potável, de uso comum ou particular, ou substância alimentícia ou medicinal destinada a consumo. A pena é alta (reclusão, de 10 a 15 anos) em virtude da elevação dada pela Lei 8.072/1990. No entanto, a Lei 8.930/1994 o excluiu do rol dos crimes hediondos. Também estará sujeito à mesma pena o agente que entrega a consumo ou tem em depósito, para o fim de ser distribuída, a água ou a substância envenenada. É possível a modalidade culposa (§ 2.º).

8.3.5 Corrupção ou poluição de água potável (art. 271 do CP)

Em vez de envenenar (crime anterior) o agente nesse delito corrompe ou polui água potável, de uso comum ou particular, tornando-a imprópria para consumo ou nociva à saúde. Também há previsão para a modalidade culposa.

8.3.6 Falsificação, corrupção, adulteração ou alteração de substância ou produtos alimentícios (art. 272 do CP)

O crime de falsificação, corrupção, adulteração ou alteração de substância ou produtos alimentícios, por sua vez, está previsto no art. 272 do

CP e configura-se quando a conduta ilícita do agente torna o alimento nocivo à saúde ou reduz o seu valor nutritivo. O tipo abrange, ainda, as bebidas com ou sem teor alcoólico. Aquele que fabrica, vende, expõe à venda, importa, tem em depósito para vender ou, de qualquer forma, distribui ou entrega a consumo a substância alimentícia ou o produto falsificado, corrompido ou adulterado também pratica o crime.

8.3.7 Falsificação, corrupção, adulteração ou alteração de substância ou produtos terapêuticos ou medicinais (art. 273 do CP)

É punido o agente que falsifica, corrompe, adultera ou altera produto destinado a fins terapêuticos ou medicinais. Os produtos protegidos por esse tipo penal são os medicamentos, as matérias-primas, os insumos farmacêuticos, os cosméticos, os saneantes e os de uso em diagnóstico.

Se o agente fabrica, vende, expõe à venda, importa ou tem em depósito para vender o produto alimentício falsificado ou adulterado também incorrerá nas mesmas penas. Aquele que importa, vende, expõe à venda, tem em depósito para vender ou, de qualquer forma, distribui ou entrega a consumo o produto falsificado, corrompido, adulterado ou alterado também será responsabilizado criminalmente. Por outro prisma, se a conduta do agente for em relação a produtos terapêuticos ou medicinais, a gravidade é maior, sendo considerado crime hediondo (art. 1.º, VII-B, da Lei 8.072/1990).

8.3.8 Emprego de processo proibido ou de substância não permitida (art. 274 do CP)

É punida a conduta do agente que emprega, no fabrico de produto destinado a consumo, revestimento, gaseificação artificial, matéria corante, substância aromática, antisséptica, conservadora ou qualquer outra não expressamente permitida pela legislação sanitária.

8.3.9 Invólucro ou recipiente com falsa indicação (art. 275 do CP)

Em algumas situações o agente dá a entender, demonstra, indica ou aponta nas indicações do invólucro ou recipiente para produtos alimentícios, terapêuticos ou medicinais a existência de substância que não se encontra em seu conteúdo ou que nele existe em quantidade menor que a mencionada, configurando, assim, o crime previsto no art. 275 do CP.

8.3.9.1 Observações aos dois últimos crimes (art. 276 do CP)

Se nos dois casos anteriores o agente vender, expor à venda, ter em depósito para vender produtos naquelas condições, também será punido.

8.3.10 Substância destinada à falsificação (art. 277 do CP)

Pune-se a conduta do agente que vende, expõe à venda, tem em depósito ou cede substância destinada à falsificação de produtos alimentícios, terapêuticos ou medicinais.

8.3.11 Outras substâncias nocivas à saúde (art. 278 do CP)

Incorre nas penas do art. 278 do CP o agente que manipula, vende, expõe à venda ou tem em depósito produto nocivo à saúde, ainda que não destinado à alimentação ou a fim medicinal, podendo ser apenado também a título culposo.

8.3.12 Medicamento em desacordo com receita médica (art. 280 do CP)

Pune-se o agente que fornece substância medicinal em desacordo com receita médica, sendo punível a modalidade culposa.

8.3.13 Exercício ilegal da medicina, arte dentária ou farmacêutica (art. 282 do CP)

Configura-se quando o agente exerce, ainda que a título gratuito, a profissão de médico, dentista ou farmacêutico, sem autorização legal ou excedendo-lhe os limites. A pena de multa será aplicada na hipótese em que existir a finalidade de lucro. Trata-se de crime habitual, que somente se aperfeiçoa com a prática reiterada de atos.

8.3.14 Charlatanismo (art. 283 do CP)

Pune-se o agente que dá a entender ou anuncia a cura por meio secreto ou infalível ou que aconselha, indica, recomenda, ministra tratamento infalível ou secreto para a cura, consumando-se independente de resultado. O sujeito ativo poderá ser qualquer pessoa, inclusive o médico.

8.3.15 Curandeirismo (art. 284 do CP)

Nesse caso, o agente tem por verdadeira profissão o curandeirismo, prescrevendo, ministrando ou aplicando habitualmente qualquer substância, usando gestos, palavras, fazendo diagnósticos. É crime habitual (requerer para a configuração a reiteração de atos). Se praticado o crime mediante remuneração é aplicada a pena de multa também.

8.3.16 Observações atinentes a todos os crimes contra a saúde pública (art. 285 do CP)

Com exceção ao crime de epidemia, se do crime resulta lesão corporal grave ou gravíssima a pena aumenta pela metade e se resulta morte é aplicada em dobro. Por outro lado, se culposa com lesão, aumenta a pena pela metade, mas se culposa com morte, aplica-se a pena do homicídio culposo com aumento de um terço.

8.4 QUESTÕES

1. (Nossa) Quando o agente atira algo contra veículo em movimento destinado a transporte público por terra, por água ou pelo ar, comete o crime de:

a) Atentado contra a segurança de serviço de ordem pública.
b) Arremesso de projétil.
c) Dano.
d) Tentativa de homicídio.

2. (OAB/SP 134.º) Assinale a opção correta a respeito de curandeirismo e charlatanismo.

a) Charlatanismo não é crime, mas contravenção penal.
b) Curandeirismo e charlatanismo são sinônimos; portanto são tratados em um único dispositivo legal do Código Penal.
c) No crime de curandeirismo, o agente ilicitamente exerce atividade de diagnosticar e prescrever substâncias ao paciente.
d) No curandeirismo, o crime se consuma com o prejuízo financeiro da vítima.

3. (OAB/GO I 2005) Assinale a alternativa correta

a) Alterar, reduzindo o valor nutritivo de produto alimentício destinado a consumo é crime;

b) Corromper produto alimentício destinado a consumo, tornando-o nocivo à saúde, não é crime;

c) Alterar bebida alcoólica destinada a consumo, reduzindo-lhe o valor nutritivo, não é crime;

d) Alterar bebida não alcoólica destinada a consumo, reduzindo-lhe o valor nutritivo, não é crime.

GABARITO: As respostas destes testes encontram-se no final do livro.

9

CRIMES CONTRA A PAZ PÚBLICA

O objeto jurídico dos crimes previstos nos arts. 286 a 288-A do CP é a "paz pública", que significa o sentimento de tranquilidade e segurança da sociedade. Nesses crimes não se exige uma perturbação efetiva, mas somente que se produza um sentimento generalizado de alerta capaz de comprometer a paz e a tranquilidade social. Estão previstos, neste capítulo, os seguintes delitos:

9.1 INCITAÇÃO AO CRIME (ART. 286 DO CP)

Incitar (excitar, provocar) publicamente a prática de crime. Não é crime incitar a prática de contravenção penal. Por ser crime formal, independe que alguém venha a praticar o crime.

9.2 APOLOGIA DE CRIME OU CRIMINOSO (ART. 287 DO CP)

Comete esse delito o agente que faz, publicamente, apologia (exaltação, elogio) de fato criminoso ou de autor de crime. Como no crime anterior trata-se de crime formal (independe de resultado naturalístico) e fazer apologia à contravenção penal ou contraventor não caracteriza o crime.

DICA:

O STF tem entendimento de que a "marcha da maconha" (protesto pela liberação de uso de drogas) não configura apologia ao crime, por configurar exercício de liberdade de expressão.

9.3 ASSOCIAÇÃO CRIMINOSA (ART. 288 DO CP)

O crime de associação criminosa (nova denominação dada pela Lei 12.850/2013 ao antigo crime de quadrilha ou bando) configura-se quando três ou mais pessoas, ou seja, no mínimo três pessoas, associam-se para o fim específico de cometer crimes. O núcleo do tipo "associarem-se" exige que a associação seja estável ou permanente. Também se exige a que tenha por fim o cometimento de crimes, pouco importando se são da mesma espécie ou não. Consuma-se com a efetiva associação das pessoas, independentemente da prática de algum crime pelo grupo. Trata-se de crime permanente e autônomo (ou seja, que independe dos crimes cometidos pela associação).

Dentre as pessoas associadas podem existir inimputáveis. Aquele que participa de associação criminosa poderá ter a pena privativa de liberdade reduzida em até 2/3 (dois terços) ou substituída por restritiva de direitos se colaborar efetiva e voluntariamente com a investigação e o processo criminal (art. 4º da Lei 12.850/2013).

É importante destacar que em relação ao crime de associação para o tráfico de entorpecentes previsto na Lei 11.343/2006, bastam apenas dois participantes para a configuração e tem por fim a prática dos crimes definidos nos arts. 33, *caput* e § 1º, 34 e 36.

DICA:

O crime de associação criminosa terá pena aumentada em até a metade se a associação for armada (qualquer tipo de arma) ou se houver participação de criança ou adolescente.

9.4 CONSTITUIÇÃO DE MILÍCIA PRIVADA (ART. 288-A DO CP)

A Lei 12.720/2012 trouxe um novo tipo penal ao Título IX. Trata-se do crime de constituição de milícia privada, que consiste em organizar, constituir, integrar, manter ou custear organização paramilitar, milícia particular, grupo ou esquadrão com a finalidade de praticar qualquer dos crimes previstos no Código Penal.

9.5 QUESTÕES

1. (Nossa) Quem provoca publicamente a prática de contravenção penal:

a) Comete apologia ao crime.
b) Comete incitação ao crime.
c) Não comete crime algum.
d) Comete incitação à contravenção.

2. (Nossa) Com relação à apologia de crime ou criminoso (art. 287 do CP), assinale a alternativa correta:

a) Trata-se de crime formal, pois se configura independentemente de resultado naturalístico.
b) Trata-se de crime material, uma vez que é necessário que haja a produção do resultado para que este crime se configure.
c) A apologia à contravenção penal também configura o crime.
d) Configura-se quando o agente provoca publicamente a prática de crime.

3. (CESPE/DELEGADO PB/2008) Quanto aos crimes contra a paz pública e a fé pública, assinale a opção correta.

a) Com relação ao delito de apologia de crime ou criminoso, previsto no CP, há crime único se o agente, em um mesmo contexto fático, faz apologia de vários crimes ou de vários autores de crimes.
b) No crime de quadrilha, é necessário que ocorra estabilidade da associação e que haja organização estruturada, com hierarquia entre os membros ou com papéis previamente definidos para cada um.
c) No crime de quadrilha, se somente um quadrilheiro for identificado, mas houver prova robusta da existência dos demais associados, o crime se perfaz.
d) Com relação ao crime de moeda falsa, se o falsificador exportar, vender ou introduzir na circulação a moeda, responderá pelos diversos crimes em concurso formal homogêneo.
e) É atípica a conduta do agente que restitui à circulação, mesmo tendo recebido de boa-fé, papel falsificado pela supressão de sinal indicativo de sua inutilização, da qual tomou posterior conhecimento.

GABARITO: As respostas destes testes encontram-se no final do livro.

10

CRIMES CONTRA A FÉ PÚBLICA

O objeto jurídico dos crimes previstos nos arts. 289 a 311-A do CP é a "fé pública", que significa a confiança que a sociedade deposita em objetos, sinais e formas exteriores, de caráter público ou privado, aos quais o ordenamento jurídico atribui um papel importante para a vida em sociedade.

O instituto da "fé pública" pode ser observado segundo dois conceitos. O primeiro, denominado de *conceito amplo*, dispõe corresponder este instituto à credibilidade, fidelidade e segurança que possuem determinadas marcas, sinais, símbolos ou documentos, públicos ou privados.

O segundo, denominado de *conceito restrito*, entende que a "fé pública" corresponde apenas à escritura pública e outros atos lavrados em cartórios e por servidores da justiça, onde se presume que o documento seja legítimo até prova em contrário. Os certificados dos demais agentes da administração possuiriam "fé de ofício" e não "fé pública". Para fins penais adota-se o conceito em *sentido amplo*.

A maioria dos crimes previstos neste título baseia-se na ocorrência direta ou indireta de falsidades. Estas falsidades devem possuir duas características elementares:

1 – imitação ou alteração da verdade sobre fato juridicamente relevante, pois a falsidade deve criar, modificar, extinguir ou perturbar algum direito;

2 – potencialidade de dano, visto que a falsificação deve ser capaz de enganar. Caso seja grosseira, não existirá crime de falsidade, podendo subsistir o estelionato.

As falsidades podem, ainda, ser divididas em duas grandes espécies:

1 – *Material ou externa*: se manifesta quando a falsidade incide sobre a parte exterior do documento, seja pela modificação de um documento verdadeiro, seja pela própria criação de um documento falso. Ex.: moeda falsa;
2 – *Ideológica ou pessoal*: ocorre quando a falsidade incide sobre as declarações contidas no documento, sobre o conteúdo das ideias, sendo o documento em si verdadeiro, mas sendo falsas as ideias nele contidas. Ex.: alteração de documento público.

Quanto aos meios de conduta para obtenção da falsificação, esta pode ser decorrente de uma:

I – *fabricação* ou *contrafação*, que consiste na criação material de um objeto, como moeda, selo, documento, que será utilizado contra a fé pública, fazendo com que este passe por verdadeiro;
II – *alteração*, quando um agente delituoso se utiliza de um objeto verdadeiro, como moeda, documento ou selo, e promove uma modificação neste, visando a ofender a fé pública.

10.1 DA MOEDA FALSA

10.1.1 Moeda falsa (art. 289 do CP)

Pune-se o agente que falsificar (por fabrico ou alteração) moeda ou importar ou exportar, adquirir, vender, trocar, ceder, emprestar, guardar ou introduzir em circulação moeda falsa (nacional ou estrangeira, em papel ou metal). O agente que recebe de boa-fé a moeda falsa, mas a restitui à circulação, também será punido. Nesta modalidade privilegiada de ocorrência do delito é imprescindível o dolo consciente no conhecimento da falsidade da moeda. No caso de dúvida quanto ao conhecimento da falsidade, a solução deve beneficiar o agente, pois o crime, de acordo com entendimento jurisprudencial dominante, não é punível a título de culpa.

Terá pena, em parâmetros diferentes, o agente que for funcionário público ou diretor, gerente, ou fiscal de emissão que fabrica, emite ou autoriza a fabricação ou emissão de moeda com título ou peso inferior ao determinado em lei ou de papel moeda em quantidade superior à autorizada, bem como aquele que desvia e faz circular moeda, cuja circulação não estava autorizada.

Para que o crime de moeda falsa se manifeste, devem estar presentes dois elementos essenciais:

1 – A falsificação deve ter a capacidade de iludir o "homem médio". Sendo a falsificação grosseira, sem capacidade de enganar, não se configura o crime em análise, podendo existir crime diverso como o estelionato;
2 – Não existe o crime em análise caso o objetivo da falsificação seja a diminuição do valor da moeda ou a inutilização desta.

A consumação do delito ocorre com a simples falsificação ou com a detenção da moeda falsa, não sendo necessário o *animus lucri faciendi*, ou seja, a intenção de obter lucro com a falsificação. É importante ressaltar também que este delito não admite a modalidade culposa, só se manifestando de forma dolosa. Quanto à questão da tentativa, grande parte da doutrina e da jurisprudência não admite a sua possibilidade.

DICA IMPORTANTE:

Qual crime comete quem rasga ou inutiliza dinheiro:

Crime de dano qualificado, previsto no art. 163, parágrafo único, III, do CP, visto que a moeda em si pertence à União, sendo o particular apenas detentor do seu valor intrínseco.

> "Art. 163. Destruir, inutilizar ou deteriorar coisa alheia:
>
> Pena – detenção, de um a seis meses, ou multa.
>
> Parágrafo único. Se o crime é cometido:
>
> (...)
>
> III – contra o patrimônio da União, Estado, Município, empresa concessionária de serviços públicos ou sociedade de economia mista;"

DICAS CURIOSAS:

1 – Quem regula o valor interno da moeda e autoriza sua emissão é o Conselho Monetário Nacional:

Lei 4.595/1964: "Art. 3.º A política do Conselho Monetário Nacional objetivará:

(...)

II – Regular o valor interno da moeda, para tanto prevenindo ou corrigindo os surtos inflacionários ou deflacionários de origem interna ou externa, as depressões econômicas e outros desequilíbrios oriundos de fenômenos conjunturais.

(...)

Art. 4.º Compete ao Conselho Monetário Nacional, segundo diretrizes estabelecidas pelo Presidente da República:

I – Autorizar as emissões de papel-moeda as quais ficarão na prévia dependência de autorização legislativa quando se destinarem ao financiamento direto pelo Banco Central da República do Brasil, das operações de crédito com o Tesouro Nacional, nos termos do artigo 49 desta Lei."

2 – Quem emite moeda, mediante autorização do CMN é o Banco Central:

Constituição Federal: "Art. 164. A competência da União para emitir moeda será exercida exclusivamente pelo banco central."

Lei 4.595/1964: "Art. 10. Compete privativamente ao Banco Central da República do Brasil: (...) I – Emitir moeda-papel e moeda metálica, nas condições e limites autorizados pelo Conselho Monetário Nacional".

3 – Quem fabrica a moeda é a Casa da Moeda:

Lei 5.895/1973: "Art. 2.º A Casa da Moeda do Brasil terá por finalidade, em caráter de exclusividade, a fabricação de papel moeda e moeda metálica e a impressão de selos postais e fiscais federais e títulos da dívida pública federal. Parágrafo único. Sem prejuízo do disposto neste artigo a Casa da Moeda do Brasil poderá exercer outras atividades compatíveis com suas atividades industriais."

10.1.2 Crimes assimilados ao de moeda falsa (art. 290 do CP)

É punida a conduta do agente que formar cédula, nota ou bilhete representativo de moeda com fragmentos de cédulas, notas ou bilhetes verdadeiros; suprimir, em nota, cédula ou bilhete recolhidos, para o fim de restituí-los à circulação, sinal indicativo de sua inutilização; restituir à circulação cédula, nota ou bilhete em tais condições, ou já recolhidos para o fim de inutilização. Se em razão do cargo o funcionário público tem acesso facilitado à cédula, nota ou bilhete e age da forma acima descrita, terá a pena em parâmetros maiores.

10.1.3 Petrechos para falsificação de moeda (art. 291 do CP)

Aqui, a conduta é fabricar, adquirir, fornecer, a título oneroso ou gratuito, possuir ou guardar maquinismo, aparelho, instrumento ou qualquer objeto especialmente destinado à falsificação de moeda.

10.1.4 Emissão de título ao portador sem permissão legal (art. 292 do CP)

Configura-se o delito quando o agente, sem permissão legal, emitir nota, bilhete, ficha, vale ou título que contenha promessa de pagamento em dinheiro ao portador ou a que falte indicação do nome da pessoa a quem deva ser pago. Quem receber tais documentos e os utilizar como dinheiro também será apenado.

10.2 FALSIDADE DE TÍTULOS E OUTROS PAPÉIS PÚBLICOS

10.2.1 Falsificação de papéis públicos (art. 293 do CP)

O agente será punido quando a sua conduta consistir na falsificação, alteração ou fabricação de selo destinado a controle tributário, papel selado ou qualquer papel de emissão legal (controlada) destinado à arrecadação de tributo, papel de crédito público (que não seja moeda), vale postal, cautela de penhor, caderneta de depósito, talão, recibo, guia, alvará, bilhete, passe ou conhecimento de transporte de empresa administrada pela União.

Nas mesmas penas incorre quem usa, guarda, possui ou detém qualquer dos papéis falsificados, importa, exporta, adquire, vende, troca, cede, empresta, guarda, fornece ou restitui à circulação selo falsificado destinado a controle tributário, importa, exporta, adquire, vende, expõe à venda, mantém em depósito, guarda, troca, cede, empresta, fornece, porta ou, de qualquer forma, utiliza em proveito próprio ou alheio, no exercício de atividade comercial ou industrial, produto ou mercadoria em que tenha sido aplicado selo que se destine a controle tributário, falsificado ou sem selo oficial, nos casos em que a legislação tributária determina a obrigatoriedade de sua aplicação.

Saliente-se que se equipara a atividade comercial, para os fins do inciso III do § 1.º, qualquer forma de comércio irregular ou clandestino, inclusive o exercido em vias, praças ou outros logradouros públicos e em residências.

Aquele que suprimir de qualquer desses papéis quando legítimos, com o fim de torná-los novamente utilizáveis, carimbo ou outro sinal indicativo de utilização também será punido.

10.2.2 Petrechos de falsificação (art. 294 do CP)

Relaciona-se a objetos destinados à falsificação dos papéis precedentes. A conduta poderá consistir na fabricação, aquisição, fornecimento, posse ou guarda de qualquer um dos papéis previstos nos incisos do art. 293 do CP.

10.3 FALSIDADE DOCUMENTAL

10.3.1 Falsificação de selo ou sinal público (art. 296 do CP)

A falsificação ora tratada diz respeito à falsificação por meio da fabricação ou da alteração de selo público destinado a autenticar atos oficiais da União, de Estado ou de Município ou de selo ou sinal atribuído por lei à entidade de direito público, ou à autoridade, ou sinal público de tabelião.

Também será punido quem fizer uso do selo ou sinal falsificado, utilizar indevidamente o selo ou sinal verdadeiro em prejuízo de outrem ou em proveito próprio ou alheio ou alterar, falsificar ou fazer uso indevido de marcas, logotipos, siglas ou quaisquer outros símbolos utilizados ou identificadores de órgãos ou entidades da Administração Pública. Se o agente é funcionário público, e comete o crime prevalecendo-se do cargo, a pena será aumentada em um sexto.

10.3.2 Falsificação de documento público (art. 297 do CP)

Pune-se o agente que falsificar, no todo ou em parte, documento público, ou alterar documento público verdadeiro. Considera-se público o documento emanado de funcionário público no exercício de suas atribuições. Só existirá o crime se a falsificação for capaz de enganar. Se o agente for funcionário público a pena será aumentada.

Para os efeitos penais, são equiparados a documento público o emanado de entidade paraestatal, o título ao portador ou transmissível por endosso (exemplo: cheques), as ações de sociedade comercial, os livros mercantis e o testamento particular.

Também é punida a inserção de pessoa que não possua a qualidade de segurado obrigatório na folha de pagamento ou em documento de informações que seja destinado a fazer prova perante a previdência social; a inserção de declaração falsa ou diversa da que deveria ter sido escrita em Carteira de Trabalho e Previdência Social e declaração falsa ou diversa da que deveria ter constado em documento contábil ou em qualquer outro documento relacionado com as obrigações da empresa perante a previdência social.

O crime se consuma com a efetiva falsificação ou alteração do documento, não se exigindo, portanto, para sua configuração, o uso ou a efetiva ocorrência de prejuízo.

É importante destacarmos ainda o entendimento da Súmula 17 do STJ que diz: "Quando o falso se exaure no estelionato, sem mais potencialidade lesiva, é por este absorvido". Assim sendo, caso a falsificação seja um meio para a realização do crime de estelionato e o documento não seja mais utilizado, o estelionato irá absorver na falsificação de documento. Caso contrário, teremos crimes autônomos.

DICAS IMPORTANTES:

As principais características de um documento público são:

1 – ser um meio de perpetuação e constatação de seu conteúdo;

2 – poder, por intermédio dele, ser identificado o seu autor, exercendo a garantia de autoria, não podem ser aceitos como documentos aqueles apresentados anonimamente;

3 – servir como instrumento de prova de seu conteúdo, pois o documento passível de falsificação deve possuir eficácia probatória ou relevância jurídica.

MUITO CUIDADO:

- Falsificação e uso de documento relativo à autarquia federal – a competência será da Justiça Federal, ainda que o documento seja utilizado em empresa ou instituição privada;
- O Informativo 517 do STF noticiou o afastamento da Súmula 17 do STJ e reconheceu a competência da Justiça Federal para julgar estelionato contra empresa pública federal (RE 560.944, rel. Min. Ellen Gracie, j. 26.08.2008);
- Quanto à falsidade na Carteira de Trabalho e Previdência Social (CTPS) para fins ou natureza previdenciária, aplica-se o disposto no art. 297 do CP, tipificando-se o crime como falsificação de documento público;
- Caso a falsidade na CTPS destine-se a produzir prejuízos no cenário dos direitos trabalhistas dos empregados, aplica-se o mencionado no art. 49 da CLT, ou seja, tipifica-se o crime de falsidade ideológica;

CLT: "Art. 49. Para os efeitos da emissão, substituição ou anotação de Carteiras de Trabalho e Previdência Social, considerar-se-á, crime de falsidade, com as penalidades previstas no art. 299 do Código Penal:

I – Fazer, no todo ou em parte, qualquer documento falso ou alterar o verdadeiro;

II – Afirmar falsamente a sua própria identidade, filiação, lugar de nascimento, residência, profissão ou estado civil e beneficiários, ou atestar os de outra pessoa;

III – Servir-se de documentos, por qualquer forma falsificados;

IV – falsificar, fabricando ou alterando, ou vender, usar ou possuir Carteira de Trabalho e Previdência Social assim alteradas;

V – Anotar dolosamente em Carteira de Trabalho e Previdência Social ou registro de empregado, ou confessar ou declarar em juízo ou fora dele, data de admissão em emprego diversa da verdadeira".

10.3.3 Falsificação de documento particular (art. 298 do CP)

Desloca-se a conduta para a falsidade em documento emanado do particular ou alteração de documento particular que era verdadeiro. O documento emanado por particular ou por funcionário público que não esteja no exercício de suas atribuições é considerado documento particular. Também se equipara a documento particular o cartão de crédito ou débito.

10.3.4 Falsidade ideológica (art. 299 do CP)

Comete o crime de falsidade ideológica o agente que omite em documento público ou particular declaração que devia constar, ou nele insere declaração falsa, com o fim de prejudicar direito, criar obrigação ou alterar a verdade sobre fato juridicamente relevante (elemento subjetivo do tipo). O crime será qualificado se o documento for público. A pena será aumentada se o agente for funcionário público que se prevalece de seu cargo.

Nesta espécie de ilícito penal, o documento em si é perfeito, sendo falsa a ideia nele lançada. Para que ocorra a infração, a falsidade ideológica deve ter a finalidade de prejudicar direito, criar obrigação ou alterar verdade sobre fato juridicamente relevante.

10.3.5 Falso reconhecimento de firma ou letra (art. 300 do CP)

É punido o agente público (cartorário) que reconhece como verdadeira firma ou letra que não é. Nesse caso a pena será maior se o documento for público.

10.3.6 Certidão ou atestado ideologicamente falso (art. 301 do CP)

Pune-se a conduta do agente que atestar ou certificar falsamente, em razão de função pública, fato ou circunstância que habilite alguém a obter cargo público, isenção de ônus ou serviço de caráter público, ou qualquer outra vantagem.

10.3.7 Falsidade material de atestado ou certidão (art. 301, § 1.º, do CP)

Trata-se da falsificação material de documento para inserir circunstância que habilite alguém a obter cargo público, isenção de ônus ou serviço de caráter público, ou qualquer outra vantagem. Se houver fim de lucro também será aplicada a pena de multa.

10.3.8 Falsidade de atestado médico (art. 302 do CP)

Refere-se à conduta do médico que, no exercício de sua profissão, dá atestado falso. Terá pena de multa em acréscimo se o objetivo era obter lucro.

10.3.9 Reprodução ou adulteração de selo ou peça filatélica (art. 303 do CP)

Pune-se a conduta do sujeito que reproduzir selo ou peça filatélica que tenha valor para coleção. Não existe crime se a reprodução ou a alteração está visivelmente anotada na face ou no verso do selo ou peça. Aquele que, para fins de comércio, faz uso de selo ou peça filatélica também será punido.

10.3.10 Uso de documento falso (art. 304 do CP)

Configura-se quando o agente faz efetivo uso (empregar, utilizar, sair da esfera do agente por iniciativa própria) de qualquer um dos documentos previstos nos crimes de falsificação de documento público ou particular, falsidade ideológica, falso reconhecimento de firma ou letra, certidão ou atestado ideologicamente falso, falsidade material de atestado ou certidão, de atestado médico e no crime de reprodução ou adulteração de selo ou peça filatélica.

De acordo com a jurisprudência, não há crime quando o documento tiver sido apreendido em poder do agente, em decorrência de busca domiciliar ou revista pessoal feita pela polícia. Só haverá crime quando o agente, por iniciativa própria e visando fazer prova sobre fato relevante, apresenta efetivamente o documento a alguém, tornando-o acessível à pessoa que pretende iludir.

É muito importante observar que prevalece na jurisprudência o entendimento de que o autor da falsificação que usa o documento responde apenas pela falsificação (o uso configura *post factum* impunível).

10.3.11 Supressão de documento (art. 305 do CP)

Considera-se supressão de documento o ato do agente destruir, suprimir ou ocultar em benefício próprio ou de outrem, ou em prejuízo alheio, documento público ou particular verdadeiro, de que não podia dispor. A pena será maior se o documento for público.

10.4 OUTRAS FALSIDADES

10.4.1 Falsificação do sinal empregado no contraste de metal precioso ou na fiscalização alfandegária, ou para outros fins (art. 306 do CP)

Para que se configure esse crime, o agente terá que falsificar, por meio da fabricação ou alteração, marca ou sinal empregado pelo poder público no contraste de metal precioso ou na fiscalização alfandegária; ou usar marca ou sinal dessa natureza, falsificado por outrem. A pena será fixada em parâmetros menores se a marca ou sinal falsificado for usado pela autoridade pública para o fim de fiscalização sanitária, para autenticar ou encerrar determinados objetos, ou comprovar o cumprimento de formalidade legal.

10.4.2 Falsa identidade (art. 307 do CP)

Quando o agente falseia a própria identidade, fazendo se passar por outrem, com o fim de obter vantagem, em proveito próprio ou alheio, ou para causar dano a outrem pratica a falsa identidade. Observe-se que quando a falsa identidade tem o intuito de autodefesa não haverá crime (exemplo: para não ser preso).

10.4.3 Fraude de lei sobre estrangeiro (art. 309 do CP)

Comete o crime o estrangeiro que entra ou permanece em território nacional usando nome que não é o seu. Aquele que atribui a estrangeiro falsa qualidade para promover a entrada do mesmo em território nacional também será apenado.

A norma também se estende àquele que se presta a figurar como proprietário ou possuidor de ação, título ou valor pertencente a estrangeiro, nos casos em que é vedada por lei a propriedade ou posse de tais bens (art. 310 do CP).

10.4.4 Adulteração de sinal identificador de veículo automotor (art. 311 do CP)

Pune-se a conduta do agente que adulterar ou remarcar número de chassi ou qualquer sinal identificador de veículo automotor, de seu componente ou equipamento. Se o agente comete crime no exercício da função pública ou em razão dela, a pena é aumentada em um terço, incorrendo nas mesmas penas o funcionário público que contribui para o licenciamento ou registro de veículo remarcado ou adulterado, fornecendo indevidamente material ou informação oficial.

10.5 DAS FRAUDES EM CERTAMES DE INTERESSE PÚBLICO

Trata-se de capítulo incluído pela Lei 12.550/2011, que também inseriu a pena de proibição de inscrever-se em concurso, avaliação ou exame públicos no inciso V do art. 47 do CP.

Comete o crime aquele que utilizar ou divulgar indevidamente, com o fim de beneficiar a si ou a outrem, ou de comprometer a credibilidade do certame, conteúdo sigiloso de concurso público, avaliação ou exame públicos, processo seletivo para ingresso no ensino superior ou exame ou processo seletivo previstos em lei.

Incorre nas mesmas penas quem permite ou facilita, por qualquer meio, o acesso de pessoas não autorizadas a essas informações.

O § 2.º do art. 311-A prevê a forma qualificada pelo resultado de dano à Administração Pública.

A pena é aumentada em um terço se o crime for cometido por funcionário público.

10.6 QUESTÕES

1. (OAB/SP 136.º) Aquele que omitir, em documento público ou particular, declaração que dele devesse constar, ou nele inserir ou fizer inserir declaração falsa ou diversa da que devesse ser escrita, com o fim de prejudicar direito, criar obrigação ou alterar a verdade sobre fato juridicamente relevante praticará o crime de

a) falsificação de papéis públicos.
b) falsificação do selo ou sinal público.
c) falsidade ideológica.
d) falsificação de documento público.

2. (OAB/Nacional CESPE 2007.I) O sujeito que empresta seu nome para terceiro abrir empresa de fachada, sabendo que não será a empresa estabelecida para realizar o objeto social declarado, pratica o crime de

a) falsificação de documento particular.
b) falsidade documental.
c) falsidade ideológica.
d) falso reconhecimento de firma.

3. (Nossa) O agente que falsifica, no todo ou em parte, ou altera documento público verdadeiro, comete o crime de:

a) Falsificação de papéis públicos.
b) Falsidade ideológica.
c) Falsificação de selo ou sinal público.
d) Falsificação de documento público.

4. (Nossa) O sujeito que atribui a si ou a outrem falsa identidade para obter vantagem em proveito próprio ou alheio, pratica o crime de:

a) Falsidade ideológica.
b) Falsificação de documento público.

c) Falsa identidade.
d) Uso de documento falso.

5. **(Nossa) Antônio, no intuito de receber seu dinheiro que estava bloqueado judicialmente, fabricou um alvará judicial para tanto. A conduta dele tipifica o crime de:**

a) Falsificação de papel público.
b) Falsidade ideológica.
c) Falso reconhecimento de firma ou letra.
d) Uso de documento falso.

6. **(Defensor Público SP/2008/CESPE) Assinale a opção correta acerca da falsificação de documento.**

a) A falsidade ideológica somente se aplica à omissão de declaração em documento público.
b) A falsidade ideológica somente se aplica à inserção de declaração falsa em documento particular.
c) A falsificação de um cheque endossável configura o crime de falsificação de documento particular.
d) A falsificação de uma nota promissória endossável configura o crime de falsificação de documento público.

7. **(CESPE/DELEGADO PB/2008) Quanto aos crimes contra a paz pública e a fé pública, assinale a opção correta.**

a) Com relação ao delito de apologia de crime ou criminoso, previsto no CP, há crime único se o agente, em um mesmo contexto fático, faz apologia de vários crimes ou de vários autores de crimes.
b) No crime de quadrilha, é necessário que ocorra estabilidade da associação e que haja organização estruturada, com hierarquia entre os membros ou com papéis previamente definidos para cada um.
c) No crime de quadrilha, se somente um quadrilheiro for identificado, mas houver prova robusta da existência dos demais associados, o crime se perfaz.
d) Com relação ao crime de moeda falsa, se o falsificador exportar, vender ou introduzir na circulação a moeda, responderá pelos diversos crimes em concurso formal homogêneo.
e) É atípica a conduta do agente que restitui à circulação, mesmo tendo recebido de boa-fé, papel falsificado pela supressão de sinal indicativo de sua inutilização, da qual tomou posterior conhecimento.

GABARITO: As respostas destes testes encontram-se no final do livro.

11

CRIMES CONTRA A ADMINISTRAÇÃO PÚBLICA

11.1 CRIMES PRATICADOS POR FUNCIONÁRIOS PÚBLICOS CONTRA A ADMINISTRAÇÃO EM GERAL

11.1.1 Conceito de funcionário público

Para fins de aplicação dos institutos penais que analisaremos a seguir, devemos entender por funcionários públicos todos que desempenham labor, submetidos a uma relação hierarquizada para com o ente administrativo, independentemente de ser este ente da administração direta ou indireta, bem como de ser este trabalho permanente ou temporário, voluntário ou compulsório, gratuito ou oneroso.

Para os efeitos penais, considera-se funcionário público quem, embora transitoriamente ou sem remuneração, exerce cargo, emprego ou função pública. Aqueles que exercem cargo, emprego ou função em entidade paraestatal, e os que trabalham para empresa prestadora de serviço contratada ou conveniada para a execução de atividade típica da Administração Pública são equiparados a funcionário público. Na hipótese de os autores dos crimes serem ocupantes de cargos em comissão ou de função de direção ou assessoramento de órgão da administração direta, sociedade de economia mista, empresa pública ou fundação instituída pelo poder público, a pena será aumentada em um terço.

É importante destacar que o conceito de Funcionário Público, estudado em Direito Administrativo, não se aplica ao estudo desta espécie de crime. O que o Código Penal Brasileiro denomina de Funcionário Público corresponde, de forma aproximada, ao conceito administrativo de Agente Público.

Os crimes desta natureza são, na sua maioria, especializações de crimes já tipificados anteriormente no ordenamento penal, mas que assumem caráter especialíssimo, por serem praticados por funcionários públicos. Assim sendo, o Peculato Furto é na verdade uma especialização do crime de furto ou o Peculato Apropriação uma espécie de apropriação indébita, em decorrência do objeto a ser atingido e do sujeito ativo envolvido. Outro exemplo é o crime de Concussão, tipo especialíssimo de extorsão praticada por Funcionário Público.

Na regra geral, estes crimes possuem penas cominadas mais severas que os seus respectivos correspondentes praticados por particulares, pois a lógica que norteia o ordenamento penal é que o Funcionário Público deva ser um exemplo social, pois personifica esse ser abstrato e indispensável ao convívio social que denominamos Estado. Quando este comete um delito, a credibilidade social no ente administrativo pode ser abalada como um todo, causando graves prejuízos sociais. Logo, mais do que ser uma forma de preservação dos bens jurídicos protegidos em cada tipo penal estabelecido neste título, o Código Penal busca preservar a probidade administrativa, a credibilidade e a confiança que a sociedade deve depositar no ente administrativo como um todo, justificando a cominação de penas mais severas para estes crimes.

11.1.2 Da participação de particulares em associação com funcionários públicos

Estabelece o ordenamento penal que as circunstâncias de caráter pessoal não se comunicam, salvo quando elementares ao crime. No caso de crimes praticados por Funcionários Públicos, estando estes em concurso com particulares, seja em coautoria ou participação, a circunstância pessoal, ser funcionário público, será estendida a todos os particulares associados para a prática do delito e o crime imputado ao Funcionário Público será também imputado aos particulares.

11.1.3 Peculato (art. 312 do CP)

O crime de Peculato atinge bens públicos e bens particulares, desde que estes estejam sobre a guarda ou tutela do ente administrativo e sejam móveis ou semoventes, já que não existe peculato de bens imóveis.

O sujeito ativo do crime, de regra, será um funcionário público. O particular também pode ser sujeito ativo no crime de Peculato, bastando para isto que ele esteja em associação com o funcionário público.

O sujeito passivo material do crime pode ser o Estado, se os bens objeto do crime pertencerem ao erário público, ou o particular, se os bens objeto do crime forem particulares, mas estiverem sob a guarda, gerência ou fiscalização do ente administrativo.

Existem quatro espécies de Peculato:

1 – Peculato Apropriação, ou Desvio, tipificado no *caput* do art. 312;

2 – Peculato Furto, tipificado no § 1.º;

3 – Peculato Culposo, tipificado no § 2.º;

4 – Peculato Mediante Erro de Outrem, tipificado no art. 313.

Na modalidade apropriação o funcionário público toma para si ou para outrem, ou ainda, desvia em proveito próprio ou alheio, bens que tem posse em razão do cargo ou função que desempenha. Neste tipo de peculato o bem, objeto do crime, já se encontra sob a posse do agente delituoso, como consequência direta do exercício de sua função. Ex.: o tesoureiro de uma repartição pública que subtrai dinheiro do qual tinha a posse em razão da função.

Na modalidade furto, os bens que serão objeto do crime não estão sob a posse do funcionário público em razão da função, mas este se aproveita das facilidades que ser funcionário público lhe proporciona para subtrair ou facilitar que outro subtraia estes bens. Ex.: funcionário de uma repartição que adentra depósito de bens utilizando-se de sua identidade funcional, objetivando subtrair bens que lá estão estocados.

É importante ressaltar que para estar configurada a modalidade de peculato furto é necessário que o funcionário, em algum momento da conduta delituosa, tenha se valido ou aproveitado das facilidades que sua função proporciona. Tomemos o seguinte exemplo para análise: João, funcionário público lotado na Secretaria de Defesa Social do Estado de Pernambuco, adentra sorrateiramente um depósito de bens apreendidos pela Receita Estadual, pulando um muro e arrombando uma porta, subtraindo várias caixas de vinho deste local. Nesta conduta não teremos a manifestação do instituto do peculato furto, pois em nenhum momento da conduta a condição de ser agente funcionário público lhe foi útil na prática do delito. Neste caso, teremos apenas o crime de furto qualificado pelo emprego de escalada (pulou o muro) e destruição de obstáculo (arrombou a porta).

DICA IMPORTANTE:

O *peculato apropriação* pode ser diferenciado do *peculato furto* apenas observando-se a posse do bem, objeto do crime, por parte do funcionário, no exercício de suas funções. Caso o funcionário público já tenha a posse do bem em razão da função que desempenha e o desvia em proveito próprio ou de terceiro, comete o crime de peculato apropriação. Não tendo a posse do bem em razão do cargo, porém utilizando-se das vantagens que a função lhe proporciona para ter acesso ao bem em questão, o funcionário público comete o crime de peculato furto, sendo indispensável para a tipificação do crime que o funcionário público tenha de alguma forma se aproveitado ou valido da função para ter acesso ao bem que será objeto do crime.

A modalidade culposa ocorre quando o agente não quer a subtração ou apropriação, mas concorre, por imprudência, imperícia ou negligência, para que terceiro a pratique. O instituto do *peculato culposo* apresenta uma espécie anômala de arrependimento posterior. Normalmente, o arrependimento posterior, que só pode ser arguido em crimes praticados sem violência ou grave ameaça, funciona como atenuante e deve acontecer até o momento do recebimento da denúncia ou da queixa por parte do magistrado. No caso do *peculato culposo*, este arrependimento funcionará como excludente, caso ocorra até a sentença transitar em julgado ou como atenuante, manifestando-se depois do trânsito em julgado da sentença penal, situação em que reduzirá a pena pela metade.

No peculato por erro de outrem o funcionário se apropria de valores ou quaisquer utilidades recebidas por erro de uma terceira pessoa.

11.1.4 Inserção de dados falsos em sistema de informações (art. 313-A do CP)

Comete o delito o funcionário autorizado que insere ou facilita a inserção de dados falsos, altera ou exclui indevidamente dados corretos no sistema de informações ou banco de dados da Administração Pública com o fim de obter vantagem indevida para si ou para outrem ou para causar dano (exemplo: violação do painel eletrônico do Congresso Nacional que computa os votos dos parlamentares).

11.1.5 Modificação ou alteração não autorizada de sistema de informações (art. 313-B do CP)

Pune-se o funcionário que modifica ou altera o sistema de informações ou programa de informática sem autorização ou solicitação da autoridade competente. Trata-se de crime agravado pelo resultado (se houver dano para a Administração ou ao Administrado), aumentando-se a pena de um terço até a metade.

11.1.6 Extravio, sonegação ou inutilização de livro ou documento (art. 314 do CP)

Comete esse crime o agente que extravia livro oficial ou qualquer documento, de que tem a guarda em razão do cargo; sonegá-lo ou inutilizá-lo, total ou parcialmente. A pena será a de reclusão, de um a quatro anos, se o fato não constitui crime mais grave (crime subsidiário).

11.1.7 Emprego irregular de verbas ou rendas públicas (art. 315 do CP)

Pune-se a conduta do agente público que dá às verbas ou rendas públicas aplicação diversa da estabelecida em lei. Como é cediço, existe o princípio da legalidade voltado para a Administração Pública, pelo qual o funcionário somente poderá agir por força de lei.

Para um melhor entendimento deste crime é necessário ressalvar que, na regra geral, o funcionário público não pode dispor das verbas ou recursos públicos como bem entender, devendo o seu emprego ou utilização seguir o que está previsto ou empenhado em lei orçamentária. Existe uma lógica segundo a qual as verbas ou rendas públicas devem ser empregadas apenas como a lei dispõe e autoriza expressamente, salvo nos casos em que a própria norma jurídica faculta ao funcionário a utilização fora da determinação orçamentária prévia, como acontece nos casos de calamidade pública.

Assim sendo, quando o funcionário dá a estas verbas ou rendas públicas uma destinação diversa da pretendida em lei, teremos o crime em análise. Ex.: Prefeito que utiliza verbas destinadas ao Programa de Erradicação do Trabalho Infantil – PETI – para a construção de uma praça.

Sobre este crime é importante fazermos duas observações fundamentais:

I – Não se pode confundir o emprego irregular de verbas ou rendas públicas com o crime de peculato. Na primeira hipótese, o crime reside no fato de o funcionário não cumprir a lei no que tange à utilização da verba, empregando-a de forma diversa da prevista em lei, embora a utilização desta verba continue sendo destinada ao ente administrativo. No exemplo que demos acima, o emprego da verba foi para a construção de uma praça, em tese, também do interesse do Estado, todavia, com a utilização de recursos que previamente já tinham outra destinação. Já no peculato, o funcionário público está retirando a verba ou renda que pertence ao ente administrativo e a está empregando em proveito próprio ou alheio;

II – Deve existir uma razoabilidade, como é a regra no Direito Brasileiro, no emprego deste tipo penal, pois algumas situações podem desconfigurar o ilícito. Tomemos o seguinte exemplo: o diretor de um hospital público recebeu verba dotada e empenhada em lei para a compra de uniformes novos para o pessoal de enfermagem. No entanto, faltam na farmácia do hospital medicamentos indispensáveis ao tratamento dos pacientes internados. O diretor emprega a verba na aquisição dos medicamentos e não do fardamento, como previsto inicialmente. Nesta hipótese, dentro da lógica da razoabilidade e da preservação da eficiência administrativa, a conduta do diretor seria perfeitamente aceitável, não estando configurado o crime de emprego irregular de verbas ou rendas públicas.

11.1.8 Concussão (art. 316 do CP)

Configura-se quando o funcionário público exige para si ou para outrem vantagem indevida, direta ou indiretamente, ainda que fora da função ou antes de assumi-la, mas em razão dela.

Trata-se na verdade de uma espécie de extorsão praticada por funcionário público, em que este, valendo-se da função, pressiona, constrange ou intimida a vítima, objetivando alcançar a vantagem indevida. É interessante percebermos que o núcleo do tipo encontra-se no verbo “exigir”, que por si só já é uma expressão carregada de imperatividade. O funcionário não está pedindo ou solicitando nada, mas sim aproveitando-se da função para constranger a vítima e pressioná-la a entregar a vantagem indevida pretendida. Ex.: fiscal fazendário que exige de contribuinte determinado valor em dinheiro para não realizar fiscalização em estabelecimento comercial.

11.1.9 Excesso de exação (art. 316, § 1.º, do CP)

Configura-se na hipótese em que o funcionário exige tributo ou contribuição social que sabe ou deveria saber indevido, ou, quando devido, emprega na cobrança meio vexatório ou gravoso, que a lei não autoriza. Se o funcionário desvia, em proveito próprio ou de outrem, o que recebeu indevidamente para recolher aos cofres públicos, o crime será qualificado.

Este crime manifesta-se em duas modalidades bem delimitadas. Na primeira, o funcionário está exigindo o pagamento de tributo ou contribuição social indevidos. Devemos entender por tributo indevido aquele que não faz parte do rol tributário ao qual o contribuinte está submetido, ou quando faz parte deste rol, mas está sendo arguido em uma alíquota equivocada. Neste caso, o crime irá se manifestar em decorrência da conduta de exigir o pagamento deste tributo que não é aplicável à vítima.

É importante destacar que a simples cobrança de tributo ou contribuição social indevidos não seria suficiente para caracterizar o crime, visto que o tipo penal taxativamente estabelece que deve existir uma exigência por parte do funcionário público. Este não pede ao contribuinte que pague o tributo, mas sim adota uma conduta imperativa e exige que o tributo indevido seja recolhido.

Não seria possível a arguição de desconhecimento, por parte do funcionário, sobre a incidência ou não do tributo ao contribuinte, como forma de justificar a exigência realizada e desconfigurar o crime, pois a lei foi taxativa ao estabelecer que o funcionário devesse saber, antes de realizar a exigência, se o tributo era devido ou não. De uma forma bem simples, a lei diz: só exija o pagamento se você (funcionário) tiver certeza que o contribuinte tem que pagar, e quando for cobrar tributo devido, não exceda os limites previstos na lei.

Na segunda modalidade de manifestação do crime, o tributo ou contribuição social é devido pelo contribuinte, ou seja, faz parte do rol tributário ao qual este está submetido, bem como a alíquota de cobrança está correta. Todavia, o funcionário emprega na cobrança meio vexatório, gravoso, que causa constrangimento ao contribuinte e que não é permitido por lei.

11.1.10 Corrupção passiva (art. 317 do CP)

Pune-se o funcionário público que solicita ou recebe vantagem indevida, para si ou para outrem, direta ou indiretamente, ainda que fora da função ou antes de assumi-la, mas em razão dela, ou aceita promessa de tal vantagem.

Neste caso, o funcionário não está baseando sua conduta em uma imperatividade, como acontece na Concussão, mas utiliza-se da função para atingir uma vantagem indevida, seja solicitando ou recebendo esta vantagem, ou ainda aceitando a promessa desta. Ele não exige nada, mas sua conduta deixa claro o objetivo de alcançar a vantagem pretendida.

Algumas características são extremamente importantes a serem destacadas:

I – por se tratar de crime formal, a mera conduta de solicitar, ou aceitar promessa de vantagem indevida já configura o ilícito, na sua modalidade consumada. O efetivo recebimento da vantagem, caso venha a ocorrer, configura-se apenas como mero exaurimento;

II – a circunstância em que o crime se manifesta e a conduta do agente não possuem força para configurar uma imperatividade, uma pressão sobre a vítima, pois caso esta possibilidade se manifestasse, não teríamos a corrupção passiva, mas sim a concussão;

III – para que o crime seja cometido, não é necessário que exista infração direta do dever funcional. Caso o funcionário não tenha dever funcional direto a ser desempenhado no caso concreto e ainda assim solicitar, receber ou aceitar promessa de vantagem indevida, estará configurado o tipo penal. Ex.: o agente de trânsito que, após realizar fiscalização em veículo, constata que tudo está dentro da mais perfeita legalidade, solicita uma ajuda para o lanche ou uma contribuição para a caixinha de natal;

IV – caso o funcionário venha a retardar ou deixar de praticar ato de ofício, ou, ainda, agir em desacordo ou infração do dever funcional em decorrência de vantagem solicitada, recebida ou aceita em promessa, o crime terá sua pena aumentada em 1/3. Ex.: o oficial de justiça que solicita R$ 1.000,00 para não realizar uma notificação judicial. Sendo esta infração ao dever funcional consequência do fato de ter o funcionário cedido a pedido ou influência de outrem, teremos a corrupção passiva na forma privilegiada, com pena bem menor, de detenção de três meses a um ano ou multa.

11.1.11 Facilitação de contrabando ou descaminho (art. 318 do CP)

O crime configura-se quando o funcionário público facilita o contrabando (importar ou exportar mercadoria proibida) ou o descaminho (significa deixar de efetuar, no todo ou em parte, o pagamento de direito ou imposto devido pela entrada, pela saída ou pelo consumo de mercadoria), com infração a dever funcional.

11.1.12 Prevaricação (arts. 319 e 319-A do CP)

Nesse crime o funcionário público retarda ou deixa de praticar, indevidamente, ato de ofício, ou pratica-o contra disposição expressa de lei, para satisfazer interesse ou sentimento pessoal. É importante observar que se o funcionário público age cedendo a pedido de outrem e impelido pela promessa de vantagem indevida, estará praticando o crime de corrupção passiva (art. 317 do CP).

A Lei 11.466/2007 inseriu uma nova modalidade do crime de prevaricação (art. 319-A do CP), punindo a conduta do Diretor de Penitenciária e/ou agente público que deixar de cumprir seu dever de vedar ao preso o acesso a aparelho telefônico, de rádio ou similar, que permita a comunicação com outros presos ou com o ambiente externo, cominando-lhe a pena de detenção, de 3 meses a 1 ano.

DICA IMPORTANTE:

CONCUSSÃO	CORRUPÇÃO PASSIVA	PREVARICAÇÃO
Exigir vantagem indevida.	Solicitar, receber ou aceitar promessa de vantagem indevida.	Infrigir dever funcional para satisfazer sentimento ou interesse pessoal.
Ex.: procurador autárquico que exige pagamento de determinado valor para expedir certidão.	Ex.: agente de trânsito que solicita dinheiro para não aplicar notificação devida.	Ex.: funcionário que retarda indevidamente processo judicial, como forma de se vingar do reclamante por ser este seu inimigo pessoal.

11.1.13 Condescendência criminosa (art. 320 do CP)

Pune-se a conduta do funcionário que deixa, por indulgência, de responsabilizar subordinado que cometeu infração no exercício do cargo ou, quando lhe faltar competência, não levar o fato ao conhecimento da autoridade competente.

11.1.14 Advocacia administrativa (art. 321 do CP)

O crime de advocacia administrativa configura-se quando o funcionário público patrocina, direta ou indiretamente, interesse de particular dentro da administração, valendo-se da qualidade de funcionário. Se o interesse é ilegítimo a pena é maior.

11.1.15 Violência arbitrária (art. 322 do CP)

Pune-se a conduta do funcionário público que pratica violência injustificada, ilegal, abusiva, no exercício de sua função.

11.1.16 Abandono de função (art. 323 do CP)

Comete o delito o funcionário público que abandona o seu cargo fora dos casos permitidos na lei (regular processo de exoneração etc.). Se do abandono resultar prejuízo público ou se este ocorrer em lugar compreendido na faixa de fronteira, o crime será qualificado.

11.1.17 Exercício funcional ilegalmente antecipado ou prolongado (art. 324 do CP)

O crime se configura quando o agente entra no exercício de função pública antes de satisfeitas as exigências legais, ou continua a exercê-la, sem autorização, depois de saber oficialmente que foi exonerado, removido, substituído ou suspenso.

11.1.18 Violação de sigilo funcional e de proposta de concorrência (arts. 325 e 94 da Lei 8.666/1994)

O art. 325 do CP, que trata da violação de sigilo funcional, pune a conduta do agente que revela fato de que tem ciência em razão do cargo e que deva permanecer em segredo, ou facilita-lhe a revelação. Incorre nas mesmas penas aquele que permite ou facilita, mediante atribuição, fornecimento e empréstimo de senha ou qualquer outra forma, o acesso de pessoas não autorizadas a sistemas de informações ou banco de dados da Administração Pública; e aquele que se utiliza, indevidamente, do acesso restrito. O crime será qualificado se da ação ou omissão resultar dano à Administração Pública ou a outrem.

O art. 326 do CP, que trata da violação de sigilo de proposta de concorrência, foi tacitamente revogado pelo art. 94 da Lei 8.666/1993 (Lei de Licitações), que passou a punir a conduta do agente que devassa o sigilo de proposta apresentada em procedimento licitatório, ou proporciona a terceiro o ensejo de devassá-lo.

11.2 CRIMES PRATICADOS POR PARTICULAR CONTRA A ADMINISTRAÇÃO EM GERAL

Há, também, outro elenco de crimes praticados por particular contra a administração. A saber:

11.2.1 Usurpação de função pública (art. 328 do CP)

Usurpar significa assumir o exercício de uma função, por fraude, artifício ou força. Nesse caso, pune-se a conduta do particular que indevidamente assume função pública. Na hipótese em que o agente auferir alguma vantagem, a sua pena será maior.

Dois requisitos são indispensáveis para a configuração do delito. Primeiramente, o particular, fazendo-se passar por funcionário público, deve efetivamente exercer a função ou praticar ato de ofício a ela inerente. A simples autointitulação como funcionário público não é suficiente para manifestar o ilícito penal. Em segundo lugar, a função deve ser própria da administração, embora não precise ser remunerada.

DICA IMPORTANTE:

Não pratica o crime de usurpação da função pública o agente que é titular da função, mas que se encontra temporariamente suspenso por decisão judicial e continua a exercer a função ou a praticar atos a ela inerente, visto existir tipo penal específico para tal conduta previsto no art. 359 do CP que estabelece:

"Art. 359. Exercer função, atividade, direito, autoridade ou múnus, de que foi suspenso ou privado por decisão judicial:

Pena – detenção, de três meses a dois anos, ou multa".

11.2.2 Resistência (art. 329 do CP)

Configura-se quando o agente opõe-se à execução de ato legal, mediante violência ou ameaça a funcionário competente para executá-lo ou a quem lhe esteja prestando auxílio. Se o ato efetivamente não se executa (em razão da resistência), o crime será qualificado e a pena será mais grave. Se da violência resultar alguma lesão corporal ou qualquer outra consequência, as penas serão aplicadas cumulativamente.

Algumas características são importantes para a configuração deste crime:

I – O agente delituoso vale-se de violência ou grave ameaça, para opor-se à execução de ato legal;

II – A violência poderá ser direcionada à pessoa do funcionário que está executando o ato legal ou a quem está lhe prestando auxílio;

III – A oposição deve ocorrer a ato legal, ou seja, desempenhado de acordo com a lei. Em sendo o ato manifestadamente ilegal, não existirá crime de resistência, pois restará configurada a legítima defesa;

IV – Ato injusto não justifica a resistência, devendo ser questionado pelas vias administrativas ou judiciais.

11.2.3 Desobediência (art. 330 do CP)

O crime de desobediência configura-se quando o particular não cumpre ordem legal de funcionário público. Não basta para a existência do delito que haja solicitação ou pedido, pois é imperioso que exista ordem.

Esta ordem deve ser formal, materialmente legal e emanar de funcionário que possua atribuições legais para realizar tal determinação. Ainda é necessário que o sujeito ativo do delito possua dever jurídico de desempenhar a conduta ou acatar a ordem dada.

É importante ressalvar que não cabe a manifestação do crime, caso o cumprimento da ordem implique em patente autoincriminação ou imputação de responsabilidade.

11.2.4 Desacato (art. 331 do CP)

Desacatar significa a conduta do particular que falta com o devido respeito, afronta, menospreza ou despreza o funcionário público no desempenho de suas atribuições ou em razão desta. O desacato deve estar obrigatoriamente direcionado às funções exercidas pelo funcionário.

É imprescindível, para a configuração do ilícito penal, que o funcionário encontre-se no local do crime, embora a ofensa não precise ser face a face. Entende a jurisprudência que o funcionário não precisa estar necessariamente no exercício de suas funções. Caso o funcionário não esteja presente ao local da conduta, não poderá existir crime de desacato, podendo ocorrer, dependendo do caso concreto, crime contra a honra.

O desacato carece de dolo, baseado na intenção de ultrajar ou desrespeitar. Não se configurará o crime caso exista, por exemplo, discussão mútua entre o funcionário e o terceiro, baseada esta discussão em exaltação de ânimos. Da mesma forma, a simples demonstração de indignação com as atitudes do funcionário não possui força para configurar o crime de desacato.

11.2.5 Tráfico de influência (art. 332 do CP)

Pune-se a conduta do particular que solicita, exige, cobra ou obtém, para si ou para outrem, vantagem ou promessa de vantagem, a pretexto de influir em ato praticado por funcionário público no exercício da função. Se o agente alega ou insinua que a vantagem é também destinada ao funcionário, a pena é aumentada da metade.

11.2.6 Corrupção ativa (art. 333 do CP)

Configura-se quando o particular oferece ou promete vantagem indevida a funcionário para que este pratique, se omita ou retarde ato de ofício. A pena, que é de reclusão de dois a 12 anos, e multa, foi majorada pela Lei 10.763/2003. Se o funcionário, em razão da promessa, efetivamente retardou, omitiu ou praticou ato de ofício infringindo dever funcional, a pena é aumentada em um terço.

11.2.7 Contrabando ou descaminho (art. 334 do CP)

Nesse crime, pune-se a conduta do particular que importou ou exportou produto proibido ou sem o pagamento de tributo. O art. 318 do CP pune somente o funcionário público que facilitou o contrabando ou descaminho. Também serão apenadas as condutas de praticar navegação de cabotagem fora dos casos permitidos, praticar fato assimilado a contrabando ou descaminho, vender, expor à venda, manter em depósito ou, de qualquer forma, utilizar em proveito próprio ou alheio, no exercício de atividade industrial ou comercial, mercadoria de procedência estrangeira que introduziu clandestinamente ou desacompanhada de documentação legal.

11.2.8 Impedimento, perturbação ou fraude de concorrência (art. 335 do CP)

O crime configura-se quando o particular impede, perturba ou frauda concorrência pública ou venda em hasta pública, promovida pela administração federal, estadual ou municipal, ou por entidade paraestatal; afasta ou procura afastar concorrente ou licitante, por meio de violência, grave ameaça, fraude ou oferecimento de vantagem. Incorre na mesma pena quem se abstém de concorrer ou licitar, em razão da vantagem oferecida.

11.2.9 Inutilização de edital ou de sinal (art. 336 do CP)

O particular incorrerá nas penas desse artigo na hipótese em que rasgar ou, de qualquer forma, inutilizar ou conspurcar edital afixado por ordem de funcionário público ou violar ou inutilizar selo ou sinal empregado por determinação legal ou ordem de funcionário público.

11.2.10 Subtração ou inutilização de livro ou documento (art. 337 do CP)

Se o fato não constitui crime mais grave, pune-se a conduta do particular que subtrair, ou inutilizar, total ou parcialmente, livro oficial, processo ou documento confiado à custódia de funcionário, em razão de ofício, ou de particular em serviço público.

11.2.11 Sonegação de contribuição previdenciária (art. 337-A do CP)

É punida a conduta do agente que de alguma forma suprime ou reduz contribuição social previdenciária e qualquer acessório. Extingue-se a punibilidade da conduta do agente na hipótese em que, espontaneamente, declara e confessa as contribuições, importâncias ou valores, e presta as informações devidas à previdência social, na forma definida em lei ou regulamento, antes do início da ação fiscal. O juiz poderá deixar de aplicar a pena ou aplicar somente a de multa se o agente for primário e de bons antecedentes, desde que o valor das contribuições devidas, inclusive acessórios, seja igual ou inferior àquele estabelecido pela previdência social, administrativamente, como sendo o mínimo para o ajuizamento de suas execuções fiscais.

11.3 CRIMES PRATICADOS POR PARTICULAR CONTRA A ADMINISTRAÇÃO PÚBLICA ESTRANGEIRA

O capítulo referente aos crimes praticados por particular contra a Administração Pública estrangeira foi incluído pela Lei 10.467/2002 e abrange os seguintes crimes:

11.3.1 Corrupção ativa em transação comercial internacional (art. 337-B do CP)

Pratica crime aquele que prometer, oferecer ou dar, direta ou indiretamente, vantagem indevida a funcionário público estrangeiro, ou a terceira pessoa, para determiná-lo a praticar, omitir ou retardar ato de ofício relacionado à transação comercial internacional. Caso o funcionário público estrangeiro retarde ou omita o ato de ofício, ou pratique o ato infringindo dever funcional, a pena será aumentada de 1/3.

11.3.2 Tráfico de influência em transação comercial internacional (art. 337-C do CP)

Abrange as condutas de solicitar, exigir, cobrar ou obter, para si ou para outrem, direta ou indiretamente, vantagem ou promessa de vantagem a pretexto de influir em ato praticado por funcionário público estrangeiro no exercício de suas funções, relacionado à transação comercial internacional. A pena é aumentada da metade, se o agente alega ou insinua que a vantagem é também destinada a funcionário estrangeiro.

11.3.3 Funcionário público estrangeiro (art. 337-D do CP)

De acordo com o art. 337-D do CP, considera-se funcionário público estrangeiro, para os efeitos penais, quem, ainda que transitoriamente ou sem remuneração, exerce cargo, emprego ou função pública em entidades estatais ou em representações diplomáticas de país estrangeiro. Equipara-se a funcionário público estrangeiro quem exerce cargo, emprego ou função em empresas controladas, direta ou indiretamente, pelo Poder Público de país estrangeiro ou em organizações públicas internacionais.

11.4 CRIMES CONTRA A ADMINISTRAÇÃO DA JUSTIÇA

O sistema judiciário e sua credibilidade são protegidos pela lei. São crimes contra a administração da justiça:

11.4.1 Reingresso de estrangeiro expulso (art. 338 do CP)

Refere-se à conduta do estrangeiro expulso que volta ao território nacional sem autorização. O crime somente se consuma com o reingresso do estrangeiro no território nacional (entendido como território todas as suas extensões naturais). Após o cumprimento da pena, que é de reclusão de um a quatro anos, o estrangeiro estará sujeito à nova expulsão.

11.4.2 Denunciação caluniosa (art. 339 do CP)

A denunciação caluniosa configura-se na situação em que o agente dá causa à instauração de investigação policial, de processo judicial, instauração de investigação administrativa, inquérito civil ou ação de improbidade administrativa contra alguém, imputando-lhe crime de que o sabe inocente. A pena é aumentada em um sexto, se o agente se serve de anonimato ou de nome suposto e diminuída de metade, se a imputação é de prática de contravenção.

11.4.3 Comunicação falsa de crime ou de contravenção (art. 340 do CP)

Pune-se a conduta do agente que dá causa a início de apuração de infração, que não existiu, sem imputá-la a alguém. É provocar a ação da autoridade (movimentar a máquina pública) sem motivo.

11.4.4 Autoacusação falsa (art. 341 do CP)

Refere-se à conduta de acusar-se perante a autoridade da prática de crime que outro cometeu ou inexistente. Observe-se que a autoacusação da prática de contravenção é fato atípico.

11.4.5 Falso testemunho ou falsa perícia (art. 342 do CP)

Em decorrência do disposto no art. 342 do CP, pune-se a conduta do agente consistente em fazer afirmação falsa, ou negar ou calar a verdade, como testemunha, perito, contador, tradutor ou intérprete em processo judicial, administrativo, inquérito policial ou em juízo arbitral. Também é punível o fato de o agente oferecer ou prometer dinheiro ou qualquer vantagem aos agentes *supra* para fazer afirmação falsa, negar ou calar a verdade (seria a corrupção ativa da testemunha ou perito). Em ambos os casos, se o crime é praticado por suborno ou se cometido para obter prova em processo penal ou em processo civil em que for parte entidade da administração direta ou indireta, as penas são aumentadas de um sexto a um terço. O fato deixa de ser punível se, antes da sentença no processo em que ocorreu o ilícito, o agente se retrata ou declara a verdade.

11.4.6 Corrupção ativa de testemunha ou perito (art. 343 do CP)

O art. 343 do CP pune a conduta do agente que dá, oferece ou promete dinheiro ou qualquer outra vantagem à testemunha, perito, contador, tradutor ou intérprete, para fazer afirmação falsa, negar ou calar a verdade em depoimento, perícia, cálculos, tradução ou interpretação. Haverá aumento de pena de um sexto a um terço, se o crime for cometido com o fim de obter prova destinada a produzir efeito em processo penal ou em processo civil em que for parte entidade da Administração Pública direta ou indireta.

11.4.7 Coação no curso do processo (art. 344 do CP)

O crime de coação no curso do processo configura-se quando o agente usar de violência ou grave ameaça, com o fim de favorecer interesse próprio ou alheio, contra autoridade, parte, ou qualquer outra pessoa que funciona ou é chamada a intervir em processo judicial, policial ou administrativo, ou em juízo arbitral. Além da pena de reclusão de um a quatro anos, e multa, o agente estará sujeito à pena correspondente à violência.

11.4.8 Exercício arbitrário das próprias razões (arts. 345 e 346 do CP)

O crime de exercício arbitrário das próprias razões refere-se à conduta do agente que faz justiça pelas próprias mãos para satisfazer pretensão, embora legítima, salvo quando a lei o permite. Em algumas hipóteses excepcionais, a lei autoriza o particular a empregar a força para satisfazer sua pretensão como, por exemplo, nos casos de legítima defesa da posse (ou desforço imediato). Por esse delito também é punido o agente que tira, suprime, destrói ou danifica coisa própria, que se acha em poder de terceiro por determinação judicial ou convenção. Em ambos os casos, se não houver violência, a ação penal será privada (procede-se mediante queixa).

11.4.9 Fraude processual (art. 347 do CP)

O crime de fraude processual significa a inovação artificiosa, na pendência de processo civil ou administrativo, do estado de lugar, de coisa ou de pessoa, com o fim de induzir a erro o juiz ou o perito. Se a inovação se destina a produzir efeito em processo penal, ainda que não iniciado, as penas aplicam-se em dobro. As penas são aplicadas em dobro se a inovação se destina a produzir efeito no processo penal.

11.4.10 Favorecimento pessoal (art. 348 do CP)

No crime de favorecimento pessoal pune-se a conduta do agente que auxiliar a subtrair-se à ação de autoridade pública autor de crime a que é cominada pena de reclusão. Não sendo hipótese de reclusão, a pena será menos grave. Se quem presta o auxílio é ascendente, descendente, cônjuge ou irmão do criminoso, fica isento de pena.

No caso de união estável, embora haja posição contrária, a corrente majoritária se inclina no sentido de que por força do art. 226, § 3.º, da CF/1988, existe equiparação e o companheiro também está isento de pena.

11.4.11 Favorecimento real (arts. 349 e 349-A do CP)

O crime de favorecimento real previsto no art. 349 configura-se na hipótese em que o agente presta a criminoso, fora dos casos de coautoria ou de receptação, auxílio destinado a tornar seguro o proveito do crime. Trata-se de crime subsidiário, pois a pessoa que guarda o produto do crime apenas para auxiliar o criminoso não pratica receptação, e sim favorecimento real (estão ressalvados os casos de coautoria em receptação).

A Lei 12.012/2009 acrescentou o art. 349-A ao Código Penal, tipificando a conduta de quem ingressar, promover, intermediar, auxiliar ou facilitar a entrada de aparelho telefônico de comunicação móvel, de rádio ou similar, sem autorização legal, em estabelecimento prisional, punindo o crime com pena de detenção de três meses a um ano.

11.4.12 Exercício arbitrário ou abuso de poder (art. 350 do CP)

Pune-se a conduta do agente que ordena ou executa medida privativa de liberdade individual, sem as formalidades legais ou abuso de poder, bem como o funcionário que recebe e recolhe alguém à prisão, prolonga a execução da pena ou medida de segurança, submete pessoa que está sob sua guarda ou custódia a vexame ou constrangimento ou efetua, com abuso de poder, qualquer diligência.

11.4.13 Fuga de pessoa presa ou submetida à medida de segurança (art. 351 do CP)

Refere-se à conduta de promover ou facilitar a fuga de pessoa legalmente presa ou submetida à medida de segurança detentiva. Se o crime é praticado à mão armada, ou por mais de uma pessoa, ou mediante arrombamento, a pena é de reclusão, de dois a seis anos. Na hipótese de emprego de violência contra pessoa, aplica-se também a pena correspondente à violência. O funcionário incumbido da custódia ou guarda que agiu culposamente também será punido, porém com pena menos grave.

11.4.14 Evasão mediante violência contra pessoa (art. 352 do CP)

É punida a evasão, consumada ou tentada, do preso ou o indivíduo submetido à medida de segurança detentiva, com o emprego de violência contra a pessoa. Além da pena de detenção, de três meses a um ano, o agente estará sujeito à pena correspondente à violência.

11.4.15 Arrebatamento de preso (art. 353 do CP)

Arrebatar significa tirar por força ou violência. O crime de arrebatamento de preso configura-se quando o preso é retirado de quem o tenha sob custódia ou guarda, com o intuito de submetê-lo a maus-tratos (dolo específico ou elemento subjetivo do tipo).

11.4.16 Motim de presos (art. 354 do CP)

Refere-se à conduta dos presos que se amotinam, perturbando a ordem e a disciplina da prisão. Amotinar significa levantar em motim, sublevar, revoltar.

11.4.17 Patrocínio infiel (art. 355 do CP)

O patrocinador infiel é aquele que trai, na qualidade de advogado ou procurador, o dever profissional, prejudicando interesse, cujo patrocínio, em juízo, lhe é confiado.

11.4.18 Tergiversação (art. 356 do CP)

Também chamado de patrocínio simultâneo, a tergiversação é a conduta do advogado ou procurador judicial que defende na mesma causa, simultânea ou sucessivamente, partes contrárias.

11.4.19 Sonegação de papel ou objeto de valor probatório (art. 356 do CP)

É a conduta de quem inutiliza, total ou parcialmente, ou deixa de restituir os autos, documento ou objeto do valor probatório, que recebeu na qualidade de advogado ou procurador.

11.4.20 Exploração de prestígio (art. 357 do CP)

Pune-se a conduta do agente que receber vantagem a pretexto de influenciar juiz, jurado, membro do Ministério Público, perito, tradutor, intérprete, testemunha ou funcionário da justiça. Trata-se de especialização que exclui o crime de tráfico de influência. Nos mesmos termos do crime de tráfico de influência, as penas aumentam-se de um terço se o agente insinua que a vantagem se destina às pessoas acima referidas.

11.4.21 Violência ou fraude na arrematação judicial (art. 358 do CP)

O crime configura-se com a conduta consistente em impedir, perturbar ou fraudar arrematação judicial ou afastar ou procurar afastar concorrente ou licitante, por meio de violência ou grave ameaça, fraude ou oferecimento de vantagem.

11.4.22 Desobediência à decisão judicial pela perda ou suspensão de direito (art. 359 do CP)

É punido o exercício de função, atividade, direito, autoridade ou múnus, de que foi suspenso ou privado por decisão judicial.

11.5 QUESTÕES

1. (OAB Nacional 2010 – I) Considere que Charles, funcionário público no exercício de suas funções, tenha desviado dolosamente valores particulares de que tinha a posse em razão do cargo. Nessa situação hipotética,

a) Charles praticou crime de furto, e não de peculato, haja vista que os valores de que tinha a posse em razão do cargo eram particulares, e não, públicos.

b) se Charles reparar o dano antes do recebimento da denúncia, sua punibilidade será extinta; se o fizer posteriormente, sua pena será diminuída.

c) a pena de Charles não seria alterada na eventualidade de ser ele ocupante de cargo em comissão de órgão da administração direta, visto que a tipificação do crime já considera o fato de ser o agente funcionário público como elementar do tipo.

d) Charles praticou peculato-desvio, podendo eventual reparação do dano ser considerada arrependimento posterior ou circunstância atenuante genérica, a depender do momento em que for efetivada.

2. (X Exame de Ordem Unificado – FGV) Coriolano, objetivando proteger seu amigo Romualdo, não obedeceu à requisição do Promotor de Justiça no sentido de determinar a instauração de inquérito policial para apurar eventual prática de conduta criminosa por parte de Romualdo. Nesse caso, é correto afirmar que Coriolano praticou crime de

a) desobediência (art. 330, do CP).

b) prevaricação (art. 319, do CP).

c) corrupção passiva (art. 317, do CP).

d) crime de advocacia administrativa (art. 321, do CP).

3. (OAB/Nacional CESPE 2007.I) Assinale a opção correta acerca do direito penal.

a) O recolhimento à prisão domiciliar somente será admitido aos apenados submetidos ao regime aberto, sem exceções.

b) O médico de hospital credenciado pelo SUS que presta atendimento a segurado, por ser considerado funcionário público para efeitos penais, pode ser sujeito ativo do delito de concussão.

c) O assalto praticado por policiais militares que, em trajes civis e com carro civil, abalroarem o carro da vítima, apenas coincidentemente policial militar, mas também em traje e carro civil, quando então anunciarem e consumarem o delito, é crime militar.

d) Aplica-se a atenuante da confissão espontânea quando a confissão extrajudicial efetivamente sirva para alicerçar a sentença condenatória, desde que não haja retratação em juízo.

4. (OAB/MG – Agosto-2008) O artigo 312, *caput*, do Código Penal brasileiro assim define o crime de peculato: "Apropriar-se o funcionário público de dinheiro, valor ou qualquer outro bem móvel, público ou particular, de que tem a posse em razão do cargo, ou desviá-lo, em proveito próprio ou alheio: Pena..." Com relação ao referido crime, assinale a alternativa INCORRETA:

a) A descrição contida no tipo delimita, com clareza, o objeto material do delito.

b) O tipo descreve duas modalidades de peculato: o peculato-apropriação e o peculato--desvio.

c) Trata-se de crime comum e formal.

d) Trata-se de crime próprio e material.

5. (OAB 2010.2 – FVG) Fundação Pública Federal contrata o técnico de informática Abelardo Fonseca para que opere o sistema informatizado destinado à elaboração da folha de pagamento de seus funcionários. Abelardo, ao elaborar a referida folha de pagamento, altera as informações sobre a remuneração dos funcionários da Fundação no sistema, descontando a quantia de cinco reais de cada um deles. A seguir, insere o seu próprio nome e sua própria conta bancária no sistema, atribuindo-se a condição de funcionário da Fundação e destina à sua conta o total dos valores desviados dos demais. Terminada a elaboração da folha, Abelardo remete as informações à seção de pagamentos, a qual efetua os pagamentos de acordo com as informações lançadas no sistema por ele.

Considerando tal narrativa, é correto afirmar que Abelardo praticou crime de:

a) estelionato.

b) peculato.

c) concussão.

d) inserção de dados falsos em sistema de informações.

6. (OAB 2010.2 – FVG) João da Silva, José da Silva e Maria da Silva são os acionistas controladores do Banco Silva's e Família, cada um com 30% das ações com direito a voto e exercendo respectivamente os cargos de Diretor-Presidente, Diretor Comercial e Diretora de Contabilidade. Em razão das dificuldades financeiras que afetaram o Banco Silva's e Família, os diretores decidem pôr em curso as seguintes práticas: (1) adquirir no mercado títulos do tesouro nacional já caducos (portanto sem valor algum) e, utilizando-os como simulacro de lastro, emitir títulos do banco para captar recursos financeiros junto aos investi dores; (2) forjar negócios com pessoas jurídicas inexistentes a fim de simular ganhos; e, por fim, (3) fraudar o balanço da instituição simulando lucros no exercício ao invés dos prejuízos efetivamente sofridos. Os primeiros doze meses demonstraram resultados excelentes, com grande aumento do capital, mas os vinte e quatro meses seguintes são marcados por uma perda avassaladora de recursos, levando o banco à beira da insolvência, com um passivo cerca de 50 vezes maior que o ativo. Nesse momento, o Banco Silva's e Família sofre uma intervenção do Banco Central e todos os fatos narrados acima vêm à tona. Assinale a alternativa que indique o(s) crime(s) praticado(s) pelos acionistas controladores.

a) Crimes de falsidade ideológica, falsidade documental e estelionato qualificado.

b) Crime de gestão temerária de instituição financeira.

c) Crime de gestão fraudulenta de instituição financeira.

d) Crime de gestão temerária em concurso com crime de gestão fraudulenta de instituição financeira.

7. (CESPE/ PGM-NATAL/ 2008) Acerca dos crimes contra a administração pública, cada uma das opções abaixo apresenta uma situação hipotética, seguida de uma assertiva a ser julgada. Assinale a opção que apresenta a assertiva correta.

a) Adão, diretor de penitenciária federal, deixou de cumprir seu dever de vedar aos presos ali custodiados o acesso a aparelho telefônico celular, fato que permitiu aos detentos a comunicação com o ambiente externo. Nessa situação, Adão cometeu, em tese, o delito de condescendência criminosa.

b) Cândido roubou dois relógios em loja do centro de Caicó –RN, tendo, logo em seguida, fugido para a casa de seu irmão, Cássio. Apesar de não concordar com a ação de Cândido, Cássio despistou os policiais que empreendiam a busca, informando-lhes que seu irmão encontrava-se viajando, fato que impediu a prisão em flagrante de Cândido. Nessa situação, Cássio cometeu, em tese, o delito de favorecimento pessoal, no entanto, ficará isento de pena em razão do seu grau de parentesco com o autor do roubo.

c) O juiz de direito da Primeira Vara Criminal de Mossoró – RN expediu intimação a José, deputado federal, solicitando o agendamento de dia e hora para que fosse ouvido na qualidade de testemunha do juízo. Como não havia, na referida intimação, nenhum alerta quanto às consequências de eventual recusa, José não atendeu à solicitação. Nessa situação, o parlamentar cometeu, em tese, o delito de desobediência.

d) João, advogado regularmente inscrito na OAB/RN, solicitou a seu cliente, Pedro, determinada quantia em dinheiro, a pretexto de influenciar o perito do juízo onde a ação de Pedro tramitava. Nessa situação, João cometeu, em tese, crime de tráfico de influência.

8. (CESPE/PROC.MP-TCMGO/2007) Acerca dos crimes praticados por funcionário público contra a administração em geral, assinale a opção correta.

a) Não pratica o crime de condescendência criminosa o servidor público que, tomando conhecimento da incontinência pública e escandalosa de subordinado hierárquico que também seja viciado em jogos proibidos, deixa, por complacência, de instaurar procedimento disciplinar para apurar suposta falta funcional.

b) No crime de corrupção passiva, é imprescindível que seja lícito o ato funcional — comissivo ou omissivo — sobre o qual versa a venalidade, isto é, ato não contrário aos deveres do cargo ou da função do funcionário público.

c) Considere que João tenha confiado, particularmente, R$ 3.000,00 em dinheiro a seu vizinho e amigo Pedro, auditor fiscal da Receita Federal, para que providenciasse o pagamento de um débito fiscal em nome do próprio João. Considere, ainda, que Pedro, que passava por dificuldades financeiras, tenha-se apropriado da quantia recebida. Nessa situação, Pedro praticou o crime de peculato.

d) No crime de prevaricação, o interesse pessoal que o agente objetiva satisfazer somente pode ser de natureza moral, pois, caso seja material (patrimonial), estará configurado o crime de corrupção passiva ou o de concussão.

9. (CESPE/DELEGADO PB/2008) Considerando os crimes contra a administração pública, assinale a opção correta.

a) São incompossíveis os crimes de corrupção ativa praticados pelo particular e de concussão cometido pela autoridade pública.

b) Pratica concussão o funcionário que exige, mediante violência, direta ou indiretamente, para si ou para outrem, em razão da função pública, vantagem indevida.

c) A corrupção é crime de concurso necessário, sendo necessária, para a consumação, a presença do corruptor ativo e do corruptor passivo.

d) Como a qualidade de funcionário público é circunstância pessoal, não se comunica ao particular que eventualmente participe da prática de crime contra a administração pública. Em tais situações, responde o particular por crime diverso.

e) Em denúncia de crime de prevaricação, é suficiente que o Ministério Público (MP) afirme que o acusado agiu para a satisfação de interesse pessoal, pois, durante a instrução, pode-se perquirir no que consistiu o mencionado interesse.

GABARITO: As respostas destes testes encontram-se no final do livro.

GABARITO

PARTE GERAL

1. Teoria Geral do Direito Penal

1 – A	2 – D	3 – D
4 – C	5 – A	6 – B
7 – C	8 – B	9 – C
10 – C		

2. Teoria Geral do Crime

1 – B	2 – C	3 – B
4 – B	5 – C	6 – B
7 – D	8 – A	9 – B
10 – A	11 – B	12 – B
13 – B	14 – D	15 – D
16 – C		

3. Ilicitude (ou Antijuridicidade)

1 – B	2 – B	3 – B
4 – C	5 – D	6 – B
7 – B	8 – D	

4. Culpabilidade

1 – B	2 – D	3 – B
4 – D	5 – A	6 – D
7 – B	8 – B	9 – B
10 – A	11 – C	12 – A
13 – E		

5. Concurso de pessoas (ou de agentes)

1 – A	2 – C	3 – B
4 – A	5 – A	6 – A

6. Penas

1 – C	2 – A	3 – D
4 – B	5 – A	6 – D
7 – B	8 – D	9 – B
10 – C	11 – A	12 – C
13 – A	14 – C	15 – C
16 – C	17 – A	

7. Medidas de segurança

1 – A	2 – C	3 – C
4 – B	5 – D	

8. Suspensão condicional da pena – *sursis*

1 – A	2 – D	3 – A
4 – C	5 – A	6 – B

9. Livramento condicional

1 – A	2 – C	3 – B
4 – A	5 – D	6 – B

10. Efeitos da condenação

1 – C	2 – D	3 – C
4 – A	5 – C	

11. Concurso de crimes

1 – D	2 – B	3 – D
4 – C	5 – D	6 – E

12. Punibilidade e causas extintivas

1 – D	2 – B	3 – A
4 – C	5 – A	6 – D
7 – A	8 – B	9 – B
10 – D	11 – E	12 – D

PARTE ESPECIAL

1. Crimes contra a pessoa

1 – B	2 – A	3 – A
4 – C	5 – A	6 – A
7 – C	8 – B	9 – A
10 – D	11 – C	12 – D

2. Crimes contra o patrimônio

1 – C	2 – B	3 – C
4 – A	5 – C	6 – B
7 – B	8 – D	9 – C
10 – A	11 – A	12 – C
13 – D		

3. Crimes contra a propriedade imaterial (art. 184 do CP)

1 – D	2 – D	3 – B

4. Crimes contra a organização do trabalho

1 – A	2 – A	

5. Crimes contra o sentimento religioso e contra o respeito aos mortos

1 – A	2 – C	3 – D

6. Crimes contra a dignidade sexual

1 – C	2 – D	3 – D
4 – C	5 – B	6 – B

7. Crimes contra a família

1 – D	2 – A	3 – A
4 – B		

8. Crimes contra a incolumidade pública

1 – B	2 – C	3 – A

9. Crimes contra a paz pública

1 – C	2 – A	3 – B
4 – C		

10. Crimes contra a fé pública

1 – C	2 – A	3 – D
4 – C	5 – A	6 – D
7 – C		

11. Crimes contra a administração pública

1 – D	2 – B	3 – B
4 – C	5 – D	6 – C
7 – B	8 – A	9 – A

12. Legislação penal especial

1 – A	2 – D	3 – A
4 – A	5 – D	6 – C
7 – A	8 – D	9 – C
10 – A	11 – A	12 – D
13 – A	14 – A	15 – C

EDITORA
MÉTODO
www.editorametodo.com.br
metodo@grupogen.com.br

10 1 2 3 4 5 6 7 8 9
2014

Impressão e acabamento
Imprensa da Fé

Cód.: 613654